MUCİZELERİ ÇAĞIRMAK

TUĞÇE IŞINSU

FENİKS

Feniks Kitap: 48
Kişisel Gelişim : 5

Tuğçe Işınsu
Mucizeleri Çağırmak

Genel Yayın Yönetmeni: Muharrem Kaşıtoğlu
Kapak Tasarım: Adem Şenel
Sayfa Düzeni: Adem Şenel

Baskı-Cilt : Kayhan Matbaacılık San. ve Tic. Ltd. Şti.
Davutpaşa Cad. Güven san. Sit. C Blok No:244 Topkapı/İstanbul
Tel : 0 212 612 31 85 Sertifika No:12156

13. Baskı: Şubar 2017
ISBN: 978-605-4726-44-8

Feniks Kitap, Artı Yayın Dağıtım San. Tic. Ltd. Şti'nin tescilli markasıdır.

Feniks Kitap
Alemdar Mah. Çatalçeşme Sok. Defne Han
No:12 34110 Cağaloğlu-İstanbul
Tel: (0212) 526 70 13 • Faks: (0212) 512 09 14
www.fenikskitap.com

Genel Dağıtım: Artı Dağıtım
Alemdar Mah. Çatalçeşme Sok. Çatalçeşme Han
No: 25/2 34110 Cağaloğlu-İstanbul
Tel: (0212) 514 57 87 • Faks: (0212) 512 09 14
www.artidagitim.com.tr

MUCİZELERİ ÇAĞIRMAK

TUĞÇE IŞINSU

FENİKS

İÇİNDEKİLER

GİRİŞ

10 sene önceydi. Artık herşeyimizi kaybetmiş, ailemdeki herkes sorunlar ve maddi imkansızlıklar nedeniyle ayrı yerlere dağılmıştı. Ben de annenanneme gelmiştim, onunla kalacaktım... Hiç param yoktu, hayatta çok da yalnızdım. Kimseye de güvenim kalmamıştı. Büyük bir varlıktan nasıl bu hale gelmiştik, o kadar insan çevremdeyken nasıl böyle yalnız kalmıştım... Yıllarca reklam yazarlığı yapmıştım ama iş bulamıyordum. Beni sadece ara sıra arayan, aşkımı bildiği halde bununla alay eden, içimde nefret ettiğim o kişiyi aramak zorunda kalmıştım para istemek için. Parayı ondan aldıktan sonra anneanneme geldim. Koltuğa oturdum ve o tek kağıt parçasına bakarak ağlamaya başladım. Hem mecburdum hem de aldığım için kendime acıyordum, bundan sonrası bana çok karanlık geliyordu. O anda telefon çaldı, yeni kurulan bir tv kanalında spiritüel konularla ilgili bir programa başlamam için ani ve ilginç bir teklif aldım. Ağlamam kesildi, paraya baktım tekrar tekrar elimdeki...

Ben yıllar sonra o parayı elinde tutarak çok sayıda tv programına çıkacak kişiydim, o para ile bereket ritüellerini insanlara anlatacaktım canlı yayınlarda. En dibe vurmak güzeldir, çıkacak başka yer olmadığı için artık sadece yukarıya çıkmaya başlarsınız. Yaşadığınız tüm sorunlar ve çöküşler aslında birer fırsattır, şimdi sizin için de bu kitapla mucizeleri çağırma zamanı...

1. BİLİNÇALTIN İLE YÜZLEŞ, HAYATA YENİDEN BAŞLA

Hayatlarımızı, bereketimizi, aşk ve ilişkilerimizi bilincimiz değil bilincinde olmadığımız biz yönetiyor. Bilinçaltı daha doğru bir ifade ile "bilinçdışı" yönetiyor...

Evrende çok büyük bir bilgi birikimi var. Kolektif bilinç dediğimiz ortak bilgi havuzu ile bu büyük bilgiden nasibimize düşeni alarak doğuyoruz. Küçükken izlenen bir film, okunan bir kitap, anne-babadan alınan kodlar, çok sessiz dingin bir anımızda yerleştirdiğimiz bir inanç şekli biz bilmeden tüm hayatımızı yönetebiliyor. Kendimizi tanımak "bilinçdışımızdaki biz"i keşfetmek ile mümkün.

Hepimiz bildiğimizden gördüğümüzden çok daha mükemmel varlıklarız. Allah bize ruhundan üfledi ve bizi çok seviyor, o halde biz de kendimizi çok seviyor olmalıyız. Sevmek bana göre keşfetmekle, kök sebepleri bulmakla başlıyor. Kendinizi kısıtlı sanmayın, yaşadığınız her olumsuzluğun, derdin, tekrar eden konunun bir kök sebebi var. Bunu bulmak şifaya ulaşmak herkesin elinde. Siz çok büyük bir enerjisiniz, büyük bir mıknatıssınız. Herşeyi kendinize çekebilirsiniz ve dönüşebilirsiniz. Allah her bir kuluna kendi ruhundan üfledi ve bu paha biçilemez bir değer. Siz eşsizsiniz, herşeye yetecek gücünüz var. Gereksiz suçlar ve anlamlar yüklemeyin kadere, evet mutlak bir kader var ama size bağlı bir kader, yol planı da var.

Olumsuz bir gelişme yaşadığınızda, iş yerinde bir sorun çıktığında:

BUNU DÜŞÜNÜN...

NEDEN BUNU ÇEKTİNİZ KENDİNİZE BUNU BULUN...

SORGULAYIN...

ARAŞTIRIN, KIYASLAYIN...

KONU sizinle ilgili, dışarıda hiçbirşey yok. Zaten yaşadığınız herşeyin sorumluluğunu aldığınız anda, yaşamınıza mucizeler akmaya başlayacak!

Algıladığınız herşey belirli frekanslarda titreşen enerjilerden oluşuyor, siz de bir enerjisiniz. Enerjisini gerçek anlamda doğru kullanan biri hayatta ve seçimlerinde kaybediyor olamaz. Korktuğunuz şeyler çok hızlı bir biçimde size çekilir, bir de çok istedikleriniz. Enerjimizle çeker ve iteriz. Olmayan bazı şeyleri aslında siz istemediniz ama belki bunun farkında bile değilsiniz.

Her geçen gün Dünya'nın titreşimi farklılaşıyor, bizler de bunlardan nasibimizi alıyoruz. Eskiden birçok olumsuzluğa boyun eğerek yaşayan insan, şimdi hayatının değerini biliyor kendine yaşadıklarına sahip çıkıyor. Aslında sandığımızdan güçlüyüz, sorun bizden kaynaklı ise çözüm de bizde. Biz istersek olur. Aldatıldıysak, yalnızsak, o gittiyse, evlenemiyorsak, bereketimiz yoksa, tekrar eden sorunlar yaşıyorsak, haksızlığa uğradığımızı düşünüyorsak, bunun bizden kaynaklı olduğunu bilmek size büyük güç ve anlam yüklüyor olmalı. Günümüzde çok sayıda insan "metafizik ve spiritüel" konularla ilgili ve bu alanlarda çalışmalar yapıyor. Bu durum olumlu anlamda yaşadığımız gezegenin titreşimini değiştiriyor. Bir gün gelecek hepimiz telepatik güçlerimiz ile daha güzel ve doğru bir iletişimde olacağız. Yalan ve savaş olmayacak, sadece sevgi olacak. Uzaylılar ve Melekler bize daha net mesaj verecek. İnsan ÖZ'üne dönecek.

ZİHİN...

1. BİLİNÇLİ ZİHİN... şuur

2. BİLİNÇDIŞI... şuursuzluk

Bağımlı hallerimiz bilinçaltımız tarafından yönetilir.

İçinde bulunduğunuz durum her ne olursa olsun, bugün hemen olmasa bile siz şimdi inanmasanız bile, bilinçaltının olumsuz kayıtlarına rağmen, niyete girerek değişim adına adım atmakla başlayacak yaşamınızda herşey.

Bizleri bilinçaltımız yönetir, bilinç bilinçaltına göre daha büyüktür ama bilinçaltımızın sandığımızdan daha büyük rolü var yaşamlarımızda...

Seçimler, farkındalık ile atılan adımlar bilinçle ilgilidir. Asıl amaç ve konu ise bilinç gücümüz ile bilinçaltımızı formatlayabilmek, sorunların köküne inebilmektir. Şuursuz eylemler bilinçaltı ile ilgilidir. Halk arasında anlamı çok iyi bilinmeden kullanılan başka bir kelime "ego"ya gelelim: ego bilinç ile bilinçaltı arasındaki geçişte çok önemli bir görevi olan koruyucudur.

EGO'nun görevi; değişime engel olmaktır. Siz ne zaman değişime niyet etseniz gelir ve "boşver" der sizi durdurmaya çalışır. Ego sizi korkutur, sizi korur gibi yaparken sizi geçmişte tutar. Değişime engel olur. Ego, bilincinizden bilinçaltınıza değişim akışını kesmek için elinden geleni yapar, sizi tutar. Ama bunun da bir çaresi var: ALFA BOYUTU. Değişim bilinçaltımızda olacaksa, bunu yapabilmek için uyku-uyanıklık arasındaki alfa boyutu zamanını kollamalıyız. O esnada bilinçaltının kapısı EGO tarafından korunmaz ve içeri sızmamız gayet kolay olur. Alfa boyutunda rahatça yeni kayıtlar yapılabilir. EGO aslında kötü niyetli değildir, bizi korumak ister. Tüm bu bahsettiğimiz kavramlara ihtiyacımız var hepsi bir amaca hizmet ediyor.

Verdiğinizi düşünülmemiş kararlar her zaman bilinçaltı ile ilişkili. Kayıtlı ama aslında değişmesini istediğimiz kodlarla hareket ediyoruz yaşamlarımızda... Tekrar tekrar yaptığımız şeyler, davranışlar artık üzerimizde otomatikleşiyor, bir süre sonra onları düşünmeden yapıyor ve yaşamımızın bir parçası olarak kabul ediyoruz.

BUNLARA DİKKAT EDİN!

1. Alfa boyutuna yaklaşırken evimizde TV açıkken kayıt yapıyor olabilir bilinçaltı...
2. Değişim dönüşüm çalışmalarında sabır ve azim çok önemlidir.
3. Bilinçaltına rağmen değişim kararını şimdi alın gitsin!
4. Değişimi gerçekten isteyin, kalıplarınızı yazarak belirleyin.
5. Bilinçaltınız herşeyi görür bilir.

6. Bilinçaltı sandığımızdan daha çok ve daha hızlı kayıt yapar.
7. Aşkınızla siz iki bilinçaltı olarak da iletişim halindesiniz, ikinizin bilinçdışı da irtibatta.
8. Bilinç farkında olmadan bilinçaltı her an kayıtta olabilir.
9. Saniyeler içinde bilincin yapabildiği kaydın 100 katından fazlasını bilinçaltı yapabilir.
10. Bilinçaltı bizi sezgi yolu ile uyarır.

Olumsuz düşünmek ve olumsuz enerji üretmek kendiniz için yapabileceğiniz en kötü şey… Artık 3 lafın 1'i haline gelen "olumlu düşünmenin önemi" gerçekten tartışılmaz. Önce iyi şeyler varmış ya da oluyormuş gibi kendinizi kandırın, zamanla bu iyi şeylerin yaşamınıza akması için bir kapı açmış olacaksınız. Hepimizin bilinçaltları birbiri ile bağlantıda. Bunu unutmayın… Aslında herşeyi biliyoruz ama bilmediğimizi sanıyoruz. İlişkinizde "adam beni aldatır mı dediğiniz anda" adama "beni aldat" komut ve sinyalini de siz vermiş oluyorsunuz. Patronunuz için "ya onu memnun edemezsem" diye düşündüğünüzde, onunla olan iş ilişkinizi kendiniz sabote ediyorsunuz. İçinizden sorduğunuz aşka, ilişkilere ve her soruya dair cevap evrenden gelir, o soru evrene ulaşır. Yaşayacağınız bir olay ya da gelecek bambaşka bir haberle ilgili konu hakkında zamanında mutlaka bilgilendirilirsiniz. Bilinçaltınız aşkınızın da iş yaptığınız kişilerin de ailenizin de bilinçaltına mesaj gönderiyor, oradan bilgi alıyor, iletişimde kalıyor, zihinlere mesajlar gönderiyor.

Enerjinizi yükseltin:

Namaz kılın.

Toprakta yürüyün.

Su ile yakın olun.

Doğada zaman geçirin.

Bebekleri sevin.

Meditasyon yapın.

Daha çok teşekkür edin.

Özür dileyin.

Kabule geçin.

Şükredin.

Bağış yapın.

Yardım edin.

İçe dönün.

Evren sınır koymaz, evrende "herşey, her zaman" sınırsızdır.

Sınırları biz koyarız.

Kendi gücünüze inanın, Allah size ruhundan üfledi.

Gücü dışarıda veya başka yerde ararsanız, o istedikleriniz size gelemez. Güç sizde, siz Güç'sünüz.

Bilinçaltımız bize hep itaat eder, "gerçekten neye inanıyorsak onu bize sunar..."

İnandığını yaşarsın, yaşadığın senin inançların. Hepsi de değiştirilebilir...

Karşılığını vermeden bir şey almayın, karşılığını almadan bir şey vermeyin.

Kararsız kalırsanız, enerjiler kafasına göre takılır, baskın enerji kazanır. Mutlaka bir yol planınız olmalı. Kararsızlık kaybettirir.

"İstiyorum" demeyin, istiyorum demek hep ertelemek zamanını bilmemektir. "İstiyorum" bilinmeyen bir gelecek ve ertelenme enerjisi yaratır. "Oldu" enerjisini kullanın.

Eski deneyimlerinize odaklanırsanız benzer sorunlarını davet edersiniz.

Karar verdiğiniz anda, enerji yasası çalışmaya başlar.

"Bilmiyorum" demeyin, doğuştan tüm soruların cevabı içimizde.

İçindeki bilgeye güven.

GEÇMİŞ YAŞAM ŞİFASI - REGRESYON

Geçmiş Yaşam Şifası yani Regresyon, Meleklerle işbirliği halinde olarak yaptığımız çok özel ve tüm Dünya'da kabul görmüş bir çalışmadır.

Bu çalışma yaklaşık 1 saat kadar sürüyor. Yaşadığınız o tekrar tekrar sizi bulan sorunun kök sebebi bulunarak şifası sağlanıyor. Regresyon bereketten sağlık konularına, öfke ile ilgili konulardan blokaj ve çöküşlere, korkulardan bereket-para alanındaki tıkanıklıklara kadar çok sayıda konuda şifa sağlasa da biz bu bölümde konuyu "aşk" ile ilişkilendirerek anlatıyor olacağız.

Geçmiş Yaşam Şifası---- ÇALIŞMA KONULARI:

Aniden ve anlamsızca biten ilişkiler…

Uzun süren yalnızlıklar…

Çöküşler…

Korkular…

Sebebi bilinemeyen, tekrar eden sorunlar…

Değersizlik hissi…

İlişki yaşamaktan korkma…

Kendi hayatınızı kendiniz baltalıyor, sabote ediyorsanız…

Kaybetme korkusu…

Çokeşlilik…

Blokaj, kısmetsizlik …

Bereket, para, kariyer sorunları…

Bu bahsettiğimiz sorunların kökü 3 kaynaktan gelebiliyor:

1. Reenkarnasyon teorisi: geçmiş hayatlardan gelen karma.
2. Atalardan gelen enerji mirası: büyükleriniz de benzer sorunları yaşadı ve bu size aktarıldı.
3. Kolektif Bilinç: doğarken ortak bilgi havuzundan tüm insanlığın yaşamış olduklarından çektikleriniz.

Bilinçaltımızdaki farkında olmadığımız kayıtlar yaşamlarımızı ve ilişkilerimizi yönetiyor. Aynı sorunları neden tekrar tekrar yaşıyorum diyorsanız, sebebi tamamen geçmişle alakalı. Geçmişteki o kök kayıtlara ulaşmadan da tam olarak şifası mümkün değil. Biz geçmişte bize yüklenen veya kendi yüklediğimiz kod'lardan ibaretiz. Geçmiş geleceğinizi sabote etmeden, kendiniz tanımak, gerçek siz ile yüzleşmek ve şifa için mutlaka "geçmiş yaşam şifası" yaptırın.

Geçmiş yaşam şifası, o sizi zorlayan ve anlamsızca tekrar tekrar kapınızı çalan konunun, kök sebebini bulup ortaya çıkartıyor. Başmelekler ve Kişisel Koruyucu Meleğiniz de bu çalışma esnasında şifa güçleri ve büyük enerjileri ile desteğini sunuyor, rehber oluyor, rahatlatıyor. Bu çok özel ve etkili çalışma, konuya dair kök sebebi ruhsal hafızamızdan DNA'mızdan siliyor. Zamanla bu konu önce sizde hafifliyor ve kabule geçiyorsunuz, göstermiş olduğunuz direnç bitiyor. Sonunda ise tamamen sizi terk ediyor.

1 saat kadar süren REGRESYON çalışmamızda:

Sorunun kaynağı saptanıyor...

Şifası yapılıyor...

Melek enerjisi ile çok özel ve farklı diğer bölümümüz sizi rahatlatıyor.

Seans sonunda 21 Günlük Çalışma Planı size sunuluyor.

Regresyon çalışmamızı, geçmişinizi şifalandırmak adına hem yüz yüze hem de telefonda tüm Dünya ile yapıyoruz.

REGRESYON çalışmamızı neden Melek Enerjisi ile yapıyoruz...

Koruyucu Melekler bu çok özel çalışmada bizlere eşlik ediyor ve onlar gerçekten de var, hem 3 dinde hem de birçok başka kaynakta sözü edildiği gibi. Onlar hep bizimle, özgür irademize ise asla karışmadıkları için mutlaka onlardan kesin bir biçimde Allah'ın da izni ile yardım diliyor olmamız gerek.

Onlar doğru yolu, kaderimizi, bize gereken değişimi biliyor ve onlar saf enerjinin ta kendisi.

Onlara iç sesimiz ve gönül gözümüz ile kulak vermek yaşamın tüm mucizeleri ile tanışmak demek. Başmelekler diğer Meleklerin yöneticisi gibi, o nedenle bu regresyon çalışmamızda koruyucu Melekler kadar Başmelek etkisi de tercih edilir, verim ve güç için. Onlardan yardım istemenin tekniği aslında size özel, içinizden ve yürekten olsun yeter.

Bu çalışmada korkular bitip yerine sevgi gelsin niyeti ile Meleklere de rica ediyoruz eşlik etmelerini yani... Bu şekilde huzur da sağlanıyor. Melekler çok büyük varlıklar, Allah izin verdiği takdirde size ışık tutarlar. Meleklerin sevgi mesajlarını alarak bu yolda ilerlemek size çok iyi gelecek. Birçok konuda, sorunda, yaşam amacınızı öğrenirken zaten Meleklerle iletişimde kalmak güzel ve doğru. Onlar Allah'ın elçisi.

Hayatı dolu dolu yaşamak, kendi yolunuzu bulmak, netleşmek, arınmak, yeniden başlamak, amaçlarınızı bulmak, gerçek yerinizi bulmak için MELEKLERLE GEÇMİŞİNİZİ ŞİFALANDIRIN.

BAŞMELEK İSRAFİL...

Sen Allah'ın şifa veren elisin...

Allah'ın izni ile sorunlarıma şifa ol.

Gerekli yaşam derslerini alarak, bu yaşadığım sorunu sana emanet ediyorum.

Sorunumu seviyorum, ona teşekkür ediyorum.

Tüm olumsuzlukları kaynağına gönderdim.

Şimdi ve tüm zamanlara doğru **ŞİFA** olsun...

Duyular ötesi bir yaşamınız yoksa çok şey kaçırmış olursunuz. Hayat sadece temel 5 duyumuzdan ibaret değil. Ana konu ve ana keşif duyuların ötesinde aslında, bunu unutmayın. Şifalanmak korkunun bitmesidir, korku sevgiye dönüşür, hepimizin yaşamlarını gerçekte "korku" yönetiyor. Ayrılık korkusu, aldatılma korkusu, yalnızlık korkusu vb... Şifa sonrası kişi kendini çok iyi tanıyacağı gibi bir yandan yeni mucizeleri de çağırmış olacak. Şifa çalışmalarında sonuca odaklanmak doğru değildir. Bu da başka bir korkudur, akışta olmak ve kabule geçmek, olanı almak daha doğrudur.

Gerçek anlamda şifaya girebilmek yaşama tepeden bakabilmektir. Herşey aslında olması gerektiği gibi, acı çekmeden şifa da seçilmezdi. Kimse size spiritüel bir göz ile bakarsanız "kötülük" yapmıyor. Onlar siz aynalık ediyor, size öğretiyor ve sizi güçlü kılıyor. Deneyimler bizi ruhsal anlamda besler. Şifa seanslarımızın sonunda her zaman sadece Allah'a dua edilir. Asla meleklere değil, unutmayın melekler kendilerini asla başarılı görmezler tüm takdirin her zaman ve sadece Allah'a gitmesi için çaba gösterirler. Şifa için yola çıkıldığında durumu şükür enerjisi ile beslemek çok önemlidir. Şifanın ana kaynağı zaten Allah'tır. İlişkilerinizde yaşadığınız sorunlar yani şifaya ihtiyaç duyan konular genelde değersizlik hissi, ilişkinin bitmesinden korkma, yalnızlık kodları, güven sorunundan kökünü alabiliyor. YA ŞAFİ Allah'ın hayatımızdaki her türlü konuya şifa getiren isimlerinden, zor zamanlarda başvurun.

Kadın hastalıkları ile boğuşan veya meme kanseri gibi "cinsellikle" ilgili bir sembol içeren hastalıklar adatılan, terk edilen, istenmediğini düşünen kadınların kendilerine yönelttiği sevgisizlik, değersizlik, özgüven sorunları ile ilişkili. Tüm hastalıkların duygusal ve düşünsel sebepleri var. Hiçbirşey tam olarak madde ile veya fiziksel gerçeklerle alakalı değil. Şifa anında ruh ile içimizi dinleriz, evrensel zeka ve yüksek benliğimizle çalışırız.

Şifada Enerjilerle Bağlantıya Geçerken En Önemli Noktalar:

Başın tepesi- taç çakra

Alnın ortası- 3. Göz Alanı

Boğaz

Kalp

Alt karın

Eller, ellerin üstü

Bileklerin arkası

Ayak üstleri

Bu bölgelerde enerjinin gezdiğini çoğu kez şifa anında hissederiz. Enerji alanına geçiş yaparız...

Çok çaba gösterdiğiniz anda ya da korkmaya başladığınız anda şifa gerçekleşmez. Şifa bütün ile bir olmaktır, ana kaynağa geçmektir, olması gerekendir. Birçok kişi sorunlarını neredeyse severek, onları elinde tutarak, onlara sarılarak ve onları doğal kabul ederek yaşıyor. İstersek tüm evreni bedenimizde hissedebiliriz, buna donanımlı olarak doğuyoruz ama sonra unutuyoruz. Şifa tam olarak bir yolculuktur, bir yolun sonu değildir. Gücünüzü geri kazanmak için mutlaka korkularla bilerek veya bilmeyerek aranızda geliştirdiğiniz bağları kesmelisiniz. Sizi ilişkilerinizde mutlu ve mükemmel olmaktan alıkoyan bir blokaj bir engel var, şifa onu bulur ve sevgiyle gönderir...

2. DUALARIN GÜCÜ İLE KİLİTLİ KAPILARI AÇ

Dua bir enerjidir; sizi rahatlatır, huzur verir ve mutlaka Allah duaları duyar. Dua okurken şart koşmayın ve teslim olun. Dua etmek ve ibadet kadar sizi geliştirecek başka bir şey yoktur.

Her gün dua edin...
Her gün iyilik yapın...
Her gün kimsesizler için birşeyler yapın...
Karşılık beklemeden iyilik yapın...
Koruyun, fedakarlık yapın...

Dua ederken Allah'a yakın olursunuz; bu sizi dünyadaki en huzurlu ve güçlü halinize sokar aslında. Dua üstün güç ile konuşma, irtibat ve ilerlemedir. Herkes istediği gibi ibadet eder ve dua eder, kabul eden Allah olacaktır. Siz kendi içsel yolculuğunuza devam edin.

Melek enerjisi ülkemizde popüler oldu olalı; meleklere dua etmek veya etmemek tartışması var. Duayı Siz Allah'a ediyorsunuz ama onun elçileri olan melekler sizin duanıza Allah'ın izni ile cevap verebilir.

Dua ederken mutlaka şükredin...

Dua ederken net ve samimi olun...

Sadece bir amaç veya hedef için dua etmeyin, dua için dua etmek önemlidir...

Başkalarının iyiliği için de dua edin...

Dua ederken kalpten olun.

Dua ederken kendiniz aslında çok daha iyi tanırsınız...

Bazen dua ederken itiraflar da ortaya çıkar...

Toplu haldeki dualara katılın ama mutlaka yalnız da dua edin...

Dua ile hakkınızda hayırlı olanı dileyin.

Dua edin ve evrene güvenin, şüphe ile dua olmaz.

Dualar kişiseldir, hem dini inançlarınızla hem de kişisel tarzımızla dua ederiz.

İman konusuna, dua konusuna herkesi karıştırmayın.

Dua ederken aslında kutsal bir enerjiye gireriz. Allah'a yakın olduğumuz bir andır; dua... Dualarınız belirli ve özel olsun. Doğru enerjiler ile duaya başlayın. Her iki omzunuzdaki melekleri, dua ederken unutmayın. Başmeleklere saygı ile dua edin. Meleklere dua ettiğiniz aman duanızı "olmuş bilin" yani inanın; teslim olun. Şüphe katmayın. Dua ile istek ve beklenti yükünüzü meleklere bırakın. Dualar bütünün, insanlığın, her şeyin hayrına olmalıdır. Melekler üstün bir güç enerjisidir; bu enerjiye itimadınız tam olmalıdır. Dualarınızda Allah'a ve meleklere hem şükran dolu olun, teşekkür edin. Dua etmenin spiritüel gücü sizi her zaman yukarılara taşır. Her şeyin olması gerektiği gibi ve iyi sonuçlanacağını bilin. Kötü diye bir şey yoktur; evrensel düzende her şey her zaman kusursuzdur. Her şey ilahi bir planda olması gerektiği gibi akar; dua etme isteğini hep içinizde bulun. İsteği de zaten içinize yüce Allah koyar…

EVRAD-I BEHAİYYE DUASI

Özel ayetlerden oluşan çok güçlü ve etkili bir duadır. İçindeki ayet ve esma'lar rızk, kısmet, arınma, güçlenme, dileklerin kabulü korunma amaçlı okunabilir. Her hafta okumalara devam edilebilir.

Bismillahirrahmanirrahim* Allahümme entel melikül hayyül kayyumül mübin* Ellezi la ilahe illa ente rabbi halakteni ve ene abdüke ve ene ala ahdike ve va'dike masteta'tü euzü bike min şerri ma sana'tü ebuü leke bi nı'metike aleyye ve ebuü bi zenbi fağfirli zünubi fe innehu la yağfiruz zünube illa ente ya ğaffar* Sübhanellahi vel hamdü lillahi ve la ilahe illellahü vallahü ekberu ve la havle ve la kuvvete illa billahil aliyyil azıym*Hüvel evvelü vel ahıru vez zahiru vel batınü ve hüve bi külli şey'in alim* Yuhyi ve yümitü ve hüve hayyüllezi la yemutü bi yedihil hayr* Ve hüve ala külli şey'in kadir*Sübhaneke ya azıymel müazzameh* Sübhaneke ya kayyumel mükerram* Sübhaneke ya bais*Sübhaneke ya varis*Sübhaneke ya kadir* Sübhaneke ya muktedir*Sübhaneke ya alimes sirri vel hafiyyat*Sübhaneke ya baıse men fil cedalete vel müsmekat* Sübhaneke ya müsta'bede cemiy'ıl halaık* Sübhaneke ya mukaddiral vahd ves savafık* Sübhaneke ya men la tatraü aleyhil afat* Sübhaneke ya mükevvinel ezmineti vel evkat* Ala kadruke ve tealeyte amma yekulüz zalimune ulüvven kebira* Sübhaneke ya mu'tikar rikab*Sübhaneke ya müsebbibel esbab* Sübhaneke ya hayyü ya kayyumüllezi

la yemut* Sübhaneke ya ilahi ve ilahen nasut* Halaktena Rabbena bi yedike ve faddaltena ala kesirin min halkık* Fe lekel hamdü ven na'ma* Ve leket tavlü vel ala'* Tebarakte Rabbena ve tealeyte* Nestağfiruke ve netubü ileyke* Allahümme entel evvelü fe la şey'e kableke* Ve entel ahıru fe la şey'e ba'deke* Ve entez zahiru fe la şey'e yüşbihüke* Ve entel batinü fe la şey'e yerak* e entel vahıdü bi la kesir* Ve entel kadiru bi la vezir* Ve entel müdebbiru bi la müşir*

Kulillahümme malikel mülki tü'til mülke men teşaü ve tenziul mülke mimmen teşaü ve tuızzü men teşaü ve tüzillü men teşaü bi yedikel hayru inneke ala külli şey'in kadir* Tülicül leyle fin nehari ve tulicün nehara fil leyli ve tuhricül hayye minel meyyiti ve tuhricül meyyite minel hayyi ve terzüku men teşaü bi ğayri hısab* Sübhaneke ya menıhtecebe fil ula an cemiy'ıl vera* Sübhaneke ya men teradda bil vekari vel kibriya'* Sübhaneke ya malike cemiy'ıl eşya'* Sübhaneke ya men teazzeze bil kudrati vel ula* Ve ya men ya'lemü ma fid davahis seb'ı vel husna* Ve ya men ya'lemü ma yeteleclecü fis suduri vel ahşa'* Ve ya men şerrafel aruda alel müdüni vel kura* Sübhaneke ya men ya'lemü ma tahtel cebubi ves sera* Sübhaneke ya men teala ve letufe an en yüra tebarakte ve tealeyte la rabbe ğayruke ve la kahira sivak* Allahümme entel mün'ımül müfdılül mükıylüş şekur* Ve eşhedü enneke entellahüllezi la ilahe illa ente* Ente rabbi ve rabbü külli şey'in fatırus semavati vel erdı alimül ğaybi veş şehadetil aliyyül kebirul müteal* Taha ta sin mim tasin yasin ha mim ayn sin kaf* Meracel bahrayni yeltekıyani beynehüma berzehun la yebğıyan* Allahü la ilahe illa hüvel hayyul kayyumü la te'huzühu sinetün ve la nevmün lehu ma fis semavati ve ma fil erdı men zenzellezi yeşfeu ındehu illa bi iznihi ya'lemü ma beyne eydiyhim ve ma halfehüm ve la yühiytune bi şey'in min ılmihi illa bima şae vesia kürsiyyyühüs semavati vel erda ve la yeudühu hıfzuhüma ve hüvel aliyyül azıym* Hamim hamim hamim hamim hamim hamim hamim * Hummel emru ve caen nasru fe aleyna la yünsarun* Ha mim* Tenzilül kitabi minellahil azizil alim* Ğafiriz zenbi ve kabilit tevbi şedidil ıkabi zit tavli la ilahe illa hüve ileyhil masıyr*Yef'alüllahü ma yeşaü bi kudratihi ve yahkümü ma yürıdü bi ızzetıh* Ve la münazia fi ceberutihi ve la şerike lehu fi mülkih* Sübhanellahi ve bi hamdihi la kuvvete illa billah* Ma şaellahü kane ve ma lem yeşe'lem yekün*

A'lemü ennellahe ala külli şey'in kadir* Ve ennellahe kad ehata bi külli şey'in ılma* Allahümme la taktülna bi ğadabike ve la tühliküna bi mesülatike ve afina kable zalik* Sübhanellahil melikil kuddus* Sübhanellahi zil mülki vel melekut* Sübhaneke zil ızzeti vel azameti vel heybeti vel kudrati vel kibriyae vel celali vel cemali vel kemali vel beka ves sültani vel ceberut* Sübhanel melikil hayyillezi la yenamü ve la yemutü ebeden bakıyen daimen sübbuhun kuddusün rabbüna ve rabbül melaiketi ver ruh* Allahümme allimna min ılmike ve fehhimna anke ve kallidna bi samsami nasrik* Allahümmec'alna leke şakiran ve leke zakiran ve leke rahiben ve leke mıtvaan ve leke muhbiten ve ileyke evvahen müniba* Allahümme tekabbel tevbetena vağsil havbetena ve seddid mekavilena veslül sehıymete sudurina* Ve ezhibid dahle vez zahle ver rane vel ıhnete min kulubina* Allahümme inna neuzü bike min cüdaıl füc'eti ve harkıl me'nuseti ve minel ilhadi vel ğırrati ve minel cemmi vel aneti ve minel ümuril mütammirat* Allahümmeksim lena min haşyetike ma tehulü bihi beynena ve beyne measıyk* Ve min taatike ma tüdhılüna ve tübelliğna bihi ila hazıyratil kuds* Ve minel yekıyni ma tühevvinü bihi aleyna müsıybatid dünya vel ahırah* Vahşürna mea hayril eşavid* Ve metı'na bi esmaına ve ebsarina ve kuvvetina ma ahyeytena* Ve mevvitna ala ahyeytena vec'alhül varise minna vec'al se'rana ala men zalemena vensurna ala men adena vağfir hatayana vekşif razayana* Veşfi merdana ve nevir cü'şena* Vakdı evtarana verham nacileyna ve la tec'alil acilete ekbera hemmina ve la mebleğa ılmina ve la tec'al müsıybetena fi dinina ve la tusellıt aleyna bi zünubina men la yerhamüna verzukna ve ente erhamür rahımiyn* Allahümme inna nes'elüke rahmeten min ındike tehdi biha ruana ve telümme biha şa'sena ve tecmeu biha şemlena* Ve teşfi biha meridana ve tüzekki biha a'malena ve evkatina ve tülhimüna biha ruşdena* Allahümme inna nes'elüke bi samedaniyyetike ve bi vahdaniyyetike ve bi ferdaniyyetike ve bi ızzetikel bahirati ve bi rahmetikel vasiati en tec'ale lena nuran fi mesamiına ve nuran fi a'yünina ve nuran fi ecdasina ve nuran fi kulubina ve nuran fi havassina ve nuran fi nesemina ve nuran min beyni eydina* Allahümme zidna ılmen ve nuran ve hılmen ve atina nı'meten zahiraten ve nı'meten batıneh* Hasbünellahü li dinina hasbünellahü li dünyana hasbünellahül kerimü lima ehemmena* Hasbünellahül halimül kaviyyü li men beğa aleyna* Hasbünellahüş şedidü li men kadena bi su'* Hasbünellahür rahıymü ındes sam* Hasbünellahür raufü ındel mes'eleti fil cedes* Hasbünellahül latiyfü ındel mizan* Hasbünellahül hakimü indel cenneti ven nar* Hasbünellahül kadiru indes sırat* Hasbiyellahü la ilahe illa hüve aleyhi tevekkeltü ve hüve rabbül arşil azıym* Merhaben merhaben bis sabahı ve bil yevmil cedidi ve bil ibbani ve bil fitnetis seıydi ve bis safiri veş şehid* Üktüb lena ma nekulü bismillahil hamidil mecidir rafiy'ıl vedudil mühıytıl fa'ali fi halkıhi lima yürid* Ve hüve akrabü ileyhi min hablil verid* Asbahna billahi mü'minen ve bi likaihi müsaddikan ve bi huccetihi mu'terifen ve li sivellahi fil uluhiyyeti cahıden ve alellahi mütevekkilen nüşhidüllahe ve nüşhidü melaiketehu ve kütübehu ve enbiyaehu ve hamelete ve arşihi bi ennehu hüvallahüllezi la ilahe illa hüve vahdehu la şerike lehu ve neşhedü enne muhammeden abdühu ve rasulühu ve ennel cennete hakkun ven nara hakkun ve ennel havda hakkun ve enneş şefaate hakkun ve enne münkeran ve nekiran hakkun ve va'deke hakkun ve ennes saate atiyetün la raybe fiha ve ennellahe yeb'asü men fil kubur* Ala zalike nahya ve aleyhi nemutü ve aleyhi nüb'asü ğaden ve la nera azaben in şaellahü teala* Allahümme innena zalemna enfüsena fağfirlena evzaranel kebaira vel lememi fe innehu la yağfiruhüma illa ente* Vehdina li ahsenil ahlakı fe innehu la yehdi li ahseniha illa ente* Lebbeyke ve sa'deyke vel hayru küllühu bi yedeyke nestağfiruke ve netubü ileyke* Amenna allahümme bima erselte min rasul* Ve amenna allahümme bima enzelte min kitabin fe saddakna* Allahümmemle' evcühena minke hayaen ve kulubena minke hubura* Allahümmec'alna lühumen ve zalfen ve la tec'alna daninen ve aminen ve nemimen ve nefacen ve dahısa* Allahümme inna neuuzü bike minel hebrameti vel caveti ve minel utüvvi vel hatratihi vel hayluleti vel feyheci ver rat'ı vel atli ver rammai vel fitnetid dehmai vel meıyşetid danka'*

Allahümmec'al evvele yevmina haza salaha* Ve evsetahü felahan ve ahırahu necaha* Allahümmec'al evvelehu rahmeten ve evsetahu zehadeten ve ahırahu tekrimeh* Allahümmerzukna minel ıyşi erğadehü ve minel umri es'adehu ve miner rizkı evseah* Allahümme'fü anna bi afvike vahlüm aleyna bi fadlik* Sübhanekallahümme ve bi hamdike la uhsıy senaen aleyke ente kema esneyte ala nefsik* Azze caruke ve celle senaüke ve la yühzemü cündüke ve la yuhlefü va'düke ve la ilahe ğayruk* Sübhaneke ma abednake hakka ıbadetike ya ma'bud* Sübhaneke ma arafnake hakka ma'rifetike ya ma'ruf* Sübhaneke ma zekernake hakka zikrike ya mezkur* Sübhaneke ma şekernake hakka zikrike ya mezkur* Sübhaneke ma şekernake hakka şükrike ya meşkur* Allahümme evzı'na şükra ma en'amte bihi aleyna fe inneke entellahüllezirtefa'te an sıfetil cibilli sıfatü kudratik* Ve la dıdde şehdüke hıyne fetartel me'ruşe ve la nidde haczüke hıyne bera'tel hubat* Allahümme inna neuzü bike min cahmetin la tedma' ve min cenanin la yefza' ve min kalbin la yahşa' ve min avadil maun* Allahümme fehhimna esrarake ve elbisna melabise envarike ve ağmisna fi ramuzil letaifi ve efıd aleyna min avarifil mearif* Ya nural envari ya letıyfü ya settarü nes'elüke en tüsalliye ve tüsellime ala seyyidina muhammedin nibrasil enbiyai ve neyyiril evliyai ve izbirkanil asfiyai ve yuhıs sekaleyni ve dıyail hafikayn* Ve en terfea vücudena ila felekil ırfan* Ve tüsebbite şühudena fi mekamil ıhsan* Ya allahü ya nuru ya vasiu ya ğafur* Ya menis semaü bi emrihi mebniyyeh* Vel ğabraü bi kudratihi medhıyyeh* Veş şevahiku bi hıkmetihi mersiyyeh* Vel kamerani bi fadlike müdıy'eh* Nes'elüke bi ismikellezi terakraket minhül hunnesü vel ezheran* Ve tecelcelet minhül ananü hırzen manian ve nuran satıan yekadü senaberkıhi yezhebü bil ebsar* Yükallibüllahül leyle ven nehara inne fi zalike le ibraten li ülil ebsar* Ta sin mim* Ve neuzü billahil azıymi minel mearifi vel ıdameti vel mahzuri vel mümahaleti vel ğımar* Ve min keydil füccari ve min havadisil asrani ve min şerril ecürran* Ya hafiyzu ıhfazna* Ya veliyyü ya vali ya aliyyü ya ali ya men la ilahe illa hüve la ya'lemü ehadün keyfe hüve illa hüve ya allahü ya hayyü ya kayyumü ya hakku ya vahıdü ya ehadü ya samedü ya vehhabü ya fettahu ya muhyi ya mümitü ya kahharu ya selam* Selamün kavlen min rabbin rahıym.Fe seyekfikehümüllahü ve hüves semiy'ul alim* Hüvellahüllezi la ilahe illa hüver rahmanür rahıym* Elmeliküi kuddusüs selamül mü'minül müheyminül azizül cebbarul mütekebbirul halikul bariül musavvirul ğaffarul mübdiül müiydül berrul muhsır razzakul kadirul kabidul basitul hafidur rafiul müizzül müzillül mükıytüs sadikul bakır raufün nafiud darrul mühlikül mükaddimül müahhırul afüvvül muğnil müntekımüt tevvabüs semiy'ul alimül besıyr* Hasbünellahü ve nı'mel vekiyl* Nı'mel Mevla ve nı'men nasıyr* Ğufraneke Rabbena ve ileykel mesıyr* Ya daimen bi la fenan ve ya kaimen bi la zeval* Ve ya müdebbiran bi la vezir* Sehhil leyna ve ala ebeveyna külle asir* Allahümme la mania lima a'tayte ve la mu'tıye lima mena'te ve la mübeddile lima hakemte* Ve la yenfeu zel ceddi minkel ceddü* Sübhaneke rabbiyel aliyyil azıymil hasibil hakemil adlir rakıybil bazihış şamihıl mücibil ğaniyyir raşidis saburil celilil bediın nuril muksitıl camiıl mu'tıl mani'* La ilahe illellahül vekilüş şehid* La ilahe illallahül metinül mecid* La ilahe illalahül vacidül vali* La ilahe illellahül macidil müteali* A'dedna li külli hevlin la ilahe illellah* Ve li külli rağsin elhamdü lillah* Ve li külli rahainiş şükrü lillah* Ve li külli u'cubetin sübhanellah* Ve li külli leznin hasbiyellah* Ve li külli ismin estağfirullah* Ve li külli şecvin ma şaellah* Ve li külli kadain ve kaderin tevekkeltü alellah* Ve li külli taatin ve ma'sıyetin la havle ve la kuvvete illa billah* Ve li külli musiybetin inna lillahi ve li külliş şecbin istaantü billah* Allahümme inna asbahna nüşhidüke ve nüşhidü melaiketike ve hamelete arşike ve enbiyaike ve cemiy'ı halkıke bi enneke entellahüllezi la ilahe illa ente vahdeke la şerike leke ve enne muhammeden sallellahü aleyhi ve selleme abdüke ve rasulüke ve la havle ve la kuvvete illa billahil aliyyil azıym* Ya rahmaned dünya ve ya rahıymel ahırah* Fa'fü anna vağfir lena verhamna ente Mevlana ve ente hayrur rahımiyn* Bismillahiş şafi fi hüvellah* Bismillahi kafi hüvellah* Bismillahil müafi hüvellah* Bissmillahillezi la yedurru measmihi şey'ün fil erdı ve la fis semai ve hüves semiy'ul alim* Fallahü hayrun hafizan ve hüve erhamür rahımiyn* Vallahü min veraihim mühıytun bel hüve kur'anün mecidün fi levhin mahfuz* Hafizu ales salevati ves salatil vüsta ve kumu lillahi kanitin*İn küllü nefsin lemma aleyna hafız* Nı'mel hafizu Allah* Ya hafıyzu ıhfazna sümme enzele aleyküm min ba'dil ğammi emeneten nüasen yağşa taifeten minküm ve taifetün kad ehemmethüm enfüsühüm yezunnune billahil ğayral hakkı zannel cahiliyyeti yekulune hel lena minel emri min şey'in kul innel emra küllehu lillahi yuhfune fi enfüsihim ma la yübdune leke yekulune lev kane lena minel emri şey'ün ma kutilna hahüna kul lev küntüm fi büyutiküm le berazelleziyne kütibe aleyhimül katlü ila medacıhim ve li yebteliyellahü ma fi sudurikûm ve li yumahhısa ma fi kulubiküm vallahü alimün bi zatis sudur* Ellezine yekulune Rabbena innena amenna fağfir lena zünubena ve kına azaben nar* Essabirine ves sadikıyne vel kanitine vel münfikıyne vel müstağfirine bil eshar* Şehidellahü ennehu la ilahe illa hüve vel melaikető ve ulül ılmi kaimem bil kıstı la ilahe illa hüvel azizül hakim* İnned dine indellahil İslam* Fe sübhanellahi hıyne tümsune ve hıyne tusbihun* Ve lehül hamdü fis semavati vel erdı ve aşiyyen ve hıyne tuzhirun* Yuhricül hayye minel meyyiti ve yuhricül meyyite minel hayyi ve yuhyil erda ba'de mevtiha ve kezalike tuhracun* İnni tevekkeltü alellahi rabbi ve rabbiküm ma min dabbetin illa hüve ahızun binasıyetiha inne rabbi ala sıratın müstekıym* Ve ma lena ella netevekkele alellahi ve kad hedana sübülena ve le nasbiranne ala ma azeytümuna ve alellahi fel yetevekkelil mütevekkilun* Kul len yüsıybena illa ma ketebellahü lena hüve Mevlana ve alellahi fel yetefekkelil mü'minun* Ve ma min dabbetin fil erdı illa alellahi rizkuha ve ya'lemü müstekarraha ve müstevdeaha küllün fi kitabin mübin*Ve keeyyin min dabbetin la tahmilu rizkaha allahü yerzükuha ve iyyaküm ve hüves semiy'ul alim* Ma yeftehıllahü lin nasi min rahmetin fe la mümsike leha ve ma yümsik fe la mürsile lehu min ba'dihi ve hüvel azizül hakiym* Ve lein seeltehüm men halekas semavati vel erda le yekulünnellahü kul eferaeytüm ma ted'une min dunillahi in eradeniyellahü bi durrin hel hünne kaşifatü durrihi ev eradeni bi rahmetin hel hünne mümsikatü rahmetihi kul hasbiyellahü aleyhi yetevekkelül mütevekkilun* Ve ma cealehüllahü illa büşra leküm ve li tatmeinne kulubüküm bihi ve men nasru illa min

ındillahil azizil hakim* Kef ha ya ayn sad ha mim ayn sin kaf* İkfina verhamna hüvellahül kadirul kahiruz zahirul batınül fatırul latıyfül habiru kavlühül mülkü yevme yünfehu fis suri alimül ğaybi veş şehadeti ve hüvel hakimül habir* Ya hannanü ya mennanü ya bediy'as semavati vel erdı ya hayyü ya kayyumü ya zel celali vel ikram* Nes'elüke bi ızametil lahutiyyeti en tenkule tıbaana min tıbaıl beşeriyyeh* Ve en terfea mühecena mea melaiketikel ulviyyeh* Ya muhavvilel havli vel ahvali havil halena ila ahsenil hal* Sübhanekellahümme ve bi hamdik* Eşhedü en la ilahe illa ente* Estağfiruke ve etubu ileyke* Allahümme salli ala seyyidina muhammedinis sabikı ilel enami nurühu rahmetün lil alemine zuhuruh* Adede men meda minel beriyyeti ve men bekıye ve men seıde minhüm ve men şekıye salaten testağrikul adde ve tühıytu bil hadd* Salaten la ğayete leha ve lentiha'* Ve la emede leha ve lenkıda'* Salatekelleti salleyte biha aleyh* Salaten daimeten bi devamik* Ve ala alihi ve sahbihi ve ıtratihi misle zalik* Sübhaneke rabbike rabbil ızzeti amma yesıfune ve selamün alel mürselin* Vel hamdü lillahi rabbil alemin*

KENZÜL ARŞ duası

Korunma, dilek, sevgi, başarı, güç, borçlardan kurtulmak ve şifa için okuyabilirsiniz.

Bismillahirrahmanirrahim

La ilahe illellahül melikül hakkul mübin.

La ilahe illellahül hakemül adlül metin.

Rabbüna ve rabbü abainel evvelin.

La ilahe illa ente sübhaneke inni küntü minez zalimin.

La ilahe illellahü vehdehu la serike leh,lehül mülkü ve lehül hamdü yuhyi ve yümitü ve hüve hayyül la yemutü ebeden biyedihil hayru veileyhil masiru ve hüve ala küllü sey'in kadir.

La ilahe illellahü sükran li ni'metih.

La ilahe illellahü ikaran bi rububiyyetih.

Ve sübhanellahi tenzihen li azametih..

Es'elükellahümme bi hakkismikel mektubi ala cenahi cibrile aleyke ya rab.

Ve bihakkismikel mektubi ala cenatubi ala cenahi cibrile aleyke ya rab.

Ve bihakkismikel mektubi ala cenahi mikaile aleyke ya rab.

Ve bihakkismikel mektubi ala cebheti israfile aleyke ya rab:

Ve bihakkismikel mektubi ala keffi azraile aleyke ya rab.

Ve bi hakkismikellezi semmeyte bihi münkeran ve nekiran aleyke ya rab.

Ve bihakkismike ve esrari ibadike aleyke ya rab.

Ve bihakkismikellezi temme bihil islamü aleyke ya rab.

Ve bihakkismikellezi telekkahü ademü lemma hebeta minel cenneti fe nadake fe lebbeyte düaehü aleyke ya rab.

Ve bihakkismikellezi nadake bihi sitü aleyke ya rab.

Ve bihakkismikellezi kavveyte bihi hameletel arsi aleyke ya rab.

Ve bihakkismikelmektubi fittevrati vel incili vezzeburi vel fürkani aleyke ya rab.

Ve bihakkismikeila münteha rahmetike ala ibadike aleyke ya rab.

Ve bihakki temami kelamike aleyke ya rab.

Ve bihakkismikellezi nadake bihi ibrahimü fecealtennara aleyhi berden ve selamen aleyke ya rab.

Ve bihakkismikellezi nadake bihi ismailü fe necceytehü minezzebhi aleyke ya rab.

Ve bihakkismikllezi nadake bihi hudü aleyke ya rab.

Ve bihakkismikellezi deake bihi ya´kubü fe ra.dedte aleyhi basarahu yusufe aleyke ya rab.

Ve bihakkismikellezi nadake bihi davüdü fe cealtehü halifeten fil ardi ve elente lehül hadide fi yedihi aleyke ya rab.

Ve bihakkismikellezi deake bihi süleymanü fe a´taytehül mülke fil ardi aleyke ya rab.

Ve bihakkismikellezi nadake bihi eyyubü fe necceytehu minel gammillezi kane fihi aleyke ya rab.

Ve bihakkismikellezi nadake bihi isebnü meryeme fe ahyeyte lehül mevta aleyke ya rab.

Ve bihakkismikellezi nadake bihi musa lemma hatabeke aletturi aleyke ya rab.

Ve bihakkismikellezi nadetke bihi asiyetümraetü fir´avne fe razaktehel cennete aleyke ya rab.

Ve bihakkismikellezi nadake bihi benu israfile lemma cavezulbahra aleyke ya rab.

Ve bihakkismikellezi nadake bihil hidiru lemma mesa alel mai aleyke ya rab.

Ve Bihakkismikellezi nadake bihi muhammedün sallallahü aleyhi ve selleme yevmel gari fe necceytehu aleyke ya rab.

Inneke entel kerimül kebiru.

Hasbünellahü ve ni'mel vekil.

Ve la havle ve la kuvvete illa billahil aliyyil azim.

Ve sallallahü ala seyyidina muhammedin ve ala alihi ve sahbihi vesellem

Kenzül Arş duası ANLAMI...

Tercümesi:

Melik (kral), Hakk, Mübin Allah'tan başka ilah yoktur. Hakem, Adl ve Metin Allah'tan başka ilah yoktur. Bizim ve eski atalarımızın Rabbidir. Senden başka İlah yoktur. Sen arınıksındır. Ben zalimlerden oldum. Allah'tan başka ilah yoktur. Onun ortağı yoktur. Yönetim onundur. Övgüler onun içindir. Diriltir ve öldürür. O diridir ve ebediyen ölmez. Hayır onun kontrolündedir, dönüş onadır. Ve O her şeye gücü yetendir. Ve onunla yardım isteriz. İyilik yapmaya, kötülükten kaçmaya güç kuvvet sadece yüce ve her şeyi bilen Allah'tandır.

Nimetlere şükür olarak, ondan başka ilah yoktur. Rabblığının ikrarı olarak, ondan başka ilah yoktur. Yüceliğini arındırmak için, Allah noksanlıklardan arınıktır.

Ey Allahım! Ya Rabbi! "Cebrail'in kanadında yazılı ismin hürmetine, Mikail'in kanadı üzerinde yazılı ismin hürmetine, İsrafil'in alnında yazılı ismin hürmetine, Azrail'in avucunda yazılı ismin hürmetine, ve senin verdiğin Münker ve Nekir ismi hürmetine, ve kullarının sendeki sırları

hürmetine, İslam'ı kendisiyle tamamladığın ismin hürmetine, ve Adem'in senden öğrenip cennetten indirildiği zaman kendisiyle sana seslendiği ve senin de kabul ettiğin ismin hürmetine, Şit'in sana seslendiği ismin hürmetine, arşı taşıyan melekleri kendisyle güçlendirdiğin ismin hürmetine, Tevrat'ta, İncil'de, Zebur!da ve Furkan'da yazılı ismin hürmetine, kullarına rahmetini sonsuza kadar ulaştırdığın ismin hürmetine, sözlerin tamamı hürmetine, İbrahim ateşe atıldığında hangi isminle sana seslendi de ateş soğuk ve selamet olduysa işte o ismin hürmetine, İsmail kesilirken hangi isminle seslendi de onu kesilmekten kurtardıysan işte o ismin hürmetine, İshak hangi isminle sana yalvardı da sen onun ihtiyaçlarını karşıladıysan işte o ismin hürmetine, Hud hangi isminle sana seslendiyse işte o ismin hürmetine, Yakup sana hangi isminle dua etti de sen onun gözlerini ve çocuklarını ona geri verdiysen işte o ismin hürmetine, Davut hangi isminle sana seslendi de sen onu yeryüzüne halife yaptıysan ve demiri onun elinde yumuşattıysan işte o ismin hürmetine, Süleyman hangi isminle sana dua etti de sen onu yeryüzüne kral yaptıysan işte o ismin hürmetine, Eyyüb hangi isminle sana seslendi de sen onu içinde bulunduğu sıkıntılardan kurtardıysan işte o ismin hürmetine, Meryem oğlu İsa hangi isminle sana seslenip de onunla ölüyü diriltiysen işte o ismin hürmetine, Musa hangi isminle sana seslendi de sen ona Tur'da hitap ettiysen işte o ismin hürmetine Firavunun karısı Asiye sana hangi isminle seslendi de sen onu cennette rızıklandırdıysan işte o ismin hürmetine, israiloğulları sana hangi isminle seslendiler de denizi geçirdiysen işte o ismin hürmetine, Hızır hangi isminle seslendi de onu suda yürüttüysen işte o

ismin hürmetine, Muhammed SAV sana mağarada hangi isminle seslendi de sen onu kurtardıysan işte o ismin hürmetine" senden istiyorum. Hiç şüphesiz sen cömertsin, büyüksün. Bize Allah yeter. O ne güzel vekildir. İyilik yapmaya da kötülükten kaçmaya da güç kuvvet sadece yüce ve büyük Allah'tandır. Allah efendimiz Muhammed'e, ailesine ve arkadaşlarına destek versin, güvenliklerini sağlasın! AMİN

Güzel Dualar

Sübbuhun Kuddüsün rabbilmelaiketi verruhı rabbi'l erbab. Subhanellahil aliyyil'azim.

Bütün meleklerin Rabbi olan Allah'a tesbih ederim. Her şeyin Rabbi, yaratıcısı olan yüce ve şanı büyük Allah'a teşbih ederim.

...

Sübhane men teazzeze bilkudrati velbekai ve kahara ıbadehü bilmevti velfenai. Subhane'l hakemi'l adli, subhane zi'lcelali ve'l ikram lailahe illallahül azim. Amentü billahi'lazim lailahe illallahü'lazim. La havle vela kuvvete illa billahi'l aliyyi'l azim.

Sonu olmayan ve herşeye gücü yeten, en yüce olan Allah'ıma tesbih ederim. Kullarını ölüm ve yok olup gitmekle kahr eden Allah'ıma tesbih ederim. Adaletle hükmeden, şeref ve ikram sahibi olan Rabbim'i tesbih ederim. En yüce olan Allah'tan başka ibadete layık başka varlık yoktur. Yüce Allah'a iman ederim. Günahlardan kurtulmak ve ibadetleri güçlendirmek yüce ve azameti büyük olan Allah'ımın yardım etmesi ile gerçekleşir.

...

Melek enerjisi ile çalışmaya başladığınız zaman, alt enerjiler sizi terk eder ve rahatlarsınız. Hayatınızın belirli bir döneminde sihir ve negatif etkiler yüzünden zor durumda kaldıysanız ya da kalırsanız aşağıdaki dua sizin içindir:

Felemma elkav kale Musa ma'citü bihi's sihru. İnnellahe seyübdiluh. İnnellahe la yuslihu amele'l müfsidin.

1001 defa bu duayı okuyun, Meleklerden yardım dileyin, Allah'a sığının.

...

Yaşamınıza bolluk ve bereketi davet etmek, sıkıntılardan kurtulmak için yine aşağıdaki duayı okuyun. Başmelekleri enerjileri ile davet edin, Allah'tan yardım dileyin.

Mutlaka abdest alın ve besmele ile başlayın:

İnnellahe hüver Razzaku zul kuvvetil metin. Vela havle vela kuvvete illa billahil aliyyil azim.

Her gün 21 kez okuyun ve etkisini takip edin.

...

Yaşamınızı yeniden yapılandırmak, pozitif etkileri çağırmak, güçlü olmak, kötü niyetlerden sıyrılmak ve korunma altında bulunmak için geceleri yine melekleri yaşamınıza davet edin. Her zaman Allah'ın ve meleklerinin sizi duyduğunu bilin, şükredin ve güçlü etkilere sahip bu dualar serisi ile huzuru bulun:

Kadir suresi- 7 defa

Tekasur suresi- 7 defa

İhlas suresi- 7 defa

Felak suresi- 7 defa

Nas suresi- 7 defa

Salavat-i şerife- 7 defa

Fatiha suresi- 7 defa

...

Her zaman bahsettiğimiz gibi, melek enerjisi ile çalışmak nefsi ve ego'yu aslında geride bırakmak ve yeni bir manevi yaşamı çağırmaktır. Nefsinizden arınmak ve manevi güç için sabah saatlerinde aşağıdaki dua ile güne başlayın. Bu esnada güç ve destekleri için yine başmeleklerin isimlerini de tekrarlayın:

Mine'l abdi'z zelil.

İle'l mevla'l Celil.

Rabbi inni messeniye'ddurru ve ente erhamü'rrahimin.

Allahümme bi hakkı Muhammedin ve ali Muhammedin ikşif durri ve hemmi ve ferric gammi.

Dualar ve melek enerjisi ile ilgili dikkat edilecek hususlar:

1. Yalan söylemeyin.
2. Harama el uzatmayın.
3. Hak yemeyin.
4. Hırsları bırakın.
5. Yemek ve nimete asla saygısızlık yapmayın.
6. Şükredin.
7. Sevginizi herkese gösterin.
8. Yaşlılara ve düşkünlere destek olun.
9. Temiz olun.
10. Ailenizi koruyun, sevin, affedin.
11. Cimri olmayın; veren alır.
12. Gerekli ihtiyaçlarınızda kısıntı yapmayın.
13. Evinizde bolluk ve bereketi yaşatın.
14. Sorumluluğunuzda olan kişilere ilgi gösterin.

Çok değerli hocam bana her zaman manevi gelişim ve başka boyutlara yakın olabilmek için **İNŞİRAH SURESİ'ni** önerirdi. Bu sure ile gönül gözün, üçüncü gözün açılacak, isteklerin ve farkındalığın gelişecek derdi. Siz de bu sure'nin güçlü enerjilerini yaşamınıza davet edin. İnşirah suresi kendini aşmak ve meleklere, Allah'a yakın olmak isteyenlerin rehberlerindendir.

Ayete'l Kürsi ve Önemi

Kur'an-ı Kerim'in en değerli ayetlerinden olan Ayete'l Kürsi Hz. Muhammed'e 2 defa nazil olmuştur, kendiniz tanımak, yaşamı anlamak, sığınmak ve güçlenmek için sürekli ve düzenli okuyun. Duaların anlamları dışında, ses ve zikir etkileri de vardır. Bu güçlü ayet'i okuyarak yaşamınızı değiştirin. Bu ayetler ile Allah'a yakın olacak ve melek enerjisine daha doğal bir geçiş yapacaksınız. Allah'a yakın olan melekleri de daha kolay yaşamında tutar.

Ayete'l Kürsi sizi korur, sezgiselliğinize destek verir. Kötü niyetli kişilerden ve etkilerden de korunmanız için bu ayet ile yola devam edin. Ayrıca bu konuya ek olarak eğer aynı gün içinde 1001 adet **İhlas Suresi'ni** 24 saat geçmeden okur ve tamamlarsanız ve bu esnada melek enerjisi ile çalışırsanız, inanır ve teslim olursanız yaşamınızda çok özel etkiler hasıl olur.

Meleklere yakın olacağınız başka bir dua...

Allahümme inni eselüke ya rahmanü ya rahimu ve ya carel müstecirine ve ya emanel haifine ve ya imade la imade lehü ve ya senede menla senede menla senede lehü ve ya zuhra men la zuhra lehü ve ya hırzed duafai ve ya muhsımü ve ya mecemmilü ve ya munımü ve ya müfaddılü ve ya azizu entellezi secede leke sevadül leyli ve dav'ün nehari ve şüaüş şemsi ve hefifüş şeceri ve deviyyün nahli ve nurul kameri ya Allahü ya Allahü ya Allahü la şerike leh. Es'elüke en tusalliye ala Muhammedin ve ala ali Muhammed.

Melek enerjisine gerçekten uyumlanmak için dini inançlara gerek olmadığını savunanlar da epeyce çok. Ben inanan biri olarak "gerek var" diyenlerdenim, siz dini imanınızı güçlendirmeden de bu enerji ile çalışabilirim diyorsanız tabi ki kendi yolunuzu çizmekte özgürsünüz ama ben yine de araştırın bazı konuları derim... Gerçek bir dindar asla başkaları için hatalı davranmayacak ve mutlaka manevi gelişimini daha hızlı elde edecektir.

Yıllar önce seans yaptığım bir danışanım bana dinlerin devrini tamamladığını ve artık "melek enerjisi" ile yola devam edeceğini söylemişti tüm insanlığın... Unutulmaması gereken şudur: melekler Allah'ın elçileridir ve dinimizi de Allah yollamıştır. Evren ve enerjiler kusursuzdur. Varolan birşeyi derinlemesine araştırın sırt dönmeden önce, hiçbir şey boş yere bulunmaz dünyada...

Allah'tan ve meleklerden bahsedilen her yerde huzur, sevgi, mutluluk olur... Bu enerjiye girmeye gerçekten hazırsanız hiç endişelenmeyin, su zaten yolunu bulacaktır. Bir gün soğuk hava içimize işlerken, hocamın küçük ve soba ile ısınan çalışma odasındaydık, adaçayı içiyorduk ve yine derse hazırlanıyorduk. Her zaman olduğu gibi, masalsı bir şekilde anlatmaya başladı, ben de içim huzur dolarak onu dinledim...

"Meleklerin varlığını biliyoruz bir de onların alt varlıkları ruhaniler vardır... Ruhaniler meleklere itaat eder ve onların bazı verdikleri görevleri yerine getirir. Taykelen, Kasvere, Kentam, Marez isimli dört ruhani dünya işleri ile ilgili

görevlidir. Bu ruhaniler bu boyuttaki işleri kendi üstü olan diğer makamlara ulaştırır. İstekler böyle iletilir, dilekler kabul olur. Allah gerek görmese ruhanilere ve meleklere zaten yer vermezdi. Dünya göğü yedi kattır. Dördüncü katta görevli melek Meytatarün adlı ruhani ile çalışır. Beşinci kat için ise Mehyail görevlidir... Meytatarün de zaten Mehyail'e bağlı çalışır. Her makamda ve katta bir melek vardır ve onlara bağlı ruhaniler bulunur. Yedinci kat gökte bulunan meleğin de üzerinde Sidretü'l Münteha bulunur. Bu makamın üzerinde çok yüce başka bir bölüm vardır, bu boyuttan herhangi bir zerre burada bize ulaşsa bir saniye içinde yok oluruz, o boyut bizim için fazladır. Meleklerle çalışan yani be şerefe layık olan zaten sıradan dünya işlerine sırt döner..."

Hocam her zaman "Yüce Allah'ın isimleriniz sıkça zikredersen kalbinde, ruhunda, günlük yaşamında bir arınma söz konusu olur" derdi. İsteklerin için önce Allah'a sonra meleklere yakın ol derdi.

Hocam bazen size yapılan bir büyü de "karma planıdır" derdi, o olayın yaşanması başka şeyleri de tetikleyebilirdi veya işin içinde enerjisel bir hesaplaşma da olabilirdi. Her gün büyü işine bulaşmış, pişman olmuş, kendisine yapıldığını düşünen çok sayıda kişi ile tabi ki işimizin bir parçası olarak bir araya geliyoruz. Herkesin en çok merak ettiği konu ise nasıl bu işten korunacağımız tabi ki...

BÜYÜDEN KORUNMA VE BÜYÜYÜ BOZMA YÖNTEMLERİNDEN BAZILARI...

1. Yöntem

41 Felak

41 Nas

21 Besmele

Her sabah okuyabilirsiniz.

2. Yöntem

3 Salatü Selam

7 Ayetel Kürsi

7 Kafirun

7 İhlas

7 Felak

7 Nas

7 Fatiha

Bakara Suresi ilk 5 Ayeti

Sabah-akşam okumayı sürdürün...

3. Yöntem

1001 defa İHLAS SURESİ'ni ard arda bir miktar tuza okuyun ve ardından 7 gün boyunca mümkün olduğunca az kişi ile irtibatta kalın, içinize yönelin, Allah'a sığının. Cevap gelecek.

4. Yöntem

1 metre uzunluğunda mavi bir ip edinin.

101 adet gevşek düğümü bu ipe atın ve daire oluşturun.

Dairenin merkezine geçin.

Mekanda üzerlik ile tütsü yapmaya başlayın...

Her bir düğümü çözerken, Besmele ve Felak okuyun.

Bu ipi çalışma tamamlanınca, denize atın.

Gerekirse çalışmayı tekrarlayın.

5. Yöntem

1 bardak evin dışından alınacak suya, Bakara Suresi okunur.

7 gün boyunca azar azar içilir.

6. Yöntem

9 gün boyunca aşağıdaki dua okunur, gece uyumadan önce abdest almayı unutmayın...

"Euzü bi vechillahil aziym. Ellezi leyse lehu şey'ün aziymün ve bi kelimatillahit tammatilleti la yücaviruünne berrun ve la facirun ve bi esmaillahil hüsna ma ailmtü minha ve ma lem a'lem min şerri ma haleka ve zerae ve berae."

7. Yöntem

19 adet defne yaprağı alın.

Evi veya çalışma ofisinizi sirkeli su ile silin.

Belirli noktalara şap koyun.

Çalışma 7 gece devam etmeli, 7 gece defne yaprağı ile yıkanın.

(Yıkanma suyunuza ekleyin...)

8. Yöntem

Ayetel Kürsi ve Amenerasulü yazılıp, üzerinizde taşınabilir.

9. Yöntem

Bir miktar TUZ üzerine DUHA SURESİ (34 KERE), AYETEL KÜRSİ (17 KERE), İHLAS SURESİ (7 KERE) okunur, 7 gün içinde bu tuz tüketilir.

10. Yöntem

7 gün boyunca 7 kere MUAVVİZETEYN Sureleri okunur.

11. Yöntem

21 adet Sure-i Mülk ve CELCELUTİYYE okunur. 4 kişiye sadaka verilir.

BELİRTİLER...

İLİŞKİNİZDE BÜYÜ'DEN ŞÜPHELENİYORSANIZ, BUNLARI YAŞIYOR OLABİLİRSİNİZ:

1. Gereksiz ve büyük kavgalar...
2. Gelsin diye çok istemek, geldiği anda soğumak...
3. Bir türlü evlenememe...
4. Cinsel yaşamın bitmesi, isteksizlik, soğuma...
5. Sürekli geçmişteki kötü anıları yaşatma eğilimi...
6. Çok güzel görünseniz de sizinle ilgilenmemesi...
7. Ağırlık hissi, enerji düşüklüğü, iletişimsizlik...
8. Dengesizlik, ani değişiklik, iptaller...
9. Aşırı ödem, şişlik, ağrılar, yanma...
10. Aslında istemediğiniz şeyleri yapmak ve söylemek...
11. Onu görmeyince çok özlemek, yan yana gelince anında soğukluk hissetmek.
12. Sürekli beraberken geçmiş defterleri açıp Onu bunaltmak...

13. "Bu ben değilim içimden gelen başka, yaptığım başka" hissi…

Gece yarısından sonra…

Bu duayı 1001 kere ard arda okumak da son derece faydalı bir çalışmadır. Yukarıda da belirttim… Sonucunu hızla alırsınız. Yaşamım boyunca 3 kere yaptım, her defasından takip eden günler içinde güzel gelişme ve işaretler beni buldu.

Felemma elkav kale Musa ma'citüm bihi's sihru. İnnallahe seyübdiluh. İnnellahe la yuslihu amele'l müfsidin. (YUNUS SURESİ/81)

İSTİHARE ÇALIŞMASI

Çoğu kişiden rüyalar ve rüya rehberliği hakkında soruları sıkça alıyorum. Eğer bir işin sizin için hayırlı olup olmadığını öğrenmek, sonucuna dair bir bilgi veya hisse kavuşmak isterseniz bu çalışma sizin için.

İki rekat namaz kılın.

İlk rekatta Fatiha'dan sonra Kafirun okuyun.

İkinci rekatta Fatiha'dan sonra İhlas okuyun.

Namaz sonrası, aşağıda İstihare Özel Duasını okuyun:

"Allah'ım senin ilminden hayır istemek için bu gece niyete girdim. Büyük ihsanını benden esirgeme. Sen büyük ve herşeye kadir olansın. Ben bilmem sen bilirsin. Bu dilediğim konu bana hayırlı ise bana bu konuda yol aç ve işaret gönder. Meleklerin ile bana ışık yolla. Beni güçlü kıl, yolumu kolaylaştır. Bu konuyu bana mübarek hale getir. Hayrıma değil ise bu gece yine rüyamda bunu anlamama izin ver. Senden gelecek herşeye razıyım, hayırlısı olsun bana yeter. Sana ve Meleklerine sonsuz teşekkürler."

Abdestli bir şekilde yüzünüz kıbleye dönük uyumaya koyulun.

Rüyada siyah-kırmızı şer, yeşil-beyaz renkler ve bunlarla ilgili semboller görmek hayırdır.

Bu çalışmada uyumadan önce BAŞMELEKLERİN İSİMLERİ DE SÖYLENEBİLİR: Mikail*Cebrail*İsrafil*Azrail

Kuran'daki tüm sureler ayrı güzeldir. Hepsi her zaman usulüne uygun okunmalıdır. Ben de bazı sizi rahatlatacak, sıkıntınızı azaltacak, sureleri bu bölümde paylaşmaya çalışıyorum:

Kendinizi ruhsal anlamda zor bir dönemden geçiyor olarak görüyorsanız devamlılık göstererek **DUHA SURESİ'ni** okuyabilirsiniz.

Kur'ân-ı kerîmin doksan üçüncü sûresi.

Duhâ sûresi, Mekke-i mükerremede inmiştir. On bir âyet-i kerîmedir. Birinci âyet-i kerîmede duhâya (kuşluk vaktine) yemin edildiği için bu kelime sûreye isim olmuştur.

Okunuşu :

Vedduha velleyli iza seca.Ma veddeake Rabbüke ve ma gala velel ahıratü hayrulleke minel ula vele sevfe yu'tıykerabbüke feterda elem yecidke yetiymen fe ava ve vecedeke dallen feheda ve vecedeke ailen feağna.Fe emmel yetiyme fela takher.Ve emmessaile fela tenher.Ve emma bi ni'meti rabbika fehaddis.

Anlamı :

Kuşluk vakti ile karanlığı ile alemi kaplayan gece ile kasem ederim ki Rabbin seni terk etmedi ve sana darılmadı.Elbette ahiret senin için dünyadan daha hayırlıdır.Muhakkak Rabbin sana hoşnud olacağın şeyi verecektir.O,senin bir yetim olduğunu bilip te seni barındırmadı mı?Ve seni yol bilmez iken yola koymadı mı?Ve seni fakir bulup ta zengin etmedi mi?O halde yetime kahretme.Saile onu azarlayıp kovma. Bununla beraber Rabbinin nimetini durmayıp söyle.

İlişkinizde sorun yaşıyorsanız, daha muhabbetli olabilmek için:

TAHA SURESİ, 39. Ayet

"Ve elkaytü aleyke mehabbeten mini."

41 defa okuyabilirsiniz, okumanın ardından 786 kere Besmele çekip suya okuyun, bu sudan ikiniz de için.

DUHAN SURESİ, 25. Ayet

"Kem terekü min cennatin ve uyun."

21 defa eşinize doğru okuyabilirsiniz, gerilimi azaltır, muhabbeti sağlar.

Size bir kötülük yapıldığına inanıyorsanız, o kişilere kötülük ile karşılık vermeyin. Yapmanız gereken yine Allah'a sığınmak, haklı-haksızın ayrımını yine Ona bırakmaktır. Bizler tekamül için bize kötülük yapanlara da iyilik ile cevap vermeliyiz.

"Euzü billahis semiil alimi mineş şeytanir racim."

"Kovulmuş şeytanın şerrinden herieyi işiten ve bilen Allah'a sığınırım."

Çok darda olduğunuz yine kalp acısı çektiğiniz bir gecede, "ışığa" ihtiyacınız varsa bu dua sizin için:

"Allahümmecal fi kalbi nuran. Ve fi lisani nuran. Vecal fi semi nuran. Vecal fi basari nuran. Vecal min halfi nuran. Ve min emami nuran. Vecal min fevki nuran. Ve min tahti nuran. Allahümme atini nuran."

"Ey Allah'ım, kalbime nur ver, dilime nur ver, kulağıma nur ver, gözüme nur ver. Arkamı nur et, önümü nur et, üstümü nur et, altımı nur et. Ey Allah'ım bana nur ver."

Çok fazla kuruyorsanız, beyniniz sürekli meşgulse ve bu anlamda rahatlamaya ihtiyacınız varsa:

"Bismillahirrahmanirrahim. Ya Allahu! Er Rakibu, El Hafizu, El Halimu, Ya Allahu!

El Hayyul, El Halimu, El Azimu, ER Raufu, El Kerimu, Ya Allahu!

El Hayyu, El Kayyumu, El Kaimu, ala külli nefsin bima kesebet. Hulle beyni ve beyne aduvvi."

Üzüntünüzü aşamıyorsanız...

"Ya Hayyu Ya Kayyum, birahmetike estağisu." (Hadis)

"Ey ölmeyen hep diri ve herşeyi ayakta tutan Allah'ım rahmetine sığınırım."

"Allahü Rabbe la üşrikü bihi şey'en."

"Allah benim Rabbimdir, Ona hiçbirşeyi ortak koşmam."

Kendinizi arındırmak, doğru karar verebilmek, dileğinizin olması için aşağıdaki duayı 1100 defa okuyabilirsiniz:

"Allahümme salli ve sellim ala seyyidina Muhammedin ve ala alihi kadra ilahe illallah ve eğnina vahfezna ve veffikna lima terdah vasrif annes sue verda anil haseneyni reyhanetey hayril enami ve an sairi alihi ve ashabihil kiram ve edhilnel cennete dares selam Ya Hayyu Ya Kayyumu Ya Allah."

Aşkın en güzel meyvası tabi ki bir bebek. Bebeğiniz olmuyorsa elbette ki bu da bir takdir, aşağıdaki çalışmayı yapın ve Allah'a dua etmekten asla vazgeçmeyin:

313 kere erhamerrahimin diyerek başlayın.

313 kere ardından YA SAMED çekin.

Ali İmran Suresi'ni 40 gün boyunca okuyun.

Ayrıca Ali İmran Suresi, 37. Ayeti "bal, arı sütü, çörek otu tozu, ısırgan tohumu" karşımına 41 defa okuyun ve 1 ay içinde yemeye çalışın. Allah kabul etsin.

Ben dua okumaya başlamadan önce ALLAH'ın 99 güzel ismi ile birlikte, BAŞMELEKLERİN isimlerini de saymaya özen gösteriyorum:

MİKAİL

CEBRAİL

İSRAFİL

AZRAİL

ESMALAR ile çalışmak artık hepimizin de bildiği gibi çok rahatlatıcı ve içimize huzuru serpiyor. ESMALARDA zikir sayısı da çok önemli, o andaki yoğunlaşmanız da... ALLAH'ın güzel isimleri umarım dileklerinizi gerçekleştirmede, acıları atlatmada, ruhsal keşiflerinizde size ışık olur. Burada isimlerin bazılarını sizler için yazdım ama unutmayın Allah'ın her ismi ayrı güzeldir, milyonlarca şifaya kapı açar.

YA VEKİLÜ- 66 kere okuyabilirsiniz, dertleri Allah'a bırakın, birşeyi sadece ONDAN isteyin, Allah hepimizin en büyük dostudur.

YA MACİD- 48 kere okunabilir, özellikle aile olmak isteyenler için, çocuğu olmayanlar için etkili olabilir, şifalarla...

YA VAHID- 19 kere okunabilir bu isim ve gönül meselelerinde etkilidir, kalbi yumuşatır, kavuşmalara olanak tanır.

YA VALİ- 47 kere okunabilir, karşı tarafı olumlu bir konu ile ilgili olarak tesir altına almak, sözünüzü ona daha kuvvetli aktarmak için bu ismi zikredebilirsiniz.

YA AFÜVVÜ- 156 kere zikredilebilir, bu isim ile zikir yaparsanız kalbiniz nur ile dolar ve rahatlarsınız. Ayrıca olumsuz enerjileri de geride bırakırsınız.

YA KABİDU- 903 kere okuyabileceğiniz bu özel isim çok etkilidir, istediğiniz konuya kavuşmanızı sağlar, mühim dilekler için okunabilir.

YA ALİMU- 150 kere bu ismi zikredebilirsiniz, olumlu ve hayırlı konular yolunda dilediğiniz kişiyi tesir altına almanız anlamında tesirlidir.

YA MÜSAVVİRU- 336 kere okuyabileceğiniz bu isim ile manevi anlamda gelişip huzur bulabileceğiniz gibi aynı zamanda rüyanızda istediğiniz konuya dair mesajlar da alabilirsiniz.

YA HALİM- 88 kere zikri yapılması gereken bu özel ismin enerjisi ile size istediğiniz gibi davranmayan eşinize doğru yolu gösterebilirsiniz.

MURAD İÇİN...

Allah'ın izni ile ve hayırlısı ise aşk ve ilişkilere dair pekçok konuda da hem dualarla kendimizi rahatlatır hem daha doğru rehberliğin içinde oluruz. İçselliğimiz gelişir ve pekçok sorunun cevabını içimizde de buluruz. Önemli bir muradınız varsa:

5 vakit namaz kılın, namaz sonunda AYET-EL KÜRSİ okuyun, 66 defa ALLAH ALLAH zikri yapın.

ÇOK ÖNEMLİ BİR AMACA ULAŞMAK İÇİN...

Bol bol salat ve selam okuyun...

Odaklanarak ve niyetinizi düşünerek tam 700 kere FATİHA SURESİ'ni okuyun.

Secde ayetlerinden birini okuyun, secdeye kapanın.

Çalışmayı 16641 defa YA LATIYF isminin zikri ile mühürleyin.

GAM VE KEDER İÇİNDEYSENİZ...

1000 defa SALAT-Ü SELAM okuyun...

Allahümme salli ve sellim ala seyyidina ve Mevlana Muhammedin salaten tehullü biha ukdeti ve tüferricü biha kürbeti ve tünkızüni biha min vahleti ve tukiylü biha asrati ve takdiy biha haceti.

KARŞI TARAFIN SEVGİSİNİ KAZANMAK İÇİN...

Cuma günü 150 defa sevdiğinizi düşünüp okuyun:

"Sübhaneke la ilahe illa ente ya Rabbe külli şey'in ve Varisehu ve Razikahu ve Rahımeh."

EŞLER ARASINDA SOĞUKLUK VARSA...

Önünüze 1 bardak su koyun aşağıdaki duayı 1000 defa suya okuyun, suyu için.

"Ya Samedü min ğayri şibhin fe la şey'e ke mislih."

DİLEK DUASI

Sabah namazından sonra aşağıdaki duayı 33 kere okuyun, devamlılık sonucu kuvvetli kılar.

Bismillahirrahmanirrahim.

La havle ve la kuvvete illa billahil aliyyil aziym. Ya Hayyü Ya Kayyümü ya Daimü Ya Ehadü Ya Samedü.

ÇOK KUVVETLİ BİR DİLEK GERÇEKLEŞTİRME ÇALIŞMASI...

Pazartesi – YA HAYYÜ YA KAYYÜM 1000 DEFA

Salı – ALLAHÜMME SALLİ ALA SEYYİDİNA MUHAMMED 1000 DEFA

Çarşamba – ESTAĞFİRULLAHEL AZIYM 1000 DEFA

Perşembe –SÜBHANELLAHİ VE Bİ HAMDİH 1000 DEFA

Cuma- YA ALLAH 1000 DEFA

Cumartesi- LA İLAHE İLLALLAH 1000 DEFA

Pazar – YA HAYYÜ YA KAYYÜM 1000 DEFA

BÜYÜK "CELCELUTİYYE DUASI"

Celcelutiyye Duası... Size önerebileceğim en kuvvetli çalışma CELCELUTİYYE duasıdır aslında. Çok kuvvetli etkileri olan bu dua, BAŞMELEKLERİN kanatlarında, başlarında yazılı olduğu rivayet edilir. 7 kat göklerde bu duadan bahsedilir. ARŞ'ın kenarında da bu duanın yazılı olduğu bilinir. Sırlı, hazine değerindeki bu dua ile çalışma yapmak sizi ALLAH'ın izni ile güzel sonuçlara taşır.

Bu duayı 21 kere okuyarak çalışabilirsiniz.

Bismillahir-rahmanir-rahim

1. Bede'tü bi bismillahi rûhî bihih tedet. İlâ keşfi esrârin bi bâtınihin'tevet.

2. Ve salleytü bis'sânî alâ hayri halkıhî. Muhammedin men zâhad dalâlete vel-ğalet.

3. İlâhi lekad aksemtü bismike dâıyen. Bi âcin mâ hûcin celet fetecelcelet.

4. Seeltüke bil ismil muazzami kadruhû. Ve yessir ümûri yâ ilâhî bi salmehet.

5. Ve yâ hayyü yâ kayyûmu ed'ûke râciyen. Bi âcin eyûcin celceliyyûtin helhelet.

6. Bi samsâmin tamtâmin ve yâ hayra bâzihin. Bimihrasi mihrâşin bihin nârü uhmidet.

7. Bi âcin ehûcin yâ ilâhî mühevvicin. Ve yâ celcelûtin bil icâbeti helhelet.

8. Li tuhyî hayâtel kalbi min denesin bihî. Bi kayyûmin kâmes sirru fîhi ve eşrakat.

9. Aleyye dıyâün min bevâriki nûrihî. Felâha alâ vechî senâün ve ebrakat.

10.Ve subbe alâ kalbî şeâbî bû rahmetin. Bi hıkmeti mevlânel kerîmi fe'entakat.

11.Ehâtat biyel envâru min külli cânibin. Ve heybetü mevlânel azimi binâ alet.

12.Fe sübhâneke'llâhümme yâ hayra hâlikin. Ve yâ hayra hallâkın ve ekrame men beğat.

13.Fe belliğnî kasdî ve külle meâribi. Bi hakkı hurûfin bil hicâi tecemmeat.

14.Bi sirri hurûfin ûdiat fî azimetî. Bi nûri senâil ismi ver rûhi kad alet.

15.Efıd lî minel envâri feydate müşrikın. Aleyye ve ahyî meyte kalbî be taytağat.

16.Elâ ve elbisennî heybeten ve celâleten. Ve küffe yedel a'dâi annî bi almehet.

17.Elâ vahcübennî min aduvvin ve hâsidin. Bi hakkı şemâhın eşmehın sellemet semet.

18.Bi nûri celâlin bâzihın ve şerantahın. Bi kuddûsin berkûtin bihiz zulmetüncelet.

19.Elâ vakdı yâ rabbâhü bin nûri hâcetî. Bi nûri eşmehın celyen serîan kadinkadat.

20.Biyâhin ve yâyûhin nemûhin esâliyen. Ve yâ âliyen yessir ümûrî bi saysalet.

21.Ve emnahnî yâ zel celâli kerâmeten. Bi esrâri ılmin yâ halimü bikencelet.

22.Ve hallısnî min külli hevlin ve şiddetin. Bi nassı hakimin kâtıis sırri esbelet.

23.Ve ahrisnî yâ zelcelâli bi kâfi kün. Eyâ câbirel kalbil kesiri minel habet.

24.Ve sellim bi bahrin ve a'tını hayra berrihâ. Fe ente melâzi vel kürûbi bikencelet.

25.Ve subbe aleyyer rizka sabbete rahmetin. Fe ente recâül âlemine velev tağat.

26.Ve esmim ve ebkim sümme a'mi adüvvena. Ve ahrishüm yâ zelcelâli bilhavsemet.

27.Ve fi havsemin mea devsemin ve berâsemin. Tehassantü bil ismil azimi minelğalet.

28.Ve ellif kulübe'l-alemine cemiaha. (Ala risaleti nuri) Aleyye ve a'tıni'l-kabule bişelmehet.

29.Ve yessir ümûri yâ ilâhî ve a'tıni. Minel ızzi vel ulyâ bi şemhın ve eşmehat.

30.Ve esbil aleynes setra veşfi kulûbenâ. Fe ente şifâün lil kulûbi minel ğaset.

31.Ve bârik lena'llâhümme fi cem'i kesbinâ. Ve hulle ukûdel usri biyâyûhin irtehat.

32.Biyâhin ve yâyûhin ve yâ hayra bâzihın. Ve yâ men lenel erzâku min cûdihî nemet.

33.Neruddü bikel a'dâe min külli vichetin. Ve bil ismi termîhim minel bu'di bişşetet.

34.Ve ahzilhüm yâ zelcelâli bi fadli men. İleyhi seat dabbül felâti ve kad şeket.

35.Fe ente recâi yâ ilahî ve seyyidî. Fe fülle lemîmel ceyşi in râme bî abet.

36.Ve küffe cemiâl mudırrîne keydehüm. Ve annî bi aksâmike hatmen ve mâ havet.

37.Fe yâ hayra mes'ûlin ve ekrame men a'ta. Ve yâ hayra me'mûlin ilâ ümmetin halet.

38.Ekıd kevkebî bil ismi nûran ve behceten. Meded dehri vel eyyâmi yâ nûru celcelet.

39.Biâcin ehûcin celmehûcin celâletin. Celîlin celceliyyûtin cemâhin temehracet.

40.Bi ta'dâdi ebrûmin ve simrâzi ebramin. Ve behrati tebrîzin ve ümmin teberraket.

41.Tükâdü sirâcün nûri sirran beyâneten. Tükâdü sirâcüs sürci sirran tenevverat.

42.Bi nûri celâlin bâzihın ve şerantahin. Bi kuddûsi berkûtin bihin nâru uhmidet.

43.Biyâhin ve yâyûhin nemûhin esâliyen. Bi tamtâmin mihrâşin li nâril ıdâ semet.

44.Bi hâlin ehîlin şel'ın şel'ûbin şâlıın. Tahiyyin tahûbin taytahûbin tayettahet.

45.Enûhın bi yemlûhin ve ebrûhin uksimet. Bi temlihi âyâtin şemûhin teşemmehat.

46.Ebâzîha beyzûhin ve zeymûhin ba'dehâ. Hamârûhin yeşrûhin bi şerhin teşemmehat.

47.Bi belhın ve simyânin ve bâzûhın ba'dehâ. Bi zeymûhın eşmûhın bihil kevnü ummirat.

48.Bi şelmehatin ikbel düâi ve kün mai. Ve kün lî minel a'dâi hasbî fekad beğat.

49.Fe yâ şemhasâ yâ şemhasâ ente şemlehâ. Ve yâ aytalâ hetlur riyâhı tehalhalet.

50.Bikel havlü ve's-savlü'ş-şedîdü limen etâ. Libâbi cenâbike veltecâ zulmetüncelet.

51.Bi tâha ve yâsîn ve tâsîn kün lenâ. Bi tâsin mîm lis seâdeti ukbelet.

52.Ve kâfin ve hâyâin ve aynin ve sâdihâ. Kifâyetünâ min külli aynin binâ havet.

53.Bi hâmîm aynin sümme sînin ve kâfihâ. Himâyetünâ min külli süin bişelmehet.

54.Bi kâfin ve nûnin sümme hâmîmin ba'dehâ. Ve fî sûretid dühâni sirran kad uhkimet.

55.Bi elifin ve lâmin ven nisâi ve ukûdihâ. Ve fî sûretil en'âmi ven nûri nüvvirat.

56.Ve elifin ve lâmin sümme râin bi sirrihâ. Alevtü bi nûril ismi min külli mâ cenet.

57.Ve elifin ve lâmin sümme mîmin ve râihâ. İlâ mecmeı'l ervâhı ver rûhi kad alet.

58.Bi sirri havâmîmil kitâbi cemîıhâ. Aleyke bi fadlin nûri yâ nûru uksimet.

59.Bi amme abese ven nâziâti ve târikı. Ve fî vessemâi zâtil bürûci ve zülzilet.

60.Bi hakkı tebâreke sümme nûnin ve sâilin. Ve fî sûretit tehmîzi veş şemsi küvvirat.

61.Ve bizzâriyâtiz zerri ven necmi iza hevâ. Ve bıkterabet liyel ümûru tekarrabet.

62.Ve fî suveri'l-kur'âni hızben ve âyeten. Adede mâ karael kârî ve mâ kad tenezzelet.

63.Fe es'elüke yâ mevlâye fî fadlikellezî. Alâ külli mâ enzelte kütüben tefaddalet.

64.Bi âhiyyen şerâhiyyen ezûnâyi sabvetin. Esbâvüsin âli şeddâye aksemtü bi taytağat.

65.Bi sirri büdûhin echezetın betadin zehecin. Bivâhıl vehâ bil fethi ven nasri esraat.

66.Bi nûri feceşin maa sezhazin yâ seyyidî. Ve bil âyetil kübrâ eminnî minel fecet.

67.Bi hakkı fekacin maa mahmetin yâ ilâhena. Bi esmâikel hüsnâ ecirnî mineş şetet.

68.Hurûfün li behrâmin alet ve teşâmehat. Ve'smü asâ mûsâ bihiz zulmetün celet.

69.Tevesseltü yâ rabbi ileyke bi sirrihâ. Tevessüle zî zül-lin bihin nasühtedet.

70.Hurûfun bi ma'nâhâ lehel fadlü şürrifet. Meded dehri vel eyyâmi yâ rabbinhanet.

71.Da'vetüke yâ Allâhü hakkan ve innenî. Tevesseltü bil âyâti cem'an bimâ havet.

72.Fe tilke hurûfun nûri fecma' havâssahâ. Ve hakkık meânîhâ bihel hayru tümmimet.

73.Ve ahdırnî avnen hadîmen müsehharan. Tuheymefeyâîlü bihil kürbetün celet.

74.Fe sehhırlî fîhâ hadîmen yütiuni. Bi fadli hurufi üm-mil kitâbi ve mâ telet.

75.Fe es'elüke yâ mevlâya fismikellezî. Bihî izâ duıye cem'ul umûri teyesserat.

76.İlâhi ferham da'fi vağfirlî zelleti. Bi mâ kad deatkel enbiyâü ve tevesselet.

77.Eyâ hâliki yâ seyyidî ıkdı hâcetî. İleyke ümûrî yâ ilâhî tesellemet.

78.Tevesseltü yâ rabbî ileyke bi ahmedâ. Ve esmâikel husnelletî hiye cümmiat.

79.Fe cüd va'fü vasfah yâ ilâhî bi tevbetin. Alâ abdikel miskîni min nazratin abet.

80.Ve veffıknî lil hayri ves sıdkı vettükâ. Ve eskinennil firdevse maa firkatin alet.

81.Ve kün bî raûfen fî hayâti ve ba'demâ. Emûtü ve elkâ zulmetel kabrin celet.

82.Ve fil haşri beyyıd yâ ilâhî sahîfetî. Ve sekkıl mevâzînî bi lutfike in haffet.

83.Ve cevviznî haddes sırâti mûhervilen. Ve ahminî min harri nârin ve mâ havet.

84.Ve sâmihnî min külli zenbin ceneytühû. Vağfir hatiati'l ızâme ve in alet.

85.Fe yâ hâmilel ismillezî celle kadruhû. Tevekkâ bihî küllel ümûri tesellemet.

86.Fe kâtil ve lâ tahşe ve hârib ve lâ tehaf. Vedüs külle ardın bil vühûşi teammerat.

87.Ve akbil ve la tehrab ve hasım men teşaü. Ve la tahşe be'sen li'l-müluki velev havet.

88.Fe lâ hayyetün tahşâ ve lâ akrabün terâ. Ve lâ esedün ye'ti ileyke bi hemhemet.

89.Ve lâ tahşe min seyfin ve lâ ta'nin hancerin. Ve lâ tahşe min rumhin ve lâ şerrin eshemet.

90.Cezâ men kara hâzâ şefâatü ahmedâ. Ve yühşeru fil cennâti maa hûrin suffifet.

91.Va'lem bi ennel Mustafâ hayru mürselîn. Ve efdalü halkıllâhi men kad teferrakat.

92.Ve saddir bihî min câhihî külle hâcetin. Ve selhü likey tencü minel cevri vettağat.

93.Ve salli ilâhi külle yevmin ve sâatin. Alel mustafa'l muhtâri mâ nesmetün semet.

94.Ve salli alel muhtâri vel âli küllihim. Ke addi nebâtil ardı ver rihi mâ seret.

95.Ve salli salâten temleül arda ves semâe. Kevebli ğamâmin maa ruûdin tecelcelet.

96.Fe yekfîke ennellâhe sallâ bi nefsihî. Ve emlâkehû sallet aleyhi ve sellemet.

97.Ve sellim aleyhi dâimen mütevessilen. Meded dehri vel eyyâmi mâ şemsün eşrakat.

98.Ve sellim alel ethâri min âli hâşimin. Adede mâ haccel hacîcü ve sellemet.

99.Varda yâ ilâhî an ebî bekrin maa omera. Varda alâ osmâne maa haydari's sebet.

100.Kezel âlü vel ashâbü cem'an cemîuhum. Maal evliyâi ves sâlihine ve mâ havet.

101.Mekâlü aliyyin vebni ammi muhammedin. Ve sirru ulûmin lil halâikı cümmiat.

AMİN

Tüm dualar her zaman Allah'a gider, bu kitapta meleklerle ilgili bir bölüm de bulacaksınız. Melekler konusunu yeni yeni yaşamına katan değerli dostlarımız, "meleklere dua konusunu" karıştırabiliyor. Melekler Allah'ın elçisi, ***dua sadece Allah'a edilir***. Zaten herşeyi sadece ve daima Allah'tan istiyor olmamız gerekir. Siz Meleklerle irtibata geçip bir şey dilediğinizde de yine onu verecek Allah'tır. Duaların gerçek olması için belirli bir zaman vardır, ilahi bir planlama, mucizevi bir zamanlama, ilahi bir döngü fardır. Dualar takip edilmez, o duanın kabulü Allah'a kalır. Herşey her zaman elbette ki iyi gitmeyecek ama unutmayın hiçbirşey her zaman kötü de gitmez. Derdi de tekamül için Allah verdiğine göre asla isyan enerjisine geçmemeniz gerekir. BU kitap bir aşk kitabı ama bana göre hayatın her alanında ve her konuda "dua" şart. Acı çektiğiniz veya dilekte bulunduğunuz anlarda yine Allah'tan başkasına ihtiyacınız yok...

Dua ederken...

Temiz bir kalp ile başlayın...

Allah'ın adlarını ve Meleklerin adlarını da söyleyebilirsiniz.

Dua sonrası bir adım atmanız gerekiyorsa atın.

İşin içine şüphe katmayın.

Amin: emin olmaktır, İNŞAALLAH: Allah inşa eder yani yapar anlamındadır.

ŞİFA İÇİN BİR BARDAK SUYA OKUYUN 7 sabah boyunca, suyu için:

Ve yeşfi sudure kavmin müminin. Ve nünezzilü minel kurani ma hüve şifaün ve rahmetün lil müminin. Ve iza meridtü fe hüve yeşfin. Fiyhi şifaün linnasi. Kul hüve lillezine amena hüden ve şifaün. Ya eyyühen nase kad caetküm mevızatün min rabbiküm ve şifaün lima fissuduri ve hüden ve rahmeten lil müminin.

Salavatı Şerife

Sıkıntı ve stresten kurtulmak için okunması gerekir. Rasulüllah (S.A.V) buyurdu: Kıyamet gününde, katımda insanların en değerlisi, bana en çok salatü selam getirenlerdir.

- Aleyhisselam, Allah'ın selamı, onun üzerine olsun.
- Aleyhissalatu vesselam, Allah'ın salatu selamı onun üzerine olsun.
- Sallallahu aleyhi ve sellem, Allahu Teala, Ona salatu selam etsin.
- Allahümme salli ala Muhammedin ve ala ali Muhammed, Allah'ım! (peygamberimiz) Hz. Muhammed'e ve aline (evladu iyaline) rahmet eyle.
- Allahümme salli ala seyyidina Muhammedin ve ala alihi ve sahbihi ve sellim, Ey Allah'ım! Hz. Efendimiz, büyüğümüz Muhammed'e, evladu iyaline, ashabına salatu selam eyle. (Rahmet et, selametlik ver.)
- Allahümme salli ala Muhammedin ve enzilhul'muk'adel'mukarrabe indeke yevmel'kıyameti, Ey Allah'ım! Hz. Muhammed'e Salatu selam et, ve onu kıyamet gününde sana yakın bir yere (makam-ı Mahmut'a) indir.
- Allahümme salli ala seyidina Muhammedin tıbbil'kulubi ve devaiha ve afiyetil, abdani ve şifaiha ve nuril'ebsari ve ziyaiha ve ala alihi ve sahbihi ve sellim, Ey Allah'ım! kalblerin doktoru ve devası, vücutların şifası, gözlerin nuru ve ziyası olan Muhammed'e (S.A.V) aline ve ashabına salatu selam eyle.
- Allahümme salli ve sellim ve barik ala seyyidina Muhammedin ve ala ali seyyidina Muhammedin bi'adedi ilmike, Ey Allah'ım! efendimiz Hz. Muhammed'e (S.A.V) ve efendimiz Hz. Muhammedin (S.A.V) aline nihayetsiz olan ilminin adedince salatu selam ve bereketler ihsan eyle.

- Allahümme salli ala seyyidina Muhammedin mahtelefel-melevali ve teakabel-asarani ve kerraral-cedidani vestekbelel-ferkadani ve belliğ ruhahu ve ervaha ehl-i beytihi minat tahiyyete vesselame verham ve barik ve sellim aleyhi ve aleyhim teslimen kesiran kesira, Allah'ım melevan, asaran, cedidan ve ferkadan yıldızları devam ettiği müddetçe Efendimiz Muhammed'e (S.A.V) salat ve selam eyle. O'nun ve ehl-i beytinin ruhuna bizden saygı ve selam ulaştır.
- Allahümme salli ala seyyidina Muhammedin ve ala ali Muhammedin ve Ademe ve Nuhin ve İbrahime ve Musa ve İsa ve ma beynehum minen'nebiyyine vel'murselin. Salevatullahi ve selamuhu aleyhim ecmain, Allah'ım Hz. Muhammed'e (S.A.V), Hz.Adem, Hz.Nuh, Hz.İbrahim, Hz.İsa(A.S.V) ve bunların arasında (gelmiş geçmiş) peygamberlere rahmet ihsan eyle.
- Allahümme salli ala seyyidina Muhammedin abdike ve Resulike ve alel'muminine vel'muminati vel'muslimine vel'muslimati, Allah'ım! kulun ve Resulun Hz. Muhammed'e salat et. Mümin olan erkek ve kadınlara, Müslüman olan erkek ve kadınlara da merhamet eyle.
- Allahümme salli ala Ruhi seyyidina Muhammedin fil'ervahi ve salli ala cesedi seyyidina Muhammedin fil'ecsadi ve salli ala kabri seyyidina Muhammedin filkuburi. Allahümme belliğ minni tehiyyeten ve selama, Ey Allah'ım! Ruhlar içinde sevgili peygamberimiz Hz. Muhammedin ruhuna, cesedler içinde Hz. Muhammedin (A.S.V) cesedine, kabirler içinde Hz. Muhammedin (A.S.V) kabrine salatu selam eyle. Allah'ım,

benim selamımı sevgili peygamberimiz Hz. Muhammed (A.S.V) 'in aziz ruhuna vasıl eyle.

BOLLUK BEREKET RIZK için KARINCA DUASI

"Allahümme ya Rabbi Cebâîle ve Mîkâile ve İsrâfîle ve Azrâile ve İbrahime ve İsmaile ve İshaka ve Yakube ve münzilel berakâti vet Tevrâti vez-Zebûri vel İncili vel Furkan. Ve lâ havle ve lâ kuvvete illa billahil aliyyil azim. Lâ ilâhe illallahül melikül hakkul mübin. Muhammedü-Resülüllahi sadikul va'dil emin. Ya Rabbi, Ya Rabbi, Ya Hayyu, Ya Kayyum, Ya zel Celali vel İkram. Es'elüke ya Rabbel arşil azimi en yerzükani rizkan halalen tayyiben birahmetike ya erhamer Rahimin. Yemliha, Mekseline, Mislina, Mernüş, Debernüş, Şazenüş, Kefetatayyuş, Kıtmîr."

HİZBUL BAHR duası

Bu çok özel ve etkili dua, yaşamınızda bereket, mucize ve dönüşüme kapıları açabilir. Darda olanlar, borcu çok olanlar, dileği olanlar bu duayı tekrar tekrar okuyabilir. Bir yandan oruç tutarak da okuyabileceğiniz bu duanın zikrine, 3 gün boyunca da devam edilebilir, 15-25 kere okuyabilirsiniz. Allah kabul etsin.

Bismillahirrahmanirrahim...

Allahümme ya aliyyü, ya azıymü, ya alim.

Ente rabbi veılmüke hasbi.

Fe nı'mer rabbü ve nı'mel hasbü hasbi.

Tensuru men teşaü ve entel azizür rahıym.

Nes'elükel ısmete fil

Harekati ves sekenati vel kelimati vel iradati vel hatarati minez zününi ves şükuki vel evhamis satırati lil kulubi an müteatil ğuyub.

Fe kadibtü liyel mü'minune ve zülzilu zilzalen şadida.

Ve iz yakulül münafiküne fi kulunihim merudün ma veadenallahü ve rasulühu illa ğurura.

Fe sebbitna vensurna ve sahhir lena hazel bahra kema sahhartel bahra

Li musa ve saharten nara li israhime ve sahhartel cibale vel hadide li davude ve sahhater riha veş şeyatıyne vel cinne li süleymane ve sahhir külle bahrin hüve leke fil ardı ves semai vel mülki vel melekuti ve bahred dünya ve bahral ahırati ve sahhir lena külle şey'in ya men bi

Yedihi melekutü külli şey'in kaf ha ya ayn sad (3 kere tekrar edilcek)

Ünsurna fe inneke hayrun nasirin

Veftah lena fe inneke hayrul fatihıyn.

Vağfir lena fe inneke hayrul ğafirin.

Verhamna fe inneke hayrur rahımin.

Verzukna fe inneke hayrur razikıyn.

Veehdina ve neccina minel kavmiz zalimin.

Ve hablena rıyhan teyyibeten kema hiye fi ılmike venşurha Aleyna min hazaini rahmetike vahmilna biha hamlel kerameti meas selameti vel afiyeti fid dini ved dünya vel ahirati inneke ala külli şey'in kadir.

Allahümme yessir lena ümuruna mearrahati li kulubina ve ebdanina ves selamati vel afiyeti fi dinina ve dünyana.

Ve kün lena sahiben fi seferina ve halifeten fi ehlina vatmis ala vücuhi adaina vemsah hüm ala

Mekanetihim fe la vücuhi adaina vemsah hüm ala

Mekanetihim fe la yestetıy'unel mudıy'e lel mecie ileyna ve lev neşaü letamesna ala a'yünihim festebekus sırate fe yübsırun.

Ve lev neşaü lemesahnahüm ala mekanetihim fe mestetaü mudiyyen ve la yerciun.

Yasin vel kur'anil hakim inneke leminel mürseline ala müstekıym.

Tenzilel azızir rahim.

Li tünzira kavmen ma ünzira abaühüm fe hüm ğafilün.

Le kad hakkal kavlü alal ekserihim fe hüm la yü'minune inna cealna fi anakıhim ağlalen fe hiye ilel ezkani fe hüm mukmehun.

Ve cealna min beyni eydihim sedden ve min halfihim sedden fe ağşeynahüm fe hüm la yübsirun.Şahetil vücuh ((3 kez tekrar edilecek)

Ve anetik vücuhü lil hayyil kayyum.

Ve kad habe men hamele zulme.

Ta Sin Mim.

Ha Mim.

Hummel emru ve caen nasru fealeyna la yünsarun.

Ha mim tenzilül kitabi minellahil azızil alim.

Ğafiriz zenbi ve kabilit tevbi şedidil ıkab.

Zittavli la ilahe illa hu ileyhil masıyr.

Bismillahi babüna tebareke hıytanüna yasin sakfüna kaf ha ayn sad kifayetüna, ha mim ayn sin kaf hımayetüna, fe seyekfike hümüllahü ve hüves semıul alim. (3 kez tekrar edilecek)

Sitrul arşi mesbulün aleyne ve aynüllahi nazıratün ileyna bi havlillahi la yukderu alyne vellahü min veraihim muhıyt.

Bel hüve kur'anün mecid,fi levhım mafuz

Fallahü hayrun hafızan ve hüve erhamür rahımin (3 kez tekrar edilecek)

İnne veliyyiyellezi nezzel kitabe ve hüve yetevelles salihıyn (3 kez tekrar edilecek)

Bismillahillezi la yedurru measmihi şey'in fik erdı ve la fis semai ve hüves semuıl alim (3 kez tekrar edilecek)

Ve la havle ve la kuvvete illa billahil aliyyil azıym (3 kez tekrar edilecek)

Ve sallellahü ala seyyidina muhammedin ve alihi ve sahbihi ve selleme teslimen vel hamdü lillahi rabbil alemin.

ALLAH'IN SINIRSIZ SONSUZ ÇARELERİ VAR, ALLAH'A SIĞINAN ASLA ÇARESİZ OLAMAZ.

3. İÇİNDEKİ BÜYÜK GÜÇ İLE İŞBİRLİĞİ İÇİNDE OL

EVRENİN KENDİNE AİT YASALARI VAR, İNSANIN DA...

Gücünü bil.

Senin eşin benzerin yok, Allah boş yere hiçbirşey yaratmaz.

Bu dünyaya boş yere gelmedin.

Yaşam amacını bul.

Enerjini boşa harcama, daha az konuş, daha çok düşün.

Şans dediğin şey aslında sensin.

Fazla fedakarlık kişinin kendi kul hakkına girmesidir, enerjini kendine kullan.

Kendini sev, sevmiyorsan sana bunu kanıtlamak için, seni sevmeyenler etrafında çoğalır.

Söz veriyorsan tut, tutmadığında olumsuz karma yaratıyorsun.

Şüphe ediyorsan doğru çıkacak sezgilerine güven.

Önce kendini mutlu et, başkaları sonra geliyor...

Sen değiş, değişince senin gibiler sana gelecek, kimseyi değiştirmekle zaman kaybetme, herkesin yolu başka…

Sana haksızlık yapılmasına ne kadar izin verirsen bu enerji o kadar büyür, yeni haksızlıklar gelir.

Sen hiçbirşeyin mutlak ve tek sahibi değilsin, bu dünyadan gelip geçiyorsun, herşey burası değil, bunu unutmadığında hafiflersin…

Yokluk içinde olan herkese sen de yardım etmek zorundasın.

Tutmak ve sürekli biriktirmek yokluk bilincidir, vermek paylaşmak bereketini de enerjini de büyütür.

Daha çok duş al, daha çok toprakta yürü. Enerjini şarj et.

Namaz kıl, Allah'tan yakını yok sana.

Meditasyon yap içe dön, dışarıda olan bir şey yok, onlar hepsi senin yansıman.

Bilinçaltın daha önceki deneyimlerinden paylar biçti dersler çıkardı, senin korkuların neyse sana hizmet eden bilinçaltı onları yeniden sana sunacak. Bilinçaltın kişiliksiz iyi-kötü ayırdı yok. Bilinçaltın ile yüzleşmelisin…

Pişmanlık hissedersen kaybetmeye de başlarsın; olumsuz enerjiyi bırak.

İnandığını yaşarsın, olmadıysa seninle ilgili. Kimseyi dinleme, devam et yoluna.

Bilinçaltın insanları ve olayları çeker veya hayatından gönderir.

Birkaç enerji çalışması ile hemen değişim olmayacak, devam etmelisin, bunca yıldır yaptığın hatalar ve yanlış inançların birkaç haftada değişmez, yolculuğun devam etmeli.

Evren senin siparişinin büyük ya da küçük olması ile hiç ilgilenmez, her komutu eşit algılar. Küçük bir demet çiçek de isteyebilirsin, milyon dolarlar da...

Çoğu şeyi istediğini sanıyorsun ama gerçek isteklerin onlar değil, itiraf et.

Evren, sistem, enerji sana "nasıl olacağını sormaz" sen iste ve bırak, yolu enerjiler dünyası sana açar.

Her gün 10 tane hayatında olan ve şükredeceğin şeyi ekmeğe oku o ekmeği afiyetle ye.

İlk başta inanmasan da "olumlama ve canlandırma" yap, uykudan önce, uyandığın anda. Tekrarla. Bir süre sonra inanacaksın, inandığın için de gerçek olacak.

Geçmişi andığın her an, geçmişteki gibi olayları çağırıyorsun. Dikkat et.

Muallak kader var mutlak kaderinin dışında, özgür irade meleklerde bile olmayan senin muhteşem gücün, bunu kullan.

Zihin ve bilinçaltı... Sana yüklenmiş programları kontrol edebilirsen bambaşka bir yaşamın olabilir.

Nazar, büyü, tüm olumsuzluklar, hastalıklar "enerjinin yanlış akışıdır" bunlardan korunmak senin elinde ki bu kitap sana bunu da anlatıyor.

Sezgilerin hep doğru, bilinçaltın seninle sezgi yoluyla mesajlaşıyor.

İÇİNDEKİ GÜCÜ KULLAN, İŞBİRLİĞİ İÇİNDE OL.

Yalnız hissetme, insanlar seni terk etse de Allah ve Melekler seninle. Sana gelen insanlar da zaten Allah'ın vesile ettikleri o zaman niye acı çekiyorsun?.. Herşey olması gerektiği gibi. Sen zaten güçsün ve en büyük güce yakınsın. Birçok kişi yardım istediğini düşünüyor ama bir yandan da çok olumsuz enerjide kalıyor, inanmıyor. Bu durumda mucizeler onun yaşamında olmuyor veya oluşu erteleniyor. Özellikle melek enerjisi ile tanışanların "zaman" koymaması, istemesi, hayırlı olana itikat etmesi gerekir. Sen istemezsen Melekler senin için bir şey yapamaz, gerçekten istemek... Allah elbette sonuca karar verendir.

Korku ruhsal alemle bağlantıyı kapar, sizin korktuğunuzu düşünen saf enerji varlıkları Melekler mesaj vermeyebilir. Evrende yalnız değiliz, hayvanları nasıl kabul ediyor ve seviyorsak başka boyutlar ve alemleri de aynı şekilde görebiliriz. Konunun sadece dünya boyutunda kaldığını düşünmek her şeye büyük haksızlık olur. Melekler sizi her zaman yaptığınız her hayata karşılık yine de saf ve mükemmel olarak algılamak ister. Bu sevgi ve kabul ediş dünyada hiçbir insanın size gösteremeyeceği kadar büyük ve kesindir.

Rüya rehberliği yoluyla da melek mesajlarını kabule geçebilirsiniz. Semavi alem sizinle her an irtibatta, o iletişim asla kesilmez. Daha çok huzur ve güç için bu kanalı siz de hayırlısı için yaşamınızda kullanabilirsiniz. Ego, rekabet, kıskançlık gibi hisler geldiği anda bunları iptal edin, o tarz düşük enerjilerde kalmayın. ALT enerjiler ruhsal büyümenin önünde engel oluşturur. Melekler sizi ruh olarak görür, enerjinizi bilir, onlar için siz et ve kemik değilsiniz, onlar gerçek sizi biliyor yani... İçiniz temizse yanlış anlayan insnaları boşverin, melekler biliyor en doğru olanı. Sizi Allah yarattı bu nedenle Melekler sizi seviyor, koruyor.

Korkmayın ki ego'nun görevi kalmasın, korkarsanız da yüzleşin. Zorlamak ego işidir, serbest bırakmak bilgece bir haldir.

İlahi rehberlik geldiğinde size çok sıcak ve tanıdık hissi verir, bu his geldiğinde doğru yolda olduğunuzu bilin, güvenin. Melek mesajları uyarı ve koruma amaçlı dünyevi bir yazı, bir söz, bir işaret, bir şekil, bir imge-vizyon ile her an sizi bulabilir. İşaretleri takip ettikçe daha çok işaret gelir. Yanıt almak için kendinizi ya da şartları zorlamayın, cevap belki de en beklenmedik an'da gelecek.

DURUGÖRÜ... berrak görüş, vizyon alma

DURUİŞİTİ... iç ses, küçük bir ses ile gelen doğru çağrı

DURUBİLİŞ... aniden bilmek, o anda gelen doğru bilgiler...

DURUSEZİ... berrak hissediş, doğru rehberliği alabilmek

1. İstediğinizden emin olun.
2. En doğru an'ı bekleyin.
3. Meditasyon yapın, nefese odaklanın.
4. Sessizleşin.
5. Derinleşin.
6. Semavi alemden yardım isteyin, işaretlere göz atın.
7. İlk gelen bilgiler doğru.
8. Soruyu sorun, rehberliğe açılın.
9. Cevap için şart koşmayın, zorlamayın.
10. Geleni alın.
11. İçinizin en çok kabul ettiği doğru.

Melek günlüğünüz yine birçok alanda olduğu gibi, bu sezgi ve içsellik çalışmalarınızda da size rehber olabilir. Şifreleri, bağlantıları, aldığınız vizyonları, gördüğünüz rehber rüyaları buraya not alın. Canlıymış gibi hissettiğiniz rüyalar, mistik paranormal deneyimler mutlaka kişisel gelişiminizi de etkileyeceği için not alınmalı, aradaki bağlar kurulmalı ne sıklıkta ve hangi zamanlarda oldukları, geldikleri saptanmalı. Konunun içine siz girdikçe farklılık ortaya koyulacak ve devamlılık başlayacak.

Melek ışıkları belirli veya belirsiz olabilir, bir gelip bir an yok olabilir. Büyüyüp küçülebilir. Göz ucu ile hatta oraya çok da bakmıyorken yandan fark edilen vizyonlar, görüntüler olacaktır ki bunların çoğu da mesajcıdır. Uyku öncesi odanızı gümüş rengi bir ışık ile donattığınızı imgeleyin. Arınma ve bilgelik için bu küçük çalışma size yol açacak. Yine uyku öncesi odağınızı üçüncü göz noktanıza verin. Fazla çaba ego'dur, yapın ve bırakın, zamanla olacak.

Niyetiniz çok önemlidir, "söz" ile değil niyet ve gerçek isteklerle ilgilenen semavi alem sizin içinizi bilir. Niyete girince rehberlik en doğru zamanda gelir, melekler ve rehber ruhlar özgür iradenize müdahale edemez. İstek net olmalı, şüphe korku veya tereddüt olmamalı. Net soru net cevap alır. Gerçekte neyi kastettiğiniz orada zaten biliniyor. Temiz kalbin çağrısı saf varlıklarca asla göz ardı edilemez. Ego gelip size "nelerle uğraşıyorsun, gerçekçi ol, bunlar hayal" diyecektir, ne yapsın onun da görevi bu, ona takılmayın ☺

Meditasyon ve içe dönüş yaşamınızı iyileştirmeye başlar. Mesajları kalbinizin en derin noktasından almaya başlarsınız. Merak etmeyin, gelen mesajı ilk başta anlamasanız bile farklı işaretlerle ilahi rehberlik size ulaşacak. Durubiliş ile gelen bilgileri otomatik yazı tekniği ile güçlendirebilirsiniz. Biz de tarot-astroloji seanslarımızda zaten gelen bilgileri otomatik yazı ile alıp danışana aktarırız çoğu kez. Durubiliş, durusezi gelecekten haber verebilir, iznimiz olduğu kadarıyla, yola çıkmış planlar hakkında. Nostradamus'un da aldığı rehberlik ve bilginin bir kısmı bu şekildeydi.

Korktuğunuz zaman kalp çakranıza odaklanın, bu kitapta size sunulan çakralar hakkındaki bölüme de mutlaka göz atın. Derin nefesler alıp verin korku-sevgisizlik kalp çakranızı bloke ettiyse mesajlar size daha zor ulaşır. Çakranız ile ilgili gereken arınmayı yapın. Pembe ve zümrüt rengi ışığı kalp çakranıza gönderin. Ani gelen her bilgi bundan sonrasında sizin için değerli olacaktır. Notlar alın. Ardından neler gelişiyor, bakın... Semavi alem sizi geçişten arındırır, güvensizliğin yerine güveni koyar. Dönüşüm başlar, enerjilerle daha çok işbirliği yapma yolunuz açılır.

Kimde neyi yargılıyorsanız o aslında sizde var. Kimde neyi yargılıyorsanız o aslında sizin de başınıza gelecek. İnsanlarla aranızda karma yaratmayın, kabul edin-farkında olun-teşekkür edin-bırakın. Başkalarında gördüklerinizin aynalık yasası ile sizden yansıyanlar. Güzel olan güzel görür. Semavi alemle olan güzel kanalınızı insanlarla olumsuz bağ kurup kapamayın. Bitmesi gereken ilişkiler de zaten bitecek, sevgiyle gönderin. Melekler ve rehber ruhlar da zaten artık hangi düşünce ve enerjilerin size hizmet etmediğini biliyor, sizi uyaracaklar. Size verdikleri ve verecekleri her şey için şimdiden teşekkür edin-şükredin meleklere, rehber ruhlara... Siz doğuştan almayı hak edensiniz, alın kabul edin. Değişim ve daha güzel şartlar içinde olmak sizin hakkınız. Siz alın ki daha çok verin pozitif enerjinizi ailenize, dünyaya, evrene. Yardım ve rehberlik yürekten istenir, gülümseyin ve inanarak odaklanın. Umutsuz ve çaresiz ne ilahi boyuta soru sorulur ne de yardım istenir. İsteyin unutun "oldu olmadı" enerjisinde kalmayın. Belirli bir soru sorun veya dileğiniz belirli bir konuda olsun. Adım atın, bu dünya boyutunda siz de gereken girişimi yapın.

Bireysel Melek Çalışmalarımızda...

Yaşam amacımızı buluyoruz.

Korunmayı arınmayı öğreniyoruz.

İlahi rehberliği kabul ediyoruz.

Frekansımızı yükseltiyoruz.

Geçmişi şifalandırıyoruz.

4. MUCİZELERİ YAŞAYANLARIN GERÇEK ÖYKÜLERİ

Bu bölümde hem kendi yaşadığım hem de danışanlarımdan, okurlardan gelen mucizeleri sizlerle paylaşıyorum. Işık olsun...

MERYEM ANA

Geçmiş yaşam şifası ile ilgili hem deneyimlerimin gittikçe arttığı hem de eğitime devam ettiğim bir gündü. Kayıtlara girmiştik... Bir bilge eşliğinde anılarda dolaşıyordum, son deneyimlerdendi. Korkular, blokajlar ve "olmayanlar" konusuna odaklanarak girmiştim çalışmaya o sabah... Çalışmanın bitimine doğru önce bir ışık gördüm, ardından bu ışık Meryem Ana'ya dönüştü. Bu tarz çalışmalarda yaşanabilecek en özel anlardan biriydi. Meryem Ana genç ve güzeldi, ışık saçıyordu. Elinde tuttuğu çok güzel bir bebeği bana uzatmıştı, bebeği aldım. Bir Aydınlanmış Üstat enerjisi kanalındaydım...

Çalışmadan sonra Meryem Ana ile ilgili resimlere bakarak uyudum o gece, o günden sonra daha fazla ışık içinde olduğumu hissettim, daha fazla mesaj geldi, daha dingin oldum ve daha çok adım attım. Meryem Suresi'ni bu bölümde konu ile alakalı olduğu için sizlerle paylaşıyorum. Sırlı ve çok özel bir Sure. Arınmak ve güç için, saflık enerjisi için ben daima okurum. Çocuk sahibi olmak isteyenlerin de okuyup mucizeler yaşadığını çok iyi biliyorum.

Bismillâhirrahmânirrahîm

19/MERYEM-1: Kâf, hâ, yâ, ayn, sâd. **Kâf, Hâ, Yâ, Ayn, Sâd.**

19/MERYEM-2: Zikru rahmeti rabbike abdehu zekeriyyâ. **(Bu sure), senin Rabbinin, kulu Zekeriya (A.S)'a rahmetinin zikridir (kıssasıdır).**

19/MERYEM-3: İz nâdâ rabbehu nidâen hafiyyâ(hafiyyen). **O, gizlice seslenerek, Rabbine nida etmişti.**

19/MERYEM-4: Kâle rabbî innî ve henel azmu minnî veşteaîer re'su şeyben ve lem ekun bi duâike rabbî şakıyyâ(şakıyyen). **(Zekeriya A.S): "Rabbim, gerçekten ben (zayıfladım) ve benim kemiklerim (de) zayıfladı ve başım (saçlarım) ağardı. Ve Rabbim, ben Sana dua ederek şâkî olmadım." dedi.**

19/MERYEM-5: Ve innî hıftul mevâliye min verâî ve kânetimreetî âkıran feheb lî min ledunke veliyyâ(veliyyen). **Ve gerçekten ben, arkamdan (benden sonra) vali olanlar (benim soyumdan gelenler benim gibi davranmazlar diye) korktum. Ve benim kadınım (artık) akir oldu. Bu sebeple bana, Senin katından bir velî (dost, yardımcı, evlât) bağışla.**

19/MERYEM-6: Yerisunî ve yerisu min âli ya'kûbe vec'alhu rabbî radıyyâ(radıyyen). **Bana ve Yâkub (A.S)'ın ailesine varis olsun. Ve Rabbim, onu (Senden) razı (olan) kıl.**

19/MERYEM-7: Yâ zekeriyyâ innâ nubeşşiruke bi gulâminismuhu yahyâ lem nec'al lehu min kablu semiyyâ(semiyyen). **Ey Zekeriya! Gerçekten Biz seni, ismi Yahya olan bir oğlan çocuk ile müjdeliyoruz. Onunla (o isimle) daha önce bir kimseyi isimlendirmedik.**

19/MERYEM-8: Kâle rabbî ennâ yekûnu lî gulâmun ve kânetimreetî âkıran ve kad belagtu minel kiberi ıtiyyâ(ıtiyyen). **(Zekeriya (A.S) şöyle) dedi: "Rabbim, benim nasıl bir oğlum olabilir? Ve benim kadınım (artık) akir (kısır) oldu. Ben (de) yaşlanarak ihtiyarlığa ulaştım."**

19/MERYEM-9: Kâle kezâlik(kezâlike), kâle rabbuke huve aleyye heyyinun ve kad halaktuke min kablu ve lem teku şey'â(şey'en). **(Melek): "İşte böyle." dedi. Senin Rabbin: "O, bana (benim için) kolaydır. Daha önce sen bir şey değilken seni, Ben yaratmıştım." buyurdu.**

19/MERYEM-10: Kâle rabbic'al lî âyeh(âyeten), kâle âyetuke ellâ tukellimen nâse selâse leyâlin seviyyâ(seviyyen). **(Zekeriya A.S): "Rabbim, bana bir delil (işaret) kıl (ver)." dedi. (Allahû Tealâ şöyle) dedi: "Senin delilin (işaretin), insanlarla üç gece normal (sağlıklı) olduğun halde konuşamamandır."**

19/MERYEM-11: Fe harece alâ kavmihî minel mihrâbi fe evhâ ileyhim en sebbihû bukreten ve aşiyyâ(aşiyyen). **Bundan sonra mihraptan kavmine (kavminin karşısına) çıktı. Böylece onlara, (Allah'ı) sabah akşam tesbih etmelerini vahyetti (konuşmadan, iç sesi ile duyurdu).**

19/MERYEM-12: Yâ yahyâ huzil kitâbe bi kuvveh(kuvvetin), ve âteynâhul hukme sabiyyâ(sabiyyen). **Ey Yahya! Kitab'ı**

kuvvetle (dikkatle) al (kendine mal et). Ve Biz, ona sabi iken (küçük yaşta) hikmet verdik.

19/MERYEM-13: Ve hanânen min ledunnâ ve zekâh(zekâten), ve kâne tekıyyâ(tekıyyen). **Ve katımızdan ona, sevgi ve zekât (nefs tezkiyesi) (verdik). Ve o, takva sahibi oldu.**

19/MERYEM-14: Ve berren bi vâlideyhi ve lem yekun cebbâren asıyyâ(asıyyen). **Anne ve babasına karşı birr sahibiydi. Ve o, asi, cebbar değildi.**

19/MERYEM-15: Ve selâmun aleyhi yevme vulide ve yevme yemûtu ve yevme yub'asu hayyâ(hayyen). **Ve doğduğu günde de ve öleceği günde de ve canlı olarak beas edileceği (yeniden diriltileceği) günde de ona selâm olsun.**

19/MERYEM-16: Vezkur fil kitâbı meryem(meryeme), izintebezet min ehlihâ mekânen şarkıyyâ(şarkıyyen). **Kitap'ta Hz. Meryem'i zikret. Ailesinden ayrılıp, şark (doğu) tarafında bir yere çekilmişti.**

19/MERYEM-17: Fettehazet min dûnihim hicâben fe erselnâ ileyhâ rûhanâ fe temessele lehâ beşeren seviyyâ(seviyyen). **Sonra da onlardan (ayıran) bir perde çekti. O zaman ona Ruhumuz'u (Ruh'ûl Kudüs) gönderdik. Ona normal bir beşer suretinde (hüviyetinde) temessül etti (göründü).**

19/MERYEM-18: Kâlet innî eûzu bir rahmâni minke in kunte tekıyyâ(tekıyyen). **(Hz. Meryem şöyle) dedi: "Muhakkak ki ben, eğer sen takva sahibi isen (bana bir zararın dokunmaz). Senden Rahmân'a sığınırım."**

19/MERYEM-19: Kâle innemâ ene resûlu rabbiki li ehebe leki gulâmen zekiyyâ(zekiyyen). **"Ben sadece sana zeki (temiz) bir erkek çocuk bağışlamak için senin Rabbinin bir resûlüyüm." dedi.**

19/MERYEM-20: Kâlet ennâ yekûnu lî gulâmun ve lem yemsesnî beşerun ve lem eku bagıyyâ(bagıyyen). **(Hz. Meryem dedi ki): "Bana bir beşer dokunmamış (olduğuna göre) benim nasıl bir oğlum olabilir? Ve ben, azgın (iffetsiz) olmadım."**

19/MERYEM-21: Kâle kezâlik(kezâliki), kâle rabbuki huve aleyye heyyin(heyyinun), ve li nec'alehû âyeten lin nâsi ve rahmeten minnâ, ve kâne emren makdıyyâ(makdıyyen). **(Ruh'ûl Kudüs): "İşte böyle" dedi. Senin Rabbin: "O, Bana kolaydır ve onu, insanlara bir âyet (mucize) ve Bizden bir rahmet kılacağız." buyurdu. Ve emir kaza edilmiştir (yerine getirilmiştir).**

19/MERYEM-22: Fe hamelethu fentebezet bihî mekânen kasıyyâ(kasıyyen). **Böylece ona hamile kaldı. Bundan sonra onunla uzak bir mekâna (yere) çekildi.**

19/MERYEM-23: Fe ecâe hel mehâdû ilâ ciz'ın nahleh(nahleti), kâlet yâ leytenî mittu kable hâzâ ve kuntu nesyen mensiyyâ(mensiyyen). **Doğum sancısı onu, bir hurma ağacının gövdesine (sığınmaya) mecbur etti. "Keşke ben bundan önce ölseydim, unutularak unutulmuşların (arasına karışsaydım)." dedi.**

19/MERYEM-24: Fe nâdâhâ min tahtihâ ellâ tahzenî kad ceale rabbuki tahteki seriyyâ(seriyyen). **O zaman onun (Hz. Meryem'in) alt yanından, ona "mahzun olma (üzülme)"**

diye bir nida (geldi): "Rabbin, senin alt yanından bir su yolu kıldı (oluşturdu)."

19/MERYEM-25: Ve huzzî ileyki bi ciz'ın nahleti tusâkıt aleyki rutaben ceniyyâ(ceniyyen). **Ve hurma ağacının gövdesini üzerine silkele. Taze hurmalar senin üzerine düşsün, (orada) toplansın.**

19/MERYEM-26: Fe kulî veşrabî ve karrî aynâ(aynen), fe immâ terayinne minel beşeri ehaden fe kûlî innî nezertu lir rahmâni savmen fe len ukellimel yevme insiyyâ(insiyyen). **Artık ye ve iç, gözün aydın olsun! Bundan sonra eğer beşerden bir kimseyi görürsen, o zaman (ona şöyle) söyle: "Muhakkak ki ben, Rahmân'a (konuşmama) orucu nezrettim (adadım). Bu sebeple bugün bir insanla asla konuşmayacağım."**

19/MERYEM-27: Fe etet bihî kavmehâ tahmiluh(tahmiluhu), kâlû yâ meryemu lekad ci'ti şey'en feriyyâ(feriyyen). **Böylece onu taşıyarak kavmine getirdi. (Kavmindekiler) dediler ki: "Ey Meryem! Andolsun ki sen, acayip (kötü) bir şey yaptın."**

19/MERYEM-28: Yâ uhte hârûne mâ kâne ebûkimrae sev'in ve mâ kânet ummuki begıyyâ(begıyyen). **Ey Harun'un (kız) kardeşi! Senin baban kötü bir adam değildi. Ve senin annen de azgın (iffetsiz) değildi.**

19/MERYEM-29: Fe eşâret ileyh(ileyhi), kâlû keyfe nukellimu men kâne fîl mehdi sabiyyâ(sabiyyen). **Bunun üzerine, onu (çocuğu) işaret etti. (Onlar) dediler ki: "Beşikte olan bir sabi (bebek) ile biz nasıl konuşuruz?"**

19/MERYEM-30: Kâle innî abdullâh(abdullâhi), âtâniyel kitâbe ve cealenî nebiyyâ(nebiyyen). **(Bebek) şöyle dedi:**

"Muhakkak ki ben, Allah'ın kuluyum. Bana kitap verdi ve beni nebî (peygamber) kıldı."

19/MERYEM-31: Ve cealenî mubâreken eyne mâ kuntu ve evsânî bis salâti vez zekâti mâ dumtu hayyâ(hayyen). **Ve beni nerede bulunursam bulunayım (bulunduğum heryerde) mübarek kıldı. Ve hayatta kaldığım sürece namazı ve zekâtı bana vasiyet etti (emretti).**

19/MERYEM-32: Ve berren bi vâlidetî ve lem yec'alnî cebbâren şakıyyâ(şakıyyen). **Ve anneme karşı birr sahibi olmayı (emretti). Ve beni, cebbar (zorba) şâkî kılmadı (yapmadı).**

19/MERYEM-33: Ves selâmu aleyye yevme vulidtu ve yevme emûtu ve yevme ub'asu hayyâ(hayyen). **Ve doğduğum gün ve öleceğim gün ve canlı olarak beas edileceğim (diriltileceğim) gün selâm benim üzerimedir (banadır).**

19/MERYEM-34: Zâlike îsebnu meryem(meryeme), kavlel hakkıllezî fîhi yemterûn(yemterûne). **İşte bu Meryemoğlu İsa. (O), Hakk'ın sözü'dür ki; O'nun hakkında şüphe ediyorlar.**

19/MERYEM-35: Mâ kâne lillâhi en yettehıze min veledin subhâneh(subhânehu), izâ kadâ emren fe innemâ yekûlu lehu kun fe yekûn(yekûnu). **Allah'ın bir (erkek) çocuk edinmesi olamaz. O, Sübhan'dır (herşeyden münezzehtir). Bir işin olmasına karar verdiği zaman, o taktirde sadece ona "Ol!" der ve o, hemen olur.**

19/MERYEM-36: Ve innallâhe rabbî ve rabbukum fa'budûh(fa'budûhu), hâzâ sırâtun mustekîm(mustekîmun). **Ve**

muhakkak ki Allah, benim Rabbim ve sizin (de) Rabbinizdir. O halde, O'na kul olun! İşte bu Sıratı Mustakîm'dir.

19/MERYEM-37: Fahtelefel ahzâbu min beynihim, fe veylun lillezîne keferû min meşhedi yevmin azîm(azîmin). **Bundan sonra hizipler (gruplar) kendi aralarında ihtilâf ettiler. Büyük gün müşahede edildiği (şahit olunduğu) zaman vay o kâfirlerin haline!**

19/MERYEM-38: Esmi' bihim ve ebsır yevme ye'tûnenâ lâkiniz zâlimûnel yevme fî dalâlin mubîn(mubînin). **Bize gelecekleri gün, onlara (neler neler) işittirilir ve (neler neler) gösterilir. Lâkin zalimler, bugün (hâlâ) apaçık bir dalâlet içindeler.**

19/MERYEM-39: Ve enzirhum yevmel hasreti iz kudıyel emr(emru), ve hum fî gafletin ve hum lâ yu'minûn(yu'minûne). **Ve emrin yerine getirileceği hasret günüyle onları uyar. Ve onlar, gaflet içindeler ve onlar, mü'min değillerdir.**

19/MERYEM-40: İnnâ nahnu nerisul arda ve men aleyhâ ve ileynâ yurceûn(yurceûne). **Muhakkak ki Biz, yeryüzüne ve onun üzerinde olan kimselere Biz, varis olacağız. Ve onlar, Biz'e döndürülecekler.**

19/MERYEM-41: Vezkur fîl kitâbi ibrâhîm(ibrâhîme), innehu kâne sıddîkan nebiyyâ(nebiyyen). **Kitap'ta İbrâhîm (A.S)'ı zikret! Muhakkak ki O, sadık (çok sadaka veren, sadakatli, her zaman doğruyu söyleyen) bir Nebî idi.**

19/MERYEM-42: İz kâle li ebîhi, yâ ebeti lime ta'budu mâ lâ yesmau ve lâ yubsıru ve lâ yugnî anke şey'â(şey'en). **İbrâhîm (A.S), babasına dedi ki: "Ey babacığım! İşitmeyen**

ve görmeyen ve sana hiçbir (şekilde bir) şeyle faydası olmayanlara niçin tapıyorsun?"

19/MERYEM-43: Yâ ebeti innî kad câenî minel ilmi mâ lem ye'tike fettebi'nî ehdike sırâtan seviyyâ(seviyyen). **Ey babacığım, muhakkak ki bana, sana gelmeyen bir ilim gelmiştir! Öyleyse bana tâbî ol. Seni, Sıratı Seviye'ye (düzgün, seviyeli, Allah'a ulaştıran yola) hidayet edeyim (ulaştırayım).**

19/MERYEM-44: Yâ ebeti lâ ta'budiş şeytân(şeytâne), inneş şeytâne kâne lir rahmâni asıyyâ(asıyyen). **Ey babacığım, şeytana kul olma! Muhakkak ki şeytan, Rahmân'a asi oldu.**

19/MERYEM-45: Yâ ebeti innî ehâfu en yemesseke azâbun miner rahmâni fe tekûne liş şeytâni veliyyâ(veliyyen). **Ey babacığım, muhakkak ki ben, sana Rahmân'dan azap dokunmasından korkuyorum! O durumda, şeytana velî (dost) olursun.**

19/MERYEM-46: Kâle e râgıbun ente an âlihetî yâ ibrâhîm(ibrâhîmu), lein lem tentehi le ercumenneke vehcurnî meliyyâ(meliyyen). **(İbrâhîm (A.S)'ın babası şöyle) dedi: "Ey İbrâhîm! Sen, benim ilâhlarıma rağbet etmiyor musun (kıymet vermiyor musun)? Eğer sen, (bundan) vazgeçmezsen mutlaka seni taşlarım ve uzun müddet benden uzaklaş."**

19/MERYEM-47: Kâle selâmun aleyk(aleyke), se estagfiru leke rabbî, innehu kâne bî hafiyyâ(hafiyyen). **"Sana (senin üzerine) selâm olsun." dedi. Senin için Rabbimden mağfiret dileyeceğim. Çünkü O, bana (çok) lütufkârdır.**

19/MERYEM-48: Ve a'tezilukum ve mâ ted'ûne min dûnillâhi ve ed'û rabbî, asâ ellâ ekûne bi duâi rabbî şakıyyâ(şakıyyen).

Ve ben, sizden ve Allah'tan başka dua ettiğiniz şeylerden ayrılıyorum. Ve Rabbime dua ediyorum. Umulur ki (inşaallah), (bu) dualarla ben, Rabbime şâkî olmam.

19/MERYEM-49: Fe lemmâ'tezelehum ve mâ ya'budûne min dûnillâhi vehebnâ lehû ishâka ve ya'kûb(ya'kûbe) ve kullen cealnâ nebiyyâ(nebiyyen). **Böylece onlardan ve onların Allah'tan başka kul olduğu şeylerden, ayrıldığı zaman ona, İshak ve Yâkub'u hibe ettik (o istemeden bahşettik). Ve hepsini, Nebî (Peygamber) kıldık.**

19/MERYEM-50: Ve vehebnâ lehum min rahmetinâ ve cealnâ lehum lisâne sıdkın aliyyâ(aliyyen). **Ve onlara, rahmetimizden bahşettik (karşılıksız verdik). Ve onları (Hz. İbrâhîm ve oğullarını), (bütün) dillerde (lisanlarda) sadık ve âlî (üstün, yüce) kıldık.**

19/MERYEM-51: Vezkur fîl kitâbi mûsâ, innehu kâne muhlesan ve kâne resûlen nebiyyâ(nebiyyen). **Kitap'ta Musa (A.S)'ı da zikret. Muhakkak ki O, muhlis ve Nebî (Peygamber) Resûl idi.**

19/MERYEM-52: Ve nâdeynâhu min cânibit tûril eymeni ve karrebnâhu neciyyâ(neciyyen). **Ve Tur'un sağ tarafından ona seslendik. Ve onu, söyleşmek (vahyetmek) için yaklaştırdık.**

19/MERYEM-53: Ve vehebnâ lehu min rahmetinâ ehâhu hârûne nebiyyâ(nebiyyen). **Ve ona, rahmetimizden kardeşi Harun (A.S)'ı Nebî (Peygamber) olarak bahşettik.**

19/MERYEM-54: Vezkur fîl kitâbi ismâîle innehu kâne sâdıkal va'di ve kâne resûlen nebiyyâ(nebiyyen). **Ve Kitap'ta**

İsmail (A.S)'ı (da) zikret. Çünkü O, vaadine sadıktı ve O, Nebî Resûl'dü.

19/MERYEM-55: Ve kâne ye'muru ehlehu bis salâti vez zekâti ve kâne inde rabbihî mardıyyâ(mardıyyen). **Ve o, ehline (halkına ve ailesine) namazı ve zekâtı emrediyordu. Ve o, Rabbinin katında razı olunmuşlardandı.**

19/MERYEM-56: Vezkur fîl kitâbi idrîse innehu kâne sıddîkan nebiyyâ(nebiyyen). **Ve Kitap'ta İdris (A.S)'ı (da) zikret. Muhakkak ki O, sadık bir Nebî (Peygamber) idi.**

19/MERYEM-57: Ve refa'nâhu mekânen aliyyâ(aliyyen). **Ve onu, yüce bir mekâna (makama, cennete) yükselttik.**

19/MERYEM-58: Ulâikellezîne en'amallâhu aleyhim minen nebiyyîne min zurriyyeti âdeme ve mimmen hamelnâ mea nûhin ve min zurriyyeti ibrâhîme ve isrâîle ve mimmen hedeynâ vectebeynâ, izâ tutlâ aleyhim âyâtur rahmâni harrû succeden ve bukiyyâ(bukiyyen). (SECDE ÂYETİ) **İşte onlar, Allah'ın kendilerine ni'met verdiği nebîlerdendir. Âdem (A.S)'ın zürriyyetinden (neslinden) ve Nuh (A.S)'la beraber taşıdıklarımızdan ve İbrâhîm (A.S) ve İsrail (A.S)'ın zürriyyetinden ve Bizim hidayete erdirdiklerimizden ve seçtiklerimizdendir. Onlara, Rahmân'ın âyetleri okunduğu zaman ağlayarak ve secde ederek yere kapanırlardı.**

19/MERYEM-59: Fe halefe min ba'dihim halfun edâus salâte vettebeûş şehevâti fe sevfe yelkavne gayyâ(gayyen). **Bundan sonra onların arkasından gelen nesil, namazı ihmal (zayi)**

ettiler. Ve şehvetlere (nefsin arzularına) tâbî oldular. Artık yakında gayy (cehennemde en alt bölüm) ile karşılaşacaklar.

19/MERYEM-60: İllâ men tâbe ve âmene ve amile sâlihan fe ulâike yedhulûnel cennete ve lâ yuzlemûne şey'â(şey'en). **Tövbe edenler, âmenû olanlar ve amilüssalihat (nefs tezkiyesi) yapanlar hariç. İşte onlar, cennete girecekler. Ve onlara, hiçbir şeyle zulmedilmez.**

19/MERYEM-61: Cennâti adninilletî vaader rahmânu ibâdehu bil gayb(gaybi), innehu kâne va'duhu me'tiyyâ(me'tiyyen). **Adn cennetleri ki onları, Rahmân, kullarına gıyaben vaadetti. Muhakkak ki o (adn cennetleri), O'nun (Allah'ın) vaadidir, yerine gelecektir.**

19/MERYEM-62: Lâ yesmeûne fîhâ lagven illâ selâmâ(selâmen), ve lehum rızkuhum fîhâ bukreten ve aşiyyâ(aşiyyen). **Orada boş söz işitilmez, sadece "selâm." Ve orada, onların sabah ve akşam rızıkları vardır.**

19/MERYEM-63: Tilkel cennetulletî nûrisu min ibâdinâ men kâne takıyyâ(takıyyen). **Kullarımızdan takva sahibi olanları, varis kıldığımız cennet işte budur.**

19/MERYEM-64: Ve mâ netenezzelu illâ bi emri rabbik(rabbike), lehu mâ beyne eydînâ ve mâ halfenâ ve mâ beyne zâlik(zâlike), ve mâ kâne rabbuke nesiyyâ(nesiyyen). **Ve biz (resûl melekler), Rabbinin emri olmaksızın inmeyiz. Bizim önümüzde, arkamızda ve bunların arasında olanlar, O'nundur. Ve senin Rabbin, (seni) unutmuş değildir.**

19/MERYEM-65: Rabbus semâvâti vel ardı ve mâ beynehumâ fa'budhu vastabir li ibâdetih(ibâdetihî), hel ta'lemu lehu semiyyâ(semiyyen). **Semaların, yeryüzünün ve ikisinin arasındakilerin Rabbidir. Öyleyse O'na kul ol! O'nun kulluğunda sabırlı ol! O'nun İsmi'yle isimlendirilen (bir kimse) biliyor musun?**

19/MERYEM-66: Ve yekûlul insânu e izâ mâ mittu le sevfe uhracu hayyâ(hayyen). **Ve insan: "Ben, öldükten sonra mı diri (canlı) olarak mutlaka çıkarılacağım?" der.**

19/MERYEM-67: E ve lâ yezkurul insânu ennâ halaknâhu min kablu ve lem yeku şey'â(şey'en). **Ve insan, daha önce o bir şey değilken; Bizim, onu nasıl yarattığımızı düşünmez mi?**

19/MERYEM-68: Fe ve rabbike le nahşurennehum veş şeyâtîne summe le nuhdırannehum havle cehenneme cisiyyâ(cisiyyen). **Rabbine andolsun ki, sonra da onları ve şeytanları, mutlaka haşredeceğiz (toplayacağız). Sonra onları, cehennemin etrafında diz üstü çökmüş olarak hazır kılacağız.**

19/MERYEM-69: Summe le nenzianne min kulli şîatin eyyuhum eşeddu aler rahmâni ıtiyyâ(ıtiyyen). **Sonra bütün gruplardan onların hangisi, Rahmân'a karşı daha çok asi (azgın) olduysa, onları mutlaka ayıracağız.**

19/MERYEM-70: Summe le nahnu a'lemu billezîne hum evlâ bihâ sıliyyâ(sıliyyen). **Sonra ona (cehenneme) maruz kalmayı en çok hakedenleri, elbette en iyi Biz biliriz.**

19/MERYEM-71: Ve in minkum illâ vâriduhâ, kâne alâ rabbike hatmen makdıyyâ(makdıyyen). **Ve sizden biriniz (bile hariç olmamak üzere hepiniz), illâ (muhakkak) ona (cehenneme) varacaksınız. (Bu), senin Rabbinin üzerine (aldığı) kesinleşmiş bir hükümdür.**

19/MERYEM-72: Summe nuneccîllezînettekav ve nezeruz zâlimîne fîhâ cisiyyâ(cisiyyen). **Sonra takva sahiplerini kurtaracağız. Ve zalimleri, diz üstü çökmüş olarak bırakacağız.**

19/MERYEM-73: Ve izâ tutlâ aleyhim âyâtunâ beyyinâtin kâlellezîne keferû lillezîne âmenû eyyul ferîkayni hayrun makâmen ve ahsenu nediyyâ(nediyyen). **Ve âyetlerimiz, onlara beyan edilerek okunduğu zaman, kâfirler âmenû olanlara (şöyle) dediler: "İki gruptan hangisi, makam bakımından daha hayırlı ve meclis bakımından daha güzel?"**

19/MERYEM-74: Ve kem ehleknâ kablehum min karnin hum ahsenu esâsen ve ri'yâ(ri'yen). **Onlardan önce, mal ve görünüş bakımından daha güzel nice nesiller helâk ettik.**

19/MERYEM-75: Kul men kâne fîd dalâleti fel yemdud lehur rahmânu meddâ(medden), hattâ izâ raev mâ yûadûne immel azâbe ve immes sâah(sâate), fe se ya'lemûne men huve şerrun mekânen ve ad'afu cundâ(cunden). **De ki: "Kim dalâlette ise o zaman onlar ya vaadolundukları azabı veya o saati (kıyâmeti) görene kadar Rahmân, ona zamanı uzatarak mühlet verir." Böylece kimin mekân bakımından daha şerrli ve yardım bakımından daha zayıf olduğunu yakında bilecekler.**

19/MERYEM-76: Ve yezîdullâhullezînehtedev hudâ(huden), vel bâkıyâtus sâlihâtu hayrun inde rabbike sevâben ve hayrun mereddâ(meredden). **Ve Allah, hidayette (hidayete ermiş) olanların hidayetini arttırır. Bâki olan salih ameller, Rabbinin indinde sevap bakımından daha hayırlıdır ve dönüş (karşılığı olan mükâfat) bakımından (da) daha hayırlıdır.**

19/MERYEM-77: E fe raeytellezî kefere bi âyâtinâ ve kâle le ûteyenne mâlen ve veledâ(veleden). **Öyleyse (hâlâ) âyetlerimizi inkâr ederek: "Bana mutlaka mal ve evlât verilecektir." diyeni gördün mü?**

19/MERYEM-78: Ettalaal gaybe emittehaze inder rahmâni ahdâ(ahden). **O, gayba muttali mi oldu (o, gaybı görüp bildi mi, vakıf mı oldu)? Yoksa Rahmân'ın indinde (huzurunda) bir ahd mi aldı?**

19/MERYEM-79: Kellâ, se nektubu mâ yekûlu ve nemuddu lehu minel azâbi meddâ(medden). **Hayır, öyle değil! Onun söylediklerini yazacağız. Ve ona, azabı uzattıkça uzatacağız.**

19/MERYEM-80: Ve nerisuhu mâ yekûlu ve ye'tînâ ferdâ(ferden). **Ve onun söylediği şeylere, Biz varis olacağız. Ve o, Bize fert olarak (tek başına, mal ve evlâdı olmaksızın) gelecek.**

19/MERYEM-81: Vettehazû min dûnillâhi âliheten li yekûnû lehum ızzâ(ızzen). **Ve onlar (putperestler), kendilerine izzet (şeref) olsun diye Allah'tan başka ilâhlar edindiler.**

19/MERYEM-82: Kellâ, se yekfurûne bi ibâdetihim ve yekûnûne aleyhim dıddâ(dıdden). **Hayır, öyle değil! (Putlar), onların ibadetlerini inkâr edecekler. Ve onlara, hasım (karşı) olacaklar.**

19/MERYEM-83: E lem tere ennâ erselneş şeyâtîne alel kâfirîne teuzzuhum ezzâ(ezzen). **Onları, kışkırttıkça kışkırtan (tahrik eden) şeytanları, kâfirlerin üzerine nasıl gönderdiğimizi görmüyor musun?**

19/MERYEM-84: Fe lâ ta'cel aleyhim, innemâ neuddu lehum addâ(adden). **Artık onlar için acele etme. Biz, sadece onlara (günlerini) saydıkça sayıyoruz.**

19/MERYEM-85: Yevme nahşurul muttekîne iler rahmâni vefdâ(vefden). **O gün muttakileri (takva sahiplerini), Rahmân'ın huzurunda izzet ve ikramla haşredeceğiz (toplayacağız).**

19/MERYEM-86: Ve nesûkul mucrimîne ilâ cehenneme virdâ(virden). **Ve mücrimleri (suçluları), susamış olarak cehenneme sevkedeceğiz.**

19/MERYEM-87: Lâ yemlikûneş şefâate illâ menittehaze inder rahmâni ahdâ(ahden). **Rahmân'ın indinde, ahd ittihaz edenlerden (Allah'tan ahd alanlardan) başkası şefaate malik olamaz.**

19/MERYEM-88: Ve kâluttehazer rahmânu veledâ(veleden). **"Rahmân, bir çocuk ittihaz etti (edindi)." dediler.**

19/MERYEM-89: Lekad ci'tum şey'en iddâ(idden). **Andolsun ki siz, çok kötü bir şey yaptınız (söylediniz).**

19/MERYEM-90: Tekâdus semâvâtu yetefattarne minhu ve tenşakkul ardu ve tehırrul cibâlu heddâ(hedden). **Bundan neredeyse semalar (gökyüzü) parçalanacak ve yeryüzü yarılacak ve dağlar çökerek yıkılacaktı.**

19/MERYEM-91: En deav lir rahmâni veledâ(veleden). **Rahmân'a bir çocuk isnat etmeleri (sebebiyle).**

19/MERYEM-92: Ve mâ yenbagî lir rahmâni en yettehıze veledâ(veleden). **Ve Rahmân'a çocuk edinmek yakışmaz (olamaz).**

19/MERYEM-93: İn kullu men fîs semâvâti vel ardı illâ âtir rahmâni abdâ(abden). **Semalarda ve yeryüzünde olan kimselerin hepsi, mutlaka Rahmân'a kul olarak gelecek.**

19/MERYEM-94: Lekad ahsâhum ve addehum addâ(adden). **Andolsun ki onları, tek tek adetlendirerek tespit etti (saydı).**

19/MERYEM-95: Ve kulluhum âtîhi yevmel kıyâmeti ferdâ(ferden). **Ve kıyâmet günü, onların hepsi O'na, ferdî olarak (tek başına) gelecek.**

19/MERYEM-96: İnnellezîne âmenû ve amilus sâlihâti se yec'alu lehumur rahmânu vuddâ(vudden). **Muhakkak ki âmenû olanları ve amilüssalihat (nefs tezkiyesi) yapanları, Rahmân, muhabbet duyulanlar (sevilenler) kılacak.**

19/MERYEM-97: Fe innemâ yessernâhu bi lisânike li tubeşşire bihil muttekîne ve tunzire bihî kavmen luddâ(ludden). **Böylece Biz, O'nu (Kur'ân-ı Kerim'i) senin lisanınla kolaylaştırdık. O'nunla, takva sahiplerini müjdelemen ve inatçı kavmi uyarman için.**

19/MERYEM-98: Ve kem ehleknâ kablehum min karn(karnin), hel tuhıssu minhum min ehadin ev tesmeu lehum rikzâ(rikzen). **Ve onlardan önce nice nesiller helâk ettik. Onlardan birini görüyor musun? Veya onların ufacık bir sesini duyuyor musun?**

Hz. Süleyman Mucizem...

Yıllar önce ilk kitap yazmaya başladığım zamanlardı... Yayınevimi değiştirmek istiyordum fakat kimlerle görüşebileceğimi işe nereden başlayacağımı bilmiyordum. Elime Hz. Süleyman'ın tılsımları ile ilgili ilginç bir kitap geçmişti, daha doğrusu kendi sunduğum tv programıma davet ettiğim değerli bir araştırmacının derlediği bir kitaptı bu... Gece geç saat yayın sonrası eve geldim. Kitabı karıştırırken, "feniks" (zümrüdü anka kuşu) isimli tılsım ilgimi çekti, yapılışı da kolaydı. Kitabı bana hediye eden araştırmacı bunun sadece bir araştırma kitabı olduğunu, bu tılsımları yapmamın hiçbir sonuç vermeyeceğini söylemişti ama ben yine de kitapta anlatıldığı gibi uyguladım. Birkaç gün sonra eski reklamcılık yıllarından tanıdığım bir dostum beni aradı bir yayınevi ile anlaşmıştı, "beni de oraya götür" dedim ona. Ertesi gün bir organizasyon yaptık ve gittiğimde o yayınevinin kardeş markası olan başka bir yayınevi daha olduğunu gördüm ve adı da "feniks" idi... Tılsım tutmuştu ve benim için bu bir mucizeydi... Kitabım oradan çıkacaktı.

Okan Bayülgen'li mucize...

İlk kitabımı çıkardığım zamanlardı, tv programlarına çıkmak için büyük çaba gösteriyordum. Kimse beni tanımadığı için çok zorlanıyordum. Bir tv programına sunucunun manikürcüsünü bulup kitabı onun aracılığı ile sunucuya iletip çıkabilmiştim. Yayında yaptığım ritüel ilgi görünce Okan Bayülgen'in medya arkasında o bölümüm verilmişti. Ben onun programında konuk da olmak istiyordum ama... Sonunda programla bağlantı kurdum hatta gün bile aldık, programa çıkacağım gecenin gündüz saatlerinde benim konukluğum iptal edildi. Yeterince ünlü değildim, daha ünlü ve önemli konuklar olacaktı. O anda yıkıldım tabi öğrenince ama içimden bir ses başka şeyler olacağını söylüyordu... O hafta yine çalıştığım merkezde seanslarıma devam ederken bir gün H. isimli beyefendi seansa geldi. Bereket ile ilgili çalışmasını yaptık. Seans sonunda bana "neden tv programlarına çıkmıyorsun" dedi. Ben de Okan Bayülgen ile ilgili yaşadığım olayı ve tv programları için aslında ne kadar çok çaba gösterdiğimi anlattım. H. güldü "Okan çok eski dostum, onu arıcam ve bu hafta çıkacaksın" dedi. O hafta kırmızı elbisem ve ben programdaydık, benden mutlusu yoktu, bu bir mucizeydi. O yıldan sonra da hep programlarına çağırdılar sağ olsunlar.

Paranormal Gece...

2010 yazıydı. Bir gece evde yalnızdım.

Balkona çıkmıştım, gökyüzüne bakarken kırmızı çok büyük alev alev parlayan gördüğümde beni çok heyecanlandıran yıldız benzeri bir şey gördüm. Hiç korkmadım olumlu bir enerji olduğunu biliyordum. Derin nefesler alıp verdim ve bu muhteşem görüntüyü izlemeye devam ettim. Bir anda görüntü yok oldu. Gece geç saat bu olayı düşünerek uyudum. Sabah 03.30 gibi bir anda tekrar uyandım, yatağımın tam karşısına denk gelen duvarda kırmızı kan gibi bir şeyle KURAN'daki bir ayetin yazıldığını izlemeye başladım. Biri bana anlatsa belki ürpererek dinleyeceğim bu sahne, gerçekten odamda olurken güç ve huzur hissettim. Yazı tamamen yazıldıktan sonra kendiliğinden bir anda yok oldu. Tekrar uyudum zor da olsa. Sabah uyandığımda yeni bir gündü... Bu benzer mucizeleri yaşamımda çok deneyimledim. Bazılarını açıkça ve ilk defa 2013 Ekim "Muhallebi Kralı"/Show TV programında açıklamıştım.

Uzaydan gelen mesajlar...

18 yaşıma girmeme günler kala, Nişantaşı'nda oturduğumuz evde bir gece yine sabaha karşı ansızın uyandım. İçimden

bir ses "salona git" dedi. Salona gittim orada küçük bir penceremiz vardır, gökyüzüne doğru baktım. Çok büyük parlak, hareket halinde ışıklar gördüm. Dünya dışı oldukları netti. Daha önce gördüğüm başka hiçbir ışıkla aynı değillerdi. Işıklar bazen yaklaşıyor bazen uzaklaşıyordu. En son bir ara saatime baktım, o anı hatırlıyorum. Sonra bir şekilde evden ayrıldım, anlamadığım ve tarifi pek de mümkün olmayan bir şekilde ışıkların oradaydım. Orada neler olduğunu, neler deneyimlediğimi, oranın tam olarak neresi olduğunu bilmiyorum o zaman da tanımlayamamıştım. Sonra tekrar eve dönmüştüm. Tekrar saatime baktım saat-dakika aynıydı. Hiç zaman geçmemiş gibiydi. Heyecanlı ve çok şaşkındım, bir yandan da bu yaşadıklarım için minnettar... Ertesi sabah yan apartmandaki komşumuzun evine gittim, komşumun annesi metafizik olaylar ve uzaylılarla bağlantılı araştırma yapan ve çalışmalara katılan biriydi. Bu aralar Dünya'nın her zamankinden çok Dünya dışı varlıklar tarafından ziyaret edildiğini anlattı bana. "Senin kanalın açıldı" diye de ekledi. Bu olanlar hem gerçek hem de mucizeydi. Bu olaydan, 18 sene sonra bir tv programında Haktan Akdoğan ile ayaküstü tanışıp "Melekler ve Dünyanın Kurtuluşu" kitabımı ona hediye edebileceğimi bilmiyordum tabi o zamanlar...

KANSERİ GERİDE BIRAKTIM...

Melek yüzlüye...

Kanser beni yakaladığında bu benim için büyük bir şok olmadı. Ard arda yaşadığım iflaslar, biten evliliğim, çocuklarımdan gördüğüm acımasızlık ve insanlardan aldığım darbeler sanki beni bu sona hazırlıyor gibiydi...

Facebook sayfanızda bir gün "melekler şifa listenizi" okudum. Adımı yazdırdım... Blog'unuzdan her hafta yazılarınızı takip etmeye başladım. Rüyalarımda bazı işaretler gelmeye başladı. Sizinle çalışmaya karar verdim.

Bana tüm hastalıkların zihinsel ve duygusal, korkular ve geçmişle bağlantılı sebeplerini siz öğrettiniz. Benim kanser konum mide bölgemle ilgiliydi. Mide geçmişte yapılanları "hazmedememe" ile ilgili bir semboldü. Geçmişe giderek her şeyi bir "yaşam dersi" olarak algılamaya başladım. Yüzleştim ve bıraktım. Bu dönemde sizden doktoruma da bahsediyordum. Hatta ikinizin ortak katıldığınız bir tv programı bile olmuş zamanında, sağlık programlarından biriydi. Zaman içinde sağlığım iyiye gitmeye başladı. Hayatta tutunacak çok önemli şeyler olduğunu gördüm; Başmelekler, Kişisel Koruyucu Meleğim ve Yüce Allah elbette ki. Bir gece evde tüm pencere ve kapılar kapalıyken kucağıma beyaz küçük bir tüy düştü. Ardından koltukta uyuyakaldım. Rüyamda Başmelek İsrafil'in ışığını gördüm. Mideme doluyordu bu ışık... Çok güzel ve yoğun bir rüyaydı, uyandığımda ağlıyordum. Sabah kalktım testler için hastaneye gitmem gerekiyordu. Gazeteye kısaca göz atmak istedim, adı İsrafil olan bir kişinin bir kazadan son anda kurtulması ile alakalı bir haber okudum. Mucizeler kapımı çalıyordu... O an iyileşeceğimi anladım.

Şimdi arkadaşlarımla anaokulu işine gireceğiz nasipse. Saf melek enerjisi saf yavrularımızla olsun, ben yaşamıma sahip çıktım, sizi tanıyan herkesin de öyle yapabileceğiniz biliyorum. Sizi tanımak büyük mutluluk. Dualarımdasınız...

Berrin Mutluer

OTOPARKTA GÖRDÜĞÜM IŞIK...

Çok yağmurlu ve soğuk bir Cumartesi günü size gelmiştim. Ben tarot-astroloji seansınızdan istiyordum ama siz ısrarla "senin konun regresyon" dediniz bana. Çok da istemeden kabul ettim...

Geçmiş yaşam anılarımda savaş yıllarında yaşayan savaşta ailesini kaybeden küçük bir kız olarak gördüm kendimi. Bir diğer anımda para için katil olduğum sahneydi. Siz bana astrolojinin bilgi verebileceğini ama değişimi sağlamayacağını anlattınız. O güne kadar hiç dönüşüm çalışmasına katılmamıştım. O günden sonra verdiğiniz 21 günlük çalışma programımı eksiksiz devam ettirdim ve mucizeler yaşamıma gelmeye başladı; işimi ve ilişkimi bıraktım. Eski aşkım bana geri döndü ve aniden nişanlandık. Şimdi moda tasarımı ile ilgili işime yani gerçek isteğime odaklandım. Sizinle tanışmamın 27. gününde otoparkta çok büyük yeşil bir ışık gördün ve kulaklarım tıkandı, titredim. Bu olay bir 5 dakika kadar sürdü benim için çok etkileyiciydi, büyük bir mesaj ve boyutlar arası iletişim gibiydi.

Geçen gün kuzenim beni Amerika'dan aradı uydudan sizi izlemiş "Tuğçe Işınsu diye bir kadın var, gidelim mi ona!" dedi, güldüm ve sizi anlattım. O da Amerika'da şifacılar ve melek koçları ile çalışıyor bu konulara çok ilgili. Onun telefonunu bile bir ışık, işaret ve mucize olarak algılıyorum artık. Mucizelere inanmanın sırrını sizden öğrendim. Benim için enerjisini çalıştığınız Kristal de hep yanımda... Yeni bir kedicik de aldık eve adı "peri mucize". Ona bakıp sizi anıyoruz, ışığınız daha da büyüsün...

Melisa Kant

RUH EŞİMİ BULDUM...

Tuğçe Işınsu'ya...

Babam ben çok küçükken vefat etti. Onun eksikliği ile yanlış kişilerle birçok yanlış ilişki yaşadım. Taviz veriyordum hatta kendimi kullandırıyordum. Kendimi sevmiyordum, bana az gelen veya bana aşık olmayacağını bildiğim kişilere de yöneliyordum. Kaybetme korkum da çok yüksekti, sürekli paranoyakça davranıp erkekleri sıkıyordum.

Kariyer veya para meraklısı kişilikte olmadığım için benim adıma en önemli konu "aşk ve evlilikti". Annem, babam ölünce, bana göre kendini ezdirdiği yanlış bir evlilik yapmıştı sadece yalnız kalmamak adına, ben onun gibi olmak istemiyordum.

Dana önce farkındalık için bazı yerlere gitmiş bazı seminerlerde bulunmuştum ama pek fayda görememiştim. Sizi tv'den ve kitaplarınızdan biliyordum ama açık konuşmak gerekirse sarı saçlar, dekolte ve makyajınızla beni ikna edemiyordunuz. Sonra arkadaş grubumdan bir kişi sizin sayenizde çok kötü giden bir ilişkisini tamamen toparladı hatta evlilik aşamasına geldi. Ayrıca o kişinin babaannesi kanserdi ve hiçbir karşılık almadan siz onun adını Melekler Şifa Listenize yazınca size olan bakışaçım değişti...

Size geldiğim gün bakışlarınız ve enerjiniz bana değişik geldi. "Bu kadında bir şeyler var" dedim içimden... Çalışma anında bacaklarımda ve sağ kolumda çok fazla enerji hissettim. O çalışmadan sonra büyük bir özgüven ve dinginlik yaşamıma dahil oldu. "Hayır" demeyi öğrendim, bir süre kimseyle çıkmadım. Ruh eşi çalışmalarımızda gerçekten ne istediğimi daha iyi kavradım. O yaz hayatımın aşkı ile tanıştım. Geçmişimdeki birçok erkek de ayrıca beni arayıp kendiliğinden özür diledi.

Şimdi aşkımla gelecek planları yapıyorum ve çevremde herkese sizi tavsiye ediyorum. Bereket tılsımı için de aşkım yakında sizinle iletişime geçecek, sizi seviyoruz Melek…

Beril Gürkoçoğlu

YENİ İŞYERİM BANA MUCİZEYİ YAŞATTI…

Sevgi insanı Tuğçe'ye…

Çok iyi okullardan mezun ve girişim gücü olan biri olarak 50 yaş sonrası kariyer yaşamımda hep kaybeden biri olmaya başlamıştım… Kızım sizin yaptığınız işler ve kitaplarınızla ilgileniyordu. Beni birçok sefer size gelmem için ikna etmek istedi. Zerre kadar inanmadığım için hep "olmaz" dedim…

O gün doğumgünümdü, pastadaki mumu üfledikten sonra aile içindeki kutlamada hediyeleri kabul ediyordum. Kızımın hediyesi sizden benim için rezervasyon yaptırdığı seanstı. Artık mecbur kalmıştım, size gelecektim…

Seansımızın ilk on dakikası cep telefonum ile meşgul olduğum için sizinle tatlı-sert bir atışmamız olmuştu. Hatta sizi genel olarak sert ve soğuk da bulmuştum. Seansın ortalarına doğru seansın sıcak olduğu anlarda, geçmişimle yüzleştiğim hatta kök sebeplerin saptandığı anlarda ortaya çıkan anılar beni ağlatmıştı… Kırk yıl düşünsem ortaya çıkacağını düşünmediğim detaylardı bunlar ve siz bana o anda "gözyaşları şifadır" ağlayın, demiştiniz. Bir saatin sonunda sizi artık bambaşka bir rehber olarak algılamaya başlamıştım. Bana sevdiğimiz şeyleri yapmamanın, geçmişle yüzleşmemenin, istememenin, inanmamanın ve korkuların hapishane olduğu gerçeğini siz öğrettiniz. O günden sonra çalışma odam evde sizin kitaplarınızla ve notlarınızla doldu.

Çalıştığım yerden ayrıldım, iş kurdum. Bereket çalışmalarımız sayesinde bugün istediğim noktadayım, hem kazanıyorum hem özgürüm. Kızıma ve size çok şey borçluyum. Kitaplarınız kişisel gelişim üzerine olsa da dini yanı ile ayrıca beni etkiledi, namaza başlamamda da payınız çok. Saygılarıma...

Cem Paşa Suyolu

BEBEĞİM BANA MUCİZE İLE GELDİ...

Sevgili Tuğçem'e...

Sana ilk geldiğimde umutsuz ve çaresizdim. Eşim benden uzaklaşmıştı, çocuğum olmadığı için evliliğim bitiş noktasındaydı. Fiziksel hiçbir engelim yoktu ama anne olamıyordum. 42 yaşındaydım fazla zamanım da yoktu, sana ilk geldiğim gün ilk yirmi dakika sadece ağlamıştım biliyorsun...

Senin sayende o gün "bilinçaltı" ile tanıştım, sen bana her şeyin cevabının orada olduğunu anlattın. Uygulamalarımız devam ettikçe hem geçmiş hayat anılarımı bir bir gördüm ve bu yaşamımda küçükken yaptığım kodlar ve korkuları bulduk. Küçükken ailemdeki olumsuz olaylar beni haddinden fazla etkilemişti. Gelecekte "ailem" olur çocuk yaparsam aynı şeyleri benim çocuğum da yaşar diye kodlamıştım bilmeden...

Olumsuzu olumlu ile yer değiştirdim. 3 ayın sonunda şükürler olsun ki hamile kaldım. Eşimle buzlar eridi aramızda, artık o da beni anlıyor senin tabirinle ilişkim de şifalandı.

Önerdiğin duaları da ayrıca her şey geride kalmış bile olsa hemen her gece okuyorum. Seni karşıma çıkaran Allah'a bin şükür. Sen hep bizimle ol.

Pınar Aşansoy

MELEKLER BENİ YAŞAMA DÖNDÜRDÜ...

Sevgili Tuğçe Işınsu'ya...

Size bu maili hem teşekkür etmek hem de bana rehber olduğunuz için yaşadıklarımı sizinle paylaşmak amacı ile yazıyorum. 63 yaşındayım, çocukluğum parçalanmış bir ailede geçti. Ben küçükken annem babam ayrıldı. Ben annem ile dayımlarda kalırdım, çok acıdır ki kültür seviyesi çok düşük olan dayım tarafından küçükken tacize de uğradım. Bu olay sebebi ile çok geç yaşta erkeklerle ilişki kurabildim. Tedavi görmüş olsam da uzun yıllar psikiyatristlerde, tam bir sonuç aldım diyemem hiçbir zaman.

Bir gün artık maddi sorunlar, aile sevgisi olmadan yaşama zorunluluğu, son yaptığım evliliğin de iki ay sonunda bitmiş olması nedeniyle intiharı seçtim. Plan yapıyordum artık yaşamım o noktaya gelmişti, nasıl öldüreyim kendimi diye düşünüyordum. En sessiz ve acısız olan bana göre ilaç alarak olacaktı. Ertesi gün mahalledeki bildiğim tanıdığım eczane olmasın diye bambaşka bir eczaneye gittim karar verdiğim ilaçtan aldım fazla miktarda. Eczacı bana ilaçları vermeden önce kasaya elinden bıraktığı o anda okumakta olduğu ONU KENDİNE AŞIK ET isimli kitap ilgili çekti. Güldüm ve "insanlar ne saçma işlerle uğraşıyor" diye düşündüm. Kapakta da sizin iddialı makyajlı resminiz vardı, alaycı bakışlar attım. Kitapla ilgilendiğimi fark eden eczacı "değişik bir kitap aşkla ilgili değil sadece, melekler ve enerji konusunu da anlatılıyor" dedi. İlaçları aldım çıktım. Eve dönerken bir kitapçının vitrininde tekrar sizin kitabınızı gördüm ve tanıdım. Hayatta hiç bu tarz şeylere inanmadım ve kendimi unutulmuş, şanssız bulurdum. Bu kitabın ikinci kez beni bulmasını işaret olarak aldım, kitabı satın alıp eve döndüm. Kitabı iki gecede okuduktan sonra oradaki dualar ve ritüeller ile "intihar" fikrim benden uzaklaştı. Allah ve Melekler benimleydi, insanlar bana eşlik etmese de olurdu. O evden taşındım kötü anıları geride bırakmak için. Yeni evimde melek köşesi kurdum, sizin tv programlarınızı takip ettim, diğer kitaplarınızı da aldım okumaya başladım.

Meleklerle ilgilenen dostlar edindim. Hatta şimdi kendimde eğitimler alıp spiritüel bir yola girmeye hazırlanıyorum. Siz benim için bir yeryüzü meleğisiniz ve bu ülkenin ışığısınız. Sevgimle...

Kevser Sevin

5. MELEKLERİN IŞIĞI VE MUHTEŞEM FARKINDALIK

Hayat uzun bir yolculuk, her an daha çok arınmak enerjimizi yükseltmek, anlamak, değişmek-dönüşmek için önümüze fırsatlar geliyor önümüze... Her an bir mucize, her an bize şans sunuluyor. Ego'muz gelerek, zihnimiz devreye girerek bizi durdurmasa belki de ışığı görüp tekamülümüz adına gerekli adımı atıyor olacağız ama çoğu kez bunu kaçırabiliyoruz.

MELEKLERLE ilgili tüm çalışmalar, uygulamalar, adına "danışmanlık da dense terapi de dense, koçluk gibi de görülse" öncelikle, kendimizi bulmak, kendimizi gerçek anlamda keşfetmek, Allah'a yakın olmak, sevgi'de kalmak için. Bu çalışmaları ülke çapında duyurmaya başladığımız ilk günden beri birçok danışan "melekleri ne zaman görücem?" ya da "istediğimi hemen yapacaklar mı?" gibi soruları öncelikli olarak sorsalar da ana konu öncelikli olarak arınmak, yeniden başlamak... ÖZ'e dönmek.

Yıllardır yaymaya, tanıtmaya çalıştığımız, birçok tv programında konuk olurken ve kendi sunduğum programlarda yer verdiğim MELEKLER konusu hem iddialı, zor hem de sevgi ve iyi niyet dolu farklı bir çalışma oldu... Şifa isteyenler, aşk acısı çekenler, değişimi düşleyenler, yaşamını sil baştan şekillendirmeyi dileyenler, gerçekten Melekleri hissedebilmeyi çok isteyenlerle birlikte çalıştık. Dünya, materyalist gelişmelerden sonra, savaşlarla, acılarla, ego-merkezli kişilerle, teknoloji ile o kadar enerji olarak yoruldu ki bu çalışma herkesin spiritüel ilacı oldu. Bir anda tüm ülkeyi sardı, hatta yurtdışından da büyük ilgi gördü. Meleklerle ilgili yaptığımız çalışmalarda Havas, Kuran, Esmalar olduğu sürece kendimizi bizler çok daha huzurlu ve verimli işler yapmış olarak görüyoruz. Böylesi daha net oluyor ve daha inandırıcı, hatta sonuca yönelik. Kişisel Koruyucu Meleğinizle irtibat, Melek Enerjisi ile Spiritüel Rehberlik, Yaşam Amacınızı Bulmak, Melekler ve Geçmiş Yaşam Şifası bu alandaki çalışmalarımızdan bazıları... Bu bölümü çalışmadan önce kitabım MELEKLER VE DÜNYANIN KURTULUŞU'nu okumuş olursanız konuyu çok daha net kavramış olacaksınız, tavsiyemdir.

ÖNCELİKLE...

1) PIRLANTA ARINDIRMA HORTUMU

4 Büyük meleğin ismini geçirin... Nefes alıp verin, kendinizi kötü veya enerjisi düşmüş hissettiğiniz anda göğün bilinmeyen bir noktasından gelen "pırlanta arındırma hortumunu" imgeleyin. Bu hortum aura'nızı arındıracak ve kendinizi negatiflerden arınmış kurtulmuş hissedeceksiniz. Başınızın üzerinde eterik hortumu şimdi görün. Pırlantadan oluştuğu için bu hortum çok güçlü bir enerjiye sahip, parlak ve sizi mutlu kılıyor... "Sevgili Başmelek Mikail, sıkıntımı Allah'ın izni ile sana bırakıyorum, beni arındıracağın için sana teşekkür ederim..."

diyerek işe başlayın... Nefes alıp vermeye devam. Ayağınızdan başınıza kadar bu pırlanta hortuma işi bırakın sizdeki tüm negatif enerjiyi alıyor, size göre arındığınız anda biraz uyuşma biraz rahatlama hissettiğiniz anda, pırlanta hortumu sevgiyle ve pembe ışık göndererek yok edin. 24 saat sonra (en geç) çalışmayı tekrar edin.

2) ETERİK KORDONLARI KESİN

Gün içinde evde, ofiste, sokakta, toplantıda, cafe'de enerjisi bizimle uyuşmayan çok sayıda kişi ile iletişimde oluruz bazen de onlarla aramızda olumsuz bağlar gelişir. Bu çalışmayı hem geçmişten kalan anlar ve kişiler için hem de her gün yenileyerek yapın. Tekrar etmek önemlidir. Eterik kordon görünmeyen yanlış enerji geçişleridir. 4 Başmeleğin ismini söyleyin, Kişisel Koruyucu Meleğinizin de enerjisini davet edin. Sağ kolunuzu yukarı kaldırın ve o kişi-konu-olay ile aranızda gelişmiş olan yanlış enerji geçişini kesin. Ben bunu çok sayıda danışanla zor seanslar geçirdiğim günlerde sık sık yaparım. Sağ kolunuzu başınızdan aşağı doğru indirin, "seni seviyorum, sana teşekkür ediyorum, seni şimdi sevgiyle ait olduğun kaynağa gönderiyorum" deyin. Kişilerle aranızdaki güçlü ve sevgi kaynaklı bağ bu çalışma ile kesilmez, sadece olumsuzluklar gider.

3) OLUMSUZ KODLARI DURDURMAK

Her gün bizi olumsuz kod'layan, bize inanmayan, sevgisiz, bizi anlamayan kişilerle karşılaşırız. Onların bizi olumsuz kodlamaması için onlar bu olumsuz konuşmaları yapıp yanlış enerjiyi bize geçirmeye başladıkları anda beyaz bir ışık balonunun içine girin ve ister imgeleyerek ister işareti elinizle yaparak "X" yapın. İki elinizdeki iki işaret parmağınızı kullanın bu çalışma için. O yanlış olumsuz geçişi durdurun ve bu esnada "BAŞMELEK JOPHIEL'in sevgi enerjisine güveniyorum" deyin.

4) OLUMSUZUN İPTALİ GÜMÜŞ BIÇAK

Sevgili zihnimiz egomuz, bizi güya korumak için gün içinde gelir ve bizi "geçmişteki olumsuz anlara, anılara, kendimizi güvensiz sevgisiz değersiz hissettiğimiz zamanlara götürür. Şeytan ve ego-zihin aynı şeydir. Nefsi devreye sokar, geçmişte tutar. Allah ve Melekler ise bizi sever, olumsuzluklar aklınıza gelince onları an ve an iptal ederseniz zamanla onlar da size gelmez. Sizden beslenemezlerse sizden giderler. "Başmelek Mikail, Allah'ın izni ile bana güç kat, bu düşünce ve yanlış inancımı şimdi gümüş bıçağımla iptal ediyorum." Gümüş bu çalışmada kalıcılığı simgeliyor. "Bıçak gibi kesti" deriz ya hani, çalışmanız geçerli ve uzun soluklu kalıcı olsun diye bıçak imgesi burada size güç katacak.

5) MOR KORUMA AĞI

Mor çok güçlü ve etkili renktir. Başınıza kötü bir şey gelmesinden korktuğunuz anda, kendinizi veya sevdiklerinizi koruma kalkanına alın. Mor bir balık ağı gibi düşünün, ışıktan olsun ağınız. Siz veya sevdiğiniz ağın içinde kalırken ağın deliklerinden o korktuğunuz ya da olasılık yaratan olumsuzluğu dışarı bırakın. Nefes alıp verin. Bu çalışma anında BAŞMLEK AZRAİL ile çalışın. "Allah'ın izni ile bitmesi gereken enerjiler hakkında senden destek rica ediyorum" deyin. Önceden koruma için girip çıktığınız yerlere mor ışık da serpebilirsiniz.

Bu çalışmalar ilk başlarda size fazla basit hatta komik gelebilir, tekrar ettikçe otomatikleşecek çalışmalar ve enerjiler. Siz bunu sağladıktan sonra ise bilinçaltınız sizin artık olumsuzlukları yaşamınızda kabul etmediğinizi kabule geçecek ve sizin adınıza doğru kayıtları yapabilecek.

ALLAH'IN SEVDİĞİ KULLARINDAN BİRİ OLMAK İÇİN ÇALIŞIR VE ÜRETİRSEN, IŞIKTA KALIRSIN, HATA YAPMAZSIN VE HERŞEY DOĞRU AKIŞTA OLUR. AŞK YAŞAMINDA DA HAYIRLI OLAN SENİ BULUR. UNUTMA; YALNIZLIĞIN İÇİNDE DE BİLGELİK VARDIR: YALNIZ OLMAK YANLIŞ BİRİ İLE OLMAKTANSA DAHA ÇOK TEKAMÜLE HİZMET EDER...

MELEKLERLE ÇALIŞMAK TEVEKKÜLE DE İNANMAKTIR, IŞIK İLE YÜKSELEN RUHUN GEREKTİĞİNDE TESLİMİYET İÇİNDE DE OLUR. İNANMAK DA BUDUR ZATEN, KUL ALLAH'I SINAYAMAYACAĞI İÇİN DUALARIN ARDINDAN ZAMAN KOYMAYIN. "İŞİNİZİ ALLAH'A BIRAKIN" VE OLMUŞ BİLİN. OLDUYSA ÇOK SEVİNİN AMA OLMADIYSA DAHA DA ÇOK SEVİNİN, ŞÜKREDİN. ŞÜKÜRDE KALAN, YAŞAMI ANLAR.

MELEKLERLE SEZGİ VE ENERJİ DİLİNDE KONUŞUN...

JOPHIEL

Sevginin ve harmoninin Başmeleği Jophiel, ışığın ve anlayışın ile beni Allah'ın izniyle aydınlat. Düşüncelerimi net, temiz ve samimi tut. Yaşamın güzelliklerini keşfetmek istiyorum, inanmak ve aşkta güvende kalmak istiyorum, senin de desteğinle. Dilekler doğru zamanda gerçek olur ben ilahi plan ve zamana inanıyorum. Sen büyük bir enerjisin, ben şimdi seninle işbirliği yapıyorum. Mesajları bekliyorum senden, beni Allah'a yakın tutan içimdeki sevgi bana güç de verir. Dualarım Allah'a ulaşsın... Şimdi yaşamımı sevgi ile kucaklama zamanı. Işıkla.

ARIEL

Korkuyu ego yaratır ve ben istersem ego'mu geri plana atarım. Ben cesurum, şimdi sevgiyim ben artık. İçimdeki güce güveniyorum. Bereket ve sevginin Başmeleği Ariel, aradığım derinlik ta içimde o zaten bende. Hiçbirşeyden korkmuyorum çünkü aşkta da ilişkilerde de benim rehberim Allah ve Melekleri. Sevgi varsa korku yoktur, şimdi aşkta "sevgide kalmak" için o mutlu anlarıma dönüyorum. İçimden geleni cesaret ile yaptığım anda Melekler zaten bana eşlik eder. Ben şanslıyım, ben işimi Allah'a bırakırım sonucu takip etmem. Sonuca güvenirim. Yolum aydınlık.

CEBRAIL

Sevgi koşulsuzdur ve sınırsızdır. Ben Meleklerle çalışarak gerçek sevgiyi her an yaşarım. Hayrıma olanı şimdi çekiyorum yaşamıma. Sevdikçe sevgiyi alırım, gün içinde Meleklerimle sevgi mesajlarımı aşkıma da yollarım. Geleceği sevgi kurtaracak, Melekler ile her daim yalnız olmadığımı biliyorum. Korunduğumu da bilirim. Cebrail, sen en güçlü mesajları getirensin. Yüce Peygamberimiz seninle konuşmuştu. Enerjin bizden eksik olmasın, saf kalabilmem için bana ışık tut, niyetlerimi temizle. Allah'ın izni ile...

METATRON

Sezgisel ve özelim ben, beni Allah özel yarattı, yaşamı en saf hali ile yaşamımda tutmayı seviyorum. Başmelek Metatron, zamanı adıma düzenle. İlişkimde, aşkımda çok daha sonraları yaşayabileceğim mutlulukları zamanda erkene al Allah'ın izni ile. Bebekleri ve çocukları sen korursun, mutlu olmaya niyet ettiğimde bebeklerin saf enerjisini de seninle tanımayı istiyorum. Zamanı bana bu boyutta verilen süreyi verimli, doğrulukla geçirebilmem için lütfen beni gün içinde mesaj, ışık ve rehberliğinle destekle.

ZADKIEL

Zadkiel, şefkati simgelersin... Şefkat olmasa dünyam çok zor olurdu, güzel duygular ile aşkımı ilişkimi ışık çemberine al. Empati kurabilmem iyi geçinebilmem için bana yol aç. Allah bağışlayandır ben de şefkat dolu olmayı seçiyorum aşkıma doğru... Şefkat, merhamet bana insan olduğumu anımsatır. Yumuşak duygular ve sevgi ile mutluluk benimle olsun şimdi ve tüm zamanlara doğru. Başmelek Zadkiel en olumlu anlarımı bana hatırlat, yanlış bir davranışım olursa bana güzel ve sevgi dolu bir uyarı gönder. Ben iyi biri olmak, verici biri olarak kalmaya niyet ettim.

ŞAMUEL

Yaşamımı tamamlamak için yola çıkıyorum, benim olanı bana çekmek niyetim... Başmelek Şamuel anlamlandıran enerjinle desteğini gönder, şimdi aşk, bereket, sevgiyi, paylaşımı keşfetme zamanı. Karma planımda özel yeri olanları, gerçek ruh ikizimi, eksikleri tamamlamayı Şamuel rehberliğinde çağırıyorum Allah'ın izniyle. Niyetlerim net benim olan bende kalır. Bana ait olanı ben enerjim ve iyi niyetimle zaten yaşamıma çekerim. Eksik parçalar tamamlanıyor, ben şimdi ve tüm zamanlara doğru ruh ikizimle mutluluğu seçiyorum.

HANIEL

Ayışığında gizlilik vardır ve sırlar, aşk, bilgelik, değişim... Haniel beni derinlikli yap... Bilinçaltım ile yüzleşmek istiyorum kendimi aşkın içinde yeniden anlamak ve keşfetmek istiyorum, gerçek beni ortaya koyarak tüm zamanlara doğru mutluluğa yelken açıyorum. Ay'ın her bir farklı evresi bana değişik fırsatlar sunar. Haniel mesajların ile beni destekle, ışığınla gelecek yolunu aydınlat, artık daha derin bakmayı seçiyorum. Yeniay ve Dolunay dönemlerinde rüyalarımda negatifleri benden al, beni temizle, mesajlarını göster.

RAGUEL

İlişkilerimizi ben seçtim bu karma'mda, onları ben çektim yaşamıma... Onlar beni geliştirdi ve bana öğretiyor. Raguel seninle çalıştıkça ilişkilerimde özgür, saf ve net olabilirim bana destek ol... Eski ile vedalaştım, şimdi sevgi ile herşeyi kaynağına bıraktım. Şimdi ilişkilerimde sevgi dolu ve sağlam olma zamanı... Benden sadece sevgi çıkar ve bana sadece sevgi gelir. İlişkilerim bana aynalık ediyor, bana güzel yanlarımı bir kez daha gösteriyor. Ben mutluyum, Başmelek Raguel tüm ilişkilerimde yanımda ol Allah'ın izni ile...

JEREMIEL

Yaşamın içinde değişim asla bitmez. Her gün yeni bir başlangıçtır. Ben kendimi aşmak ve değişim-dönüşüm için şimdi sevginin meleği ile işbirliği yapıyorum. İyilik ve sevgi yolunda değişmek ne güzel... Işığı, sevgiyi, yeniliğin gücünü şimdi yaşamıma davet ettim. Herşey tek bir küçük adım ile şu an başlasın, şimdi ve tüm zamanlara doğru aşk olsun. Sevgi yüreğim dolsun, ben sevginin ta kendisiyim. Bu anın tadını çıkarıyorum, seviyorum ve seçiyorum. Başmelek jeremiel Allah'ın izni ile benim yolumu aydınlat.

AZRAIL

Sevdiklerimiz gün gelir bizi bırakır çünkü daha farklı bir enerji boyutu onları çağırır. Ölüm geçişinde Azrail onlara destek olursun, ölüm değişimdir bitiş değil. Ölen yakınlarınıza Azrail ışık ve sevgi verdi, onlar giderken yalnız kalmadılar mutlu oldular biz de bunu biliyoruz... Sevdiğim kişi ölse de seninle ışık bulacağına inanıyorum. Son bulması gereken enerjileri sana emanet ettim Azrail Allah'ın izni ile. Bitiş değişim için tekamül için bize gelir, sana teşekkür ederim bana verdiklerin benden aldıkların için. Şükürler olsun.

SANDALFON

Sandalfon seninle müzik, sanat, enerjiler, hayaller ve dualar alanında çalışmayı seviyorum. Sanat ve ilham bu dünyanın enerjisini yükseltiyor aşkın da... Ruhumu senin sevgi notalarına teslim ettim, müzik ve doğa bu aşkımı beslesin... Dualar, gerçek olur. Allah isterse herşey gerçek olur. Başmelek Sandalfon sen Allah'ın elçisisin. Bana yardımcı ol ve yaşamımın, aşkımın, ilişkimin enerjisini yükselt. Harmoni ve sevgiyi aşkıma ve bene gönder. Daha fazla hayal gücüne ve duygusal olmaya niyet ediyorum. Seviyor ve seviliyorum.

RAZIEL

Yüksek katlar! Başka boyutlar! Sırlar!Bilinçaltım!.. Tüm bu alanların aşkım ve ilişkimle bağlantısını biliyor ve kabul ediyorum. Raziel bana yol göster bilinçaltım ile beni yüzleştir. Allah'a giden yolda sen benim rehberim ol. Bilgi ve gerçek farkındalık için seninle çalışmak, aydınlanmak isterim ben... Gerçekler gizlidir, insanın gerçek misyonu gerçeği bulmaktır aşkta da... İlişkimi daha güzele taşıyabilmem için ışığını şimdi ve tüm zamanlara doğru gönder. Işığını lütfen gönder kapılarımızı sana açtık, teşekkürler.

URIEL

Başmelekler daima yardım ve rehberlik için hazırdır. Uriel sen Allah'ın elçisisin. Seninle aşk sorunlarımı çözebilirim bunu biliyorum, rüyamda bana güzel aşk mesajlarını lütfen yolla ve hatta sorunların kaynağına da git, onları şifalandır. Tüm Melekler yardım için hazırdır, isteme gücüm ve artarak çoğalan inancım ile ben de onlara yolumu açarım. Başmelek

Uriel Allah'ın izni ile bana, ilişkime, duygularıma, hayatıma, bilgeliğime güç kat. Gerçekleri istiyorum, özel olmayı ve sevilmeyi. Karşımdaki kişinin kalbini yumuşat.

Siz gerçekten ne istiyorsunuz...

Bunu neden istiyorsunuz ve bu herkesin hayrına mı...

Gerçekten mi istiyorsunuz yoksa hepsi bir zaaf mı...

İçsel telkinlerinizi takip edin, yalnız değilsiniz şimdi Işıkları ile Melekleri bekleyin...

Melek mesajlarını doğru takip edin, emin olun, süzgeçten geçirin.

Olumlama yapın

Daha çok nefes alın; nefes yaşamdır. Nefes aldıkça yanlışlarla vedalaşacaksınız.

Daha çok ve hatta bol bol onu da düşünerek "*teşekkür ederim, seni seviyorum, beni affet-seni affediyorum*" deyin.

Meleklere teşekkür edin.

Bir adım atmanız gerekiyorsa atın, onu arayın, mesaj atın veya sevgi enerjisi gönderin "*ya olmazsa fikrini silin*"...

Hazırsanız sizindir. Olmayacaksa de hayrınızadır... Mesajlar işaretlerle veya riyanızda gelecek...

Her gün takrarlayın:

1. Kendimi ve onu bağışlıyorum.
2. Her ne olduysa benim hayrımaydı, oldu, geçti, gereken mesajı ben aldım.
3. Onu bağışladım, artık özgürüm o da özgür. (imgeleyerek bir kelebeği serbest bırakın.)

4. Boynunuzu, belinizi, ayaklarınızı sıkan bir zinciri yine imgeleyerek kırın, atın.
5. Başmelek Mikail ego'mu benden uzak tut ona karşı anlayışlı olmayı seçiyorum…
6. Bu boyutta ve her boyutta ben ve yüksek benliğim şifalandık. Şükrediyorum.
7. Pembe ışık gönderin, onunla mutlu bir anınıza canlandırıp sevgide kalın.

MELEKLERİN MUCİZEVİ GÜCÜ

1. Herkesin bir koruyucu meleği vardır, aşkta da yardıma gelen…
2. Meleğinizle olan güçlü bağınıza inanın, aşkta samimi bir kalp ile sevin.
3. Meleğiniz sizin aşk ve ilişki kaderinizi de taşır.
4. Onlar ruhunuzu sizden çok daha derin bir anlamda görür.
5. Onlar bilir.
6. Sizin onları anlayabileceğiniz şekilde sizinle irtibatı tercih ederler.
7. Işıkları insanın yolunu, bilincini, aşkını aydınlatır.
8. Bedenlenmiş Melekler, Meleksilerle tanışmak, yaşamak şanstır.
9. Yeryüzü Melekleri aşkta daha tutkuludur ve fedakar.
10. Melekleri kalp yolu ile algılayabilirsiniz.
11. Melek gerçekte insan formunda değil ama Allah isterse insana insan gibi görünebilir, bir mesaj için size gelip yok olabilir aniden…

12. Doğa yardımcıları (silfis, ondin, salamander, gnom) meleklerin alt kategorileridir, doğada mesaj almak için zaman geçirirseniz onlarla da irtibatınız olabilir. Onlar büyük amaçlar için değil, küçük işler küçük mesajlar için görevli…
13. Melekler sizin gelişiminizden sorumludur, güzel niyetleriniz olsun. İyi düşünün.
14. Jophiel, Jeremiel sevginin melekleri…
15. Herşeye rağmen ilişkinize şükretmek sizi meleklere yaklaştırır.
16. Melek enerjisine uyumlanan kişi zaten artık "olumsuz" olanı terk eder.
17. Melekler siz ağlayınca yanınızda, aşk acısında da ayrılıkta da haksızlıkta da korkularda da…
18. Melekler insanlardan önce de vardı, bazı bilmediklerinizi onlar biliyor. Kadersel olaylar da buna dahil.
19. Melek, sevgi ile insanı Allah'a döndürmek için çalışır. Niyetiniz kutsal ve bu duruma layık olmalı…
20. Almaktan çok verin aşkınıza; bu Melekleri ve Allah'ı mutlu eder.
21. Melekler konusu hassas ve derinlikli ele alınmalıdır, menfaat dolu konular için onları meşgul etmeyin.
22. Meleklerin öğür iradesi yok, istediğinizin altını çizin…
23. Melekler sizi duyar ve dinler; karşılık da verebilirler ama niyette samimi olun.
24. Melekler asıl gücün sadece Allah olduğunu bilir, siz de bilin. Allah'a dua edin…

25. İnsan göremeden melekler her yerde dolaşabilir, mesajınız her an gelebilir.
26. Meleklerin ışık tuttuğu yaşamlarda korku olmaz sadece sevgi olur.
27. Saplantı ve endişe ile meleklere yakın olamazsınız, ışığı kaybedersiniz…
28. Melekler yaşamı daha güzel hale sokar; ilişkinizde çiçek, müzik, ışık, bebek gibi güzelliklere yer verin.

Sürekli melek enerjisi ile çalışmak, bir süre sonra yaşamınızı destekler:

1. Daha duyarlı olursunuz, empati gücünüz artar.
2. Bazen uçacak kadar hafiflersiniz, eskisi gibi her gelişmeyi olumsuz da olsa takmazsınız.
3. Daha çok gülersiniz, yoğunlaştığınız anda mesaj gelir.
4. Masumiyet artar…
5. Paraya çıkarlara daha az önem verirsiniz, herkesi olduğu gibi sever ve kabul edersiniz.
6. Bazen görünmez biri gibi dışarıdan olayları gözlemleyebilmeye başlarsınız.
7. Küçük şeyler sizi sevindirir, beklentiyi kesip olanı alırsınız.

ŞİFA için "kendinizi affetmeniz" gereken konular:

1. Şikayet etmek ve şükretmemek
2. Şüphe duymak
3. İnanmamak
4. Empati yapmamak

5. Suçlayıcı olmak, kendini suçlamak
6. Saflıktan çıkmak
7. Öfke
8. Üzüntüyü çağırmak
9. Koşullar koymak, zamana fazla takılmak
10. Sevgiyi unutmak
11. Hırs
12. Zaaf
13. Rekabet
14. Sinsilik
15. Vücuda zarar veren şeyleri yapmak, bedenini sevmemek
16. İnkar ve riya
17. İmansızlık
18. Sabrı yitirmek
19. Negatif üretmek
20. Melekleri unutmak, güvenmemek
21. Allah'a itaatsizlik

Koruyucu Meleğinizle, kişisel yardımcınız ve koruyucunuzla kendi istediğiniz an tanışabilirsiniz. Kendi tarzınız, içten isteğiniz, doğru anda, doğru yerde, gerçekten ihtiyacınız olduğunda mesajlar da gelir. Geceleri yatarken Meleğinizi gözleriniz kapalı imgelemeye başlayarak da sürecin içine girebilirsiniz. Rüyanızda da ilk olarak görüp tanışabilirsiniz. Gün içinde bir aşk mesajı istediğinizde size göndereceği bir işaret ile de küçük küçük anlaşmaya başlayabilirsiniz.

Kişisel Koruyucu Meleğinizin sizi duyduğunu bazen sadece "hisler"le anlarsınız, bazen ondan geldiğini bildiğiniz bir "iç ses" sizi uyarır, bazen de "düşünceler" gelir. Melek mesajı geldiği anda, içiniz huzurla dolar... Melekler karmaşık bir mesaj yollamaz, her mesaj ve destekleri hayrınızadır. İçinizi sıkan, emin olmadığınız hiçbir şeyi yapmayın. İç sesinize değer bazen Melekler söz konusu aşk olunca da...

Melek Enerjisi bir sevgi ve sezgi yoludur, mantıktan çok duygular ile adım atın. Koruyucu Meleğinizden gelecek sevgi mesajı tüm benliğinizi ısıttığı için severek bu mesajın ardından gidersiniz... Koruyucu Meleğiniz ile çıkacağınız bu çok özel yolda, "duru görünüz" güçlenecektir... Sizi günlük yaşamın koşturmacası içinde rahatsız etmek istemezse; rüyanızda da mesajı verebilir.

Bazen yolunuza çıkaracağı minik bir engel ile sizin buluşmaya gecikmenizi bile sağlayabilir, belki de o buluşmadaki kişi size hayırlı gelmeyeceği içindir bu... Yeter ki siz bu mesajları algılayın.

MELEK OLUMLAMALARI:

Ben artık Melek enerjisi ile mutlu olmayı seçiyorum...

Ben her şeyin en iyisine layığım ve meleklerin bana yol göstereceğini biliyorum...

Meleklerin beni sevdiğine eminin, bunu bilmek bana daha çok sevmem için kapı açıyor...

En çok acı çektiğim anımda melekleri anar, Allah'a teslim olur ve yenilenirim...

Meleklerle her an tam bir koruma altındayım...

İstediğim herşeyi aşk yaşamımda melek enerjisi ile çekebilirim...

İlişkimin hayrı için Meleklerle yol alıyorum...

Sınırsız gücü yaşamıma davet ettim; Meleklerle aşkta herşey benim.

Uyum-mutluluk-sevgi-şifa-bereketi melek enerjisi ile yaşamıma çağırıyorum...

Yaşamım yeniden başlıyor Meleklerle...

Koruyucu meleğim; beni Allah sevgisi ile kuşat. Kuşat ki ben de daha çok sevebilen olayım...

Zor anlarımda benimle ol ve beni ışıkla sar.

Aydınlanmama vesile ol; rehberliğini istiyor ve çağırıyorum.

Yanımda ol. Bana gerçek sevgiyi göster safça çıkarsızca... Teşekkür ederim.

Melekler konusunu tam anlamıyla özümseyebilmek için çalışma ve meditasyonları mutlaka uygulayın, kitapta Meleklerin düzeni, Meleklerin tam olarak ne olduğu ve onlara dair çok farklı araştırma-detayları da bulabirsiniz. Melek enerjisi aslında sadece Allah'a yakın olmaktır. Her işinizi Allah'a bırakıp, güven ve tam teslimiyet, tevekkül içinde kalırsanız "dert" diye bir şey olmadığını görürsünüz. Derdi zihin yani ego (bu boyutta Şeytan'ın kullandığı bize ulaşma aracı, nefs de buna dahil) kamçılar, ona sizler hayır demeye başladıkça size daha fazla olumsuzu gönderemez hale gelir. Meleklerle şifa, sağlık, blokajlar, bereket sorunları ve benzer alanlarda da çalışılıyor. Melekler eğer yaşadığınız veya yaşamak istediğiniz sizin için hayırlı ise size ışık gönderir. Gerçek niyet mi ego mu hırs mı "bunu içinize sorarak" zaten siz bulacaksınız. Melek

Danışmanlığı seanslarımızda kişiler ana sorunlarını çözebildiği gibi, meleklerle irtibat, farkındalık, arınma ve mucizeleri yaşamlarına davet edebilme gibi başka etkileri de deneyimleyebiliyor. Sevgi ve Işık hepimizi sarsın. VE ÖYLE DE OLDU.

"Canın yanarsa sus,

bir Melek gelip ona fısıldayacak ve

bu senin anlatmak istediğinden fazlası olacak..."

Kötü ile kötü olma, sen enerjini temiz tut.

SEVGİ'DE KAL, ŞİMDİ VE TÜM ZAMANLARA DOĞRU…

Melek enerjisi ile çalışarak gerçek sevgiyi, kendinizi, yaşamı ve mucizeleri tanıyabilirsiniz. Allah'a yakın olmanın ışığı, maneviyatın derinliği, evrenin en saf enerjisi bizimle, biz inanırsak biz istersek biz fark edersek…

Melek düzeni…

Serafimler

Kerubimler

Tahtlar

Hakimiyetler

Erdemler

Güçler

Prenslikler

Başmelekler

Melekler

ALLAH'IN ELÇİLERİ

Melekler sizin için en doğru zamanda ve belki de bir travma veya acı olay sonrasında, ölüm veya doğum olayını takiben belki de ansızın kapınızı mutlu enerjileri ile çalabilir. İlham ve rehberlik için kapınızı çalan melek enerjisine mutlaka karşılık verin ve bu ışığı takip ederek mucizeleri izleyin. Melekler ışık, bilgelik, koruma, sevgi, farkındalık, şifa, rehberlik sunar. Melek; Cennet'ten gelen koruyucu ve mesajcıdır. Mucize kaynağı melekler, yeryüzündeki insanlığın özgür iradesine karışmazlar. İnsan saf ve sevgi dolu olarak doğar ama zamanla bu üstün özelliklerini kaybeder. Günümüzde ise insanlık tekrar eski sevgi dolu ve saf enerjisini arıyor, bu kitap da bu amaca hizmet etmek için yazıldı.

Melekler zamanın ötesinde vardır ve dünya boyutundaki insanın zaman ve yetişme, yetiştirme çabası onlar için pek bir anlam ifade etmez. İsterlerse kendi boyutları ile bu boyut arasında bir eşzamanlılık kurabilirler. Melekler bizi korur ve gerçekten ihtiyacı olanlara ışıkları ile rehber olurlar. Onlar sizin hayrınıza olanı sizden iyi bilirler buna emin olun. İsyan etmeyin; mesajlar gelecektir.

Her insan eşsiz ve özeldir aslında… İnsan bu büyük gerçeği unutup nefsi ve zaafları ile hareket ettiği için dünya boyutunda kaybeder sonraları… İnsanın misyonu büyüktür ve Allah insanı çok farklı ve güçlü yaratmış olsa da insan, ego'su ve kendine yenik düşüşü ile bu durumu gölgeler. Koşulsuz mutluluk ve özünüze dönmek için melekler ile kendinize manevi bir yol planı çizin. Belki de meleklerle irtibatınız dönüm noktanız sayılabilecek bir olay sonrasında tezahür edecek. Sizin melekleri üst benlik olarak kabul edebilecek olduğunuz an ve form ile onlar sizi bulur. İşin içine şüphe katmayın. Bu konu ciddi ve derinlikli olarak ele alınmalıdır. Değişim ise kusursuz olacaktır. Evliyalar der ki; melekler bazen bize mesaj göndermek için ortama hoş bir müzik veya koku gönderir... Melek enerjisi ile çalışmaya başladıkça iyimserliğiniz artar. Melekler sadece iyilik için çalışır ve asla bizi incitmezler. Meleklerin iniş çıkışları, acıları, sorunları olmaz. Allah'ın elçileri oldukları için kusursuzdurlar...

Dünyada her insan için bir koruyucu melek atandığına inanılıyor. Sizin zarar görebileceğiniz ve belki de hiç ummadığınız anlarda koruyucu melekler geliyor... Saf enerjili bebek ve çocukları da çok seviyorlar. Melekler sizin hep yanınızda ve onlar sizin görünmez gücünüz. Hep iyi kalın ve gün içinde onları selamlayın. Beklemediğiniz anlarda ummadığınız yollarla bazen melekler sizi esenliğe ulaştırır ve koruyucu meleğiniz ile olacak kötü bir gelişme aslında durdurulur. Koruyucu meleğiniz ile yakın olun, ona inanın ve irtibat güçlendikçe onu daha da yakın hissedeceksiniz.

Melek enerjisine girin:

Doğada daha çok vakit geçirin...

Doğayı dinleyin...

İyilik yapın...

Sevgi verin...

Teslim olun...

İnanın.

En zor ve çaresiz anlarda gökten üzerinizi Melek ışığının aktığını ve bu parlak ışığın sizi ısıttığını imgeleyin. Allah'ın izni ile "doğru olan zaman ve şartlarda" melekler size sevgi elini uzatır... Doğru yaşam amacını bulana kadar ve gerçek sevgi yaşamınıza girene kadar yola devam, birkaç egzersiz yaptınız ve sonuç sizin istediğiniz gibi olmadıysa, isyan etmeyin. Belki de her şeyden vazgeçtiğiniz anda her şey değişecek.

Her gece yatmadan ve uykuya dalmadan önce mutlaka, o günün muhasebesini yapın. Gelişiyor musunuz? Her şey istediğiniz gibi mi? Bugün meleklerle ilgili ne oldu? Mutlaka koruyucu meleğiniz ile müzakere ettiğiniz konular olsun. Kişisel gelişim ve inanç sisteminizin şifalanması için bu çok doğru bir yol olacak...

Melekler sizi asla korkutmak veya yormak istemez, çok düşünceli ve saygılı oldukları için mutlaka sizinle irtibat kurarken sizin için en doğru yolu bulacaklar. Belki de bu yol "rüyalarla" olacak... Güzel ve mesaj dolu bir melek rüyası görmek ve rüyanın içinde onların saf sevgisini hissetmek için uyumadan önce meditasyon yapın, en sevdiğiniz müziği dinleyin, çok yemek yemeyin, kimseye kızmayın, neşeli ve ilham dolu olun.

Meleklere yakın olmak için Allah'a yakın olmanız gerekir. Dua bir enerjidir; sizi rahatlatır, huzur verir ve mutlaka Allah duaları duyar. Dua okurken şart koşmayın ve teslim olun. Dua etmek ve ibadet kadar sizi geliştirecek başka bir şey yoktur.

Her gün dua edin...
Her gün iyilik yapın...
Her gün kimsesizler için birşeyler yapın...
Karşılık beklemeden iyilik yapın...
Koruyun, fedakarlık yapın...

Biz bu boyutta herşeyin çoğu kez zor ve zamanla olacağına inandırıldık... Oysa ki en saf ve güzel enerjilere, arınan ve sevgi ile, içtenlikle dileyen herkes ulaşabilir. Melek enerjisini gerçekten çağırdığınız an onlar sizinle ve size zaten çok çok yakınlar... Doğduğunuzda onlar vardı, unutamadığınız bir anı da onların mutlaka sihirli izleri vardı, bir travma geçirdiğinizde veya sevgiye çok muhtaç olduğunuzda aslında onlar size ışık oldu, yarın ansızın yolda giderken bir mesaja ihtiyacınız olsa sizi asla yarı yolda bırakmazlar. Evrende sizi koşulsuzca ve sınırsızca çok seven varlıkların olduğunu bilmekten daha güzel bir şey olamaz...

Şifanız ve farkındalığınız için "kendinizi affetmeniz" gereken konular:

1. Şikayet etmek ve şükretmemek
2. Şüphe duymak
3. İnanmamak
4. Empati yapmamak
5. Suçlayıcı olmak, kendini suçlamak
6. Saflıktan çıkmak
7. Öfke
8. Üzüntüyü çağırmak
9. Koşullar koymak, zamana fazla takılmak
10. Sevgiyi unutmak
11. Hırs
12. Zaaf
13. Rekabet
14. Sinsilik
15. Vücuda zarar veren şeyleri yapmak, bedenini sevmemek

16. İnkar ve riya
17. İmansızlık
18. Sabrı yitirmek
19. Negatif üretmek
20. Melekleri unutmak, güvenmemek
21. Allah'a itaatsizlik

Bunların tümü için kendinizi affedin ve olumlularını hemen uygulamaya koyun. Kendinizi, evreni, doğayı, melekleri ve Allah'ı sevin, şükredin. Bu listedeki maddeler sizin kendiniz kötü hissetmenize neden olur, başkaları için ve kendi yaşamınız için yine hata yapmanızı da kolaylaştırır. Hata yapmanız doğal ama hatadan dönmeniz de şart. Hem aşırı bencil hem de melek enerjisi ile dolu olunmaz. Yolunuzu şaşırmayın ve Işık'ta kalın. Kötü anılara bol bol "seni seviyorum – teşekkür ederim" deyin. Kötüyü kötü anmak yanlış enerjiyi büyütür.

MELEKLERE DAİR ÇOK ÖNEMLİ BİLGİLER:

1. Herkesin bir koruyucu meleği vardır.
2. Meleğinizle olan güçlü bağınıza inanın.
3. Meleğiniz sizin kaderinizi taşır.
4. Onlar ruhunuzu sizden çok daha derin bir anlamda görür.
5. Onlar bilir.
6. Sizin onları anlayabileceğiniz şekilde sizinle irtibatı tercih ederler.
7. Işıkları insanın dayanamayacağı kadar şiddetlidir.

8. Melekler dışında doğa ruhları, periler ve başka enerjiler de vardır.
9. Fiziksel bedenini terk etmiş ruh, Melek değildir.
10. Melekleri kalp yolu ile algılayabilirsiniz.
11. Melek gerçekte insan formunda değildir ama ister ise bazı kaynaklara göre insana insan gibi görünebilir.
12. Doğa yardımcıları (silfis, ondin, salamander, gnom) meleklerin alt kategorileridir.
13. Melekler sizin gelişiminizden sorumludur.
14. 7 Başmelekten biri Mikail, melek-bilimcilere göre Dünya için çok önemli.
15. Herşeye rağmen şükretmek sizi meleklere yaklaştırır.
16. Melek enerjisine uyumlanan kişi zaten artık "olumsuz" olanı terk eder.
17. Melekler doğmaz ve ölmezler.
18. Melekler insanlardan önce de vardı.
19. Melek sevgi ile insanı Allah'a döndürmek için çalışır.
20. Almaktan çok verin; bu melekleri ve Allah'ı mutlu eder.
21. Melekler konusu hassas ve derinlikli ele alınmalıdır, menfaatlerden uzak olmalı.
22. Allah'a dua edilir, meleklere değil.
23. Melekler sizi duyar ve dinler; karşılık da verebilirler ama Allah izin verirse.
24. Melekler asıl gücün sadece Allah olduğunu bilir, siz de bilin.
25. İnsan göremeden melekler her yerde dolaşabilir.
26. Meleklerin başını kutsal ışık hale çevreler.

27. Saplantı ve endişe ile meleklere yakın olamazsınız.
28. Melekler güzeldir; yaşamınızda çiçek, müzik, ışık, bebek gibi güzelliklere yer verin.

ALLAH'A EN YAKIN MELEKLER

Serafimler: Uriel tarafından yönetilirler, arındırma etkileri vardır. Işıkları çok parlaktır.

Kerubimler: Bilgi ile doludurlar, onlara Jophiel öncülük yapar.

Tahtlar: Japhkiel liderleridir, sade ve güçlü olup Allah'a itaat ederler.

CENNET'İN MELEKLERİ

HAKİMİYETLER: Zadkiel liderliğinde Allah'ın gücünü simgelerler.

ERDEMLER: Haniel liderliğinde, Allah'ın iradesini sembolize ederler.

KUDRETLER: Rafael liderliğinde koruyucu güçleri ile çalışırlar.

YÖNETİCİLER VE ELÇİ MELEKLER: Prenslikler, Başmelekler, Melekler. Mikail bu gruptadır. Yönetirler, ışıkları ile rehber olurlar, bilgiye yakındırlar.

BAŞMELEKLER

RAFAEL: Şifa vermek için görevlendirilmiştir. İnsanları korur, dünyaya rahmet verir.

MİKAİL: Savaşçıdır. Dünyayı korur. Kötülüğü durdurur. Cesaret simgesidir.

CEBRAİL: Haber ve müjde getirir. Hz. Muhammed'i korudu. Sevgiden güç alır.

URİEL: İlham verir, hedeflere ulaşmada güç verir, Serafimler'in lideridir.

HANİEL: Kötülüğe karşı çalışır, sevgiyi yayar. Allah'ın haşmetini simgeler.

METATRON: Dünyevi ve ilahi olaylar arasında bağ kurar, çocukları korur.

RAZİEL: Fikirler ve sırlar meleğidir.

Işık çalışmaları için çakra bilgileri:

Kök çakra: hem fiziksel hem de ruhsal anlamda güvende ve "tam" olma

Sakral çakra: duygusallık ve cinsel enerji

Karın boşluğu: huzur, içsel farkındalık, yaşam ile güçlü bağ kurabilme

Kalp çakrası: sevgi ve güven, yaşamı kucaklamak

Boğaz çakrası: istekler ve inançlar, kendiniz ifade etme

Üçüncü göz çakrası: önsezi ve bilgelik noktanız

Taç çakra: yüksek benliğe yakın olma, maksimum enerji

Sanskrit dilinde "çember" anlamına gelen çakra, bedenimizin enerjiyi alan ve veren noktalarıdır. Çakralarınızı çok iyi tanımalı ve doğru egzersizler ile çalıştırmalısınız. Şifacılar ve şifa almak isteyenler, çakraların önemini iyi bilmeli. Günlük yaşamda enerjiniz düştüğünde enerji alanınızı genel olarak arındırmalı, çakra tekniklerini uygulamalısınız...

Sizi melek enerjisinden uzak tutabilecek detaylar:

1. Alkol
2. Sigara
3. Uyuşturucu
4. Yalan
5. Sevgisizlik
6. Paraya aşırı düşkünlük
7. Kıskançlık, kin, öfke, anlayışsızlık
8. Tamahkarlık
9. Dünyevi bağımlılıklar
10. Sevgisizlik

Şu anda dünyada kişisel çıkarlar ön planda. Ülkeler de hareket ederken kendi menfaatlerini kolluyor, genel bir sevgi dünyası bilinci ve farkındalığı yok. Biz diyemiyoruz, hep ben diyoruz, tek yönlü düşünüyoruz ve geleceği doğru planlayamıyoruz.

Dünyada yaşanan yolsuzluk, deprem, acılar, fakirlik, kayıplar, doğal afetler, kötü olan her ne varsa tek bir temel nedeni var: SEVGİSİZLİK. Dünyada yeteri kadar sevgi, öze dönüş ve paylaşım yok, bu nedenle insanlık aslında içten içe çığlık atıyor, insan kendine yaptığı hatalar, başkalarına verdiği zararlar ile kendi kıyamını kendi hazırlıyor.

Melek enerjisi ile uğraşanların ve spiritüelistlerin en büyük hayali ve belki de ideali zamanla tüm dünyanın ruhani bir yaşam sistemini keşfetmesidir. Tüm insanlığın hayrına olan yeni düzenler aslında insanlığı bekliyor, melek enerjisi ile ruhen beslenen insan ileride gerçek sevgiyi bulacak, kendine yaptığı herşeyi başkalarına da yaptığını, başkalarına yaptığı şeylerin kendine döneceğini görecek. Materyal düzenin acımasızlığını bitirmek üzere yola çıkacak ve savaşlar o zaman bitecek. Bunun için daha çok zeka ve arınma gerekiyor şimdilik... Tüm insanlar eşittir, aynı birliğin parçasıdır. İnsanlar yardımlaşmalıdır, özgürlük esastır, ego dışarıda kalmalıdır.

CEVAPLAR İÇİMİZDE...

Yaşamdan gerçekten ne istiyorsunuz...

Bunu neden istiyorsunuz ve bu herkesin hayrına mı...

Gerçekten mi istiyorsunuz yoksa hepsi bir zaaf mı...

İçsel telkinlerinizi takip edin, yalnız değilsiniz şimdi Işıkları ile Başmelek enerjisini çağırın.

Melek mesajlarını doğru takip edin, emin olun, süzgeçten geçirin.

Olumlama yapın (örnek: *yeni yaşamım başlıyor... artık çok mutluyum... bolluk bana akıyor...*)

Daha çok nefes alın; nefes yaşamdır. Nefes aldıkça yanlışlarla vedalaşacaksınız.

Daha çok ve hatta bol bol "*teşekkür ederim, seni seviyorum, beni affet-seni affediyorum*" deyin.

Meleklere teşekkür edin.

Bir adım atmanız gerekiyorsa atın "*ya olmazsa fikrini silin*"...

Hazırsanız sizindir.

BELKİ SEN DE BİR YERYÜZÜ MELEĞİSİN...

Bu boyutun meleksileri, geçmiş yaşamlarında mutlaka ya sorunlu bir aileden gelir, ya onlara kötü davranan kişilerle aşk yaşamışlardır ya da iş ilişkilerinde anlamsız darbeler almışlardır. İlişkilerde hep yanlış anlaşılmış ve sevgiye aç kalmışlardır bir dönem. Bu açlık onları daha da büyük bir sevgi arayışına itmiştir ve sonunda içlerindeki sonsuz sevgi ışığını keşfetmişlerdir. Birçoğu saf enerjileri ve masum içsellikleri ile genç görünürler.

Bu boyutta yaşayan bedenlenmiş melekler, meleksiler, melek gibi insanlar olduğu gibi bazı melek araştırmacılarına göre ve inananlara göre, bir melek bir anlık bir felaketi önlemek veya kurtarıcı olmak için insan gibi de görünebilir. Ama melek asla bir insan değildir, bu geçici bir form değişimidir. Bir insan da melek olamaz ama bazı insanlar "meleksidir"...

Bu boyutun meleklerinin, meleksi insanlarının en büyük sorunu fazla iyi olmak ve asla hayır diyememektir. Materyalist ve fırsatçı, kötü kalpli insanlar tarafından rahatça kullanılabilirler. Bu tip hallerde gerçek melekler ve Allah'ın gücü onları kalkana alacaktır. Kendileri gibi bilirler bazen herkesi ve dost olurlar, karşı taraftan gelecek kötülüğü hemen çözemezler. Onlar, bu boyuta sevgi için gelir ama boyutun sevgisiz enerjileri nedeniyle çok hassas bağışıklık sistemleri de olduğu için hastalanırlar. Büyük rahatsızlıklar yine ruhsal olarak onları eğitir onları. Onlar enerji olarak herşeye açık oldukları için, hep korunmaya ihtiyaç duyarlar. Meleklerin ışığı ve enerjisi ile koruyucu yaratma çalışması hem onlar hem de sıradan insanlar içindir. Bazen hırs ve para sahibi olmak isterler ama bunu başaramazlar. Hep bir gün gelecek ve mucizeler olacak hissi ile yaşarlar, başka boyutlarda da bulunabilmenin özlemini çekerler…

Bu boyutun özel ruhları; meleksiler ancak gerçek aşk ve ruh eşi ile çok mutlu olur ve evlenirler. Ruh eşleri ölürse onlar için de artık boyut değiştirme zamanı gelir bazen… Herkesle kolayca iletişim kuramayacakları için, ruh eşlerini bulunca sıkı sıkı tutunurlar. Herkesle cinsel ilişkiye girmezler. Kolektif bilinçaltı ile varolan sağlam bağları onları her daim yönlendirir. İnanç ile karar alırlar, yanlış konu, olay ve durumlar ile çok fazla zaman kaybetmezler. İyi ve kötü arasındaki belirgin farkı hemen tanımlarlar. Bazı sözleri mühür gibidir; derler ve olur. Unutulmaz da… Meleksi insanların gözleri, bedenleri, ışıkları, auraları, sesleri, yürüyüş tarzları bazen melekleri andırır. Onlarla konuşmak huzur verir, onlar hep bir çıkış yolu bulur, onları isteseniz de kıramazsınız, onlar güzeldir ama çok çekici olmayabilirler. Meleksi insanlar, diğerlerinden farklıdır, onlarla vakit geçirmek istersiniz sürekli. Onlar umutlu, derinlikli, fedakar ve kurtarıcıdır. Meleksi bir insandan asla zara gelmez, her ne yapıyorsa sonu size iyi gelecektir. Mutlaka geçmişi değişik deneyimlerle doludur, acı da çok çekmiştir ve artık başkaları çekmesin diye kendi çaba gösterip misyon edinmeye başlamıştır. Meleksi biri, insanlara belli ederek ama bazen de hiç belli etmeden yardım eder… O övünmez, çoğu kez yorulmaz, bitmeyen bir sevgi enerjisi ile yukarıdan kuşatılmıştır. Azla yetinir, para pul işleri onu sıkar, başkalarına kazandırır ama kendi kazanmasa da olur.

Melek enerjisi ışığında YAŞAM AMACINI bul…

Birçok insan ne istediğini ve nereye gittiğini bilmeden yaşıyor… İstediğimizi sandığımız pekçok şey aslında bilinçli ya da bilinçsizce aldığımız kodlar... Bırakın ne istediğimizi, kim olduğumuzu bile tam olarak bilmiyoruz. Korkularımızla yüzleşmeden bir ömrü geçiriyoruz, insan çok güçlü ve özel bir varlık bunu göz ardı ediyoruz, ideallerimizi atlıyoruz, büyük arzularımızı erteliyoruz, küçükken olmak istediğimiz "o kişiyi" unutuyoruz baskıların içinde kayboluyoruz...

Melek enerjisi ile çalışmak size ayna görevi de yapacak.

O kadar derinleşip Öz'e ve içe bakacaksınız ki sonunda siz gerçek siz olmaya başlayacaksınız. Yanlış kişiler, yanlış olaylar ve rahatsız eden konular artık yaşamınıza giriş yapmayacak. Arındığınız için kötülük size gelmeyecek, ders verme amaçlı gelmiş olan acılar sizden uzak kalacak. Kişisel gelişim dediğimiz bugün çağımızın en önemli konularından olan çalışma, 2013 sonrası meleklerin ışığında çok daha etkin olacak.

Kendi gücünden kaçma...

"Ama olmaz ki.." "Bu bana yeter..." "Böyle gelmiş böyle gider..." "ben ancak böyle yaşayabilirim..." Bu kalıpları terk etme ve şimdi kendimizi aşma zamanımız. İnsan Allah'ın bir zerresi ve özel yaratıldı. Melek rehberliği ve farkındalık ile aslında acıların da zevklerin de hırsların da yeri gelince boş ve kandırabilen enerjiler olduğunu göreceksiniz. Mutluluk için yeni ve ek hiçbirşeye daha sahip olmanız gerekmiyor. Sizin ihtiyacınız olan herşey doğuştan sizde, onu şimdi gidin ve olduğu yerden çekip alın. Gücünüzü bilin, siz artık evrenin en saf enerjisi "meleklerle" çalışıyorsunuz. Artık bir amacınız var; yaşam amacınız yaşama nedeniniz.

O korktuğunuz, inanmadığınız, size uzak gelen, çok istediğiniz konu her ne ise. Bunu detayları ile yazın. Başmelekler ve Koruyucu Meleğinizden konu ile ilgili rehberlik, mesaj ve yardım rica edin. *Bakalım gerçekten istiyor musunuz? Bu konu gerçek olunca ne olacak? İstediğiniz son o mu gerçekten? Bu sizin ego'nuz mu ya da mecbur gibi mi hissediyorsunuz? Bunu neden istiyorsunuz? Altında ne var, içeriye bakınca içinde başka gizli nedenler de mi görünüyor? Bunu siz mi istiyorsunuz? Başkaları mı sizi mecbur ediyor?* Kendinize doğru soruları sorun, istediğinizden emin olun. Kesinseniz, çalışmalara başlayın. Niyetiniz temiz olsun, inanmaya da kesin olarak başlayın. Hatta oldu bilin; olacak deyip işleri geleceğe atmayın, oldu bilin. Oldu.

"Siz istediniz ve oldu..."

Size özel ve gerçek anlamda istediğiniz bir yaşam amacınız olması sizi başka biri yapacak. Yaşamınıza değer katacak. Amacınız hayırlı olmalı; sizin için ve başkaları için. Hırs olmamalı, sonuç kimseyi kırmamalı. Yaşamda korktuklarınız başınıza gelir ve çok istedikleriniz gerçeğe dönüşür. Bu güç zaten içinizde mevcut; şimdi sadece onu harekete geçirin. İşin maneviyat ve akış boyutu için de melekler size eşlik edecek. İstemekten korkmayın; Yüce Allah zaten "istememizi" ister bizden. "İsteyin vereyim" der. Bu sizin yaşamınız bazen de birilerine "hayır" dedikçe ayakta kalacaksınız; en güçlü hissettiren de sadece "kendiniz olabilmektir". Şimdi bir yaşam amacı belirleyin ve şimdi düşünceler, girişimler, inanç, odaklanma ile işe koyulun. Melekler sizinle olsun.

Sezgileri güçlendirme yolunda uzak durulması gerekenler:

1. Hızlı sonuca ulaşma beklentisi
2. İnançsızlık
3. İstikrarlı çalışmama
4. Kıskançlık, kin, agresyon, gerilim, saygısızlığı sürdürme
5. Hırsı araya sokmayın, bazen de çalışma dışında en serbest anlarda gelişim kendini gösterecektir…

İç benliğinizle bağlantıda kalın...
Özünüz ile uyum yakalayın...
Mesajlar gelecektir, siz çok rahat olun.
Bunu herkes yapabilir...
Korku enerjisi salgılamayın...
Bu deneyimin getirilerine odaklanın, inanın.
Görünenin ardını araştırmayı sürdürün.
Enerji ve düşüncelerinize dikkat edin.
Meditasyon yapın.

ETERİK ARINMAYA BAŞLAYIN…

Sizden uzanan eterik kordonlar vardır, sizi bloke eden korku ve bağımlılıklarınızı simgeleyen... Bunları bu boyutta göremeyiz ama bizi aslında kurtulmak istediğimiz ya da sadece negatif hissettiğimiz konu ve kişilere bağlarlar. Geçmişle olan ve artık kurtulmanız gereken bağlar kesilmedikçe veya şifa bulmadıkça, sorunlar tekrar eder. Aslında yanlış bağımlılıkları simgelerler, bu bağımlılıklar kesilince ruh özgürleşir ve aynı hatalar ve darbeler biter... Hangi eski aşk hikayelerinizle, hangi mutsuzluklarla, istenmeyen ve "bitsin artık" diyeceğiniz aşk detaylarıyla eterik kordonlarınızı keseceğinizi bulun ve fikren, ruhen hazır olun bu çalışmaya. Şifalandırmayı bu anlara ait kişilerin resimleri varsa onlar üzerinden de yapabilirsiniz.

MELEKLERİN KORUYUCU GÜCÜ

Dünyada korunduğunu ve sevildiğinizi bilmekten daha güzel bir şey yoktur, ego'yu seçen bir kişi size sırt dönse bile meleğiniz o an sizi duyar ve korumak, sevmek için gelir... Ki meleğimiz her an zaten bizimle. Dünyada milyonlarca düşkün, aç, çaresiz, yardıma ihtiyacı olan insan var ve melekler hepsi için güzel şeyler yapabilir ve yapıyor da... Koruyucu meleğiniz sizi koruyor ve seviyor, onunla irtibatınızı daha da güçlü hale getirmeli ve daha çok "istemeyi" artık seçmelisiniz. O sizinle. Zaten sizin için çalışan bu saf enerjinin varlığı "korku" denen ve sizi kısıtlayan o yanlış enerjiyi önce azaltacak ve zamanla da silebilecek belki de... O sizin için en doğru olanı biliyor; mesajları net alın. Ruhsal gelişim ve gerçek sevgi yolunu keşfedenler Koruyucu Meleğinden gelen mesajları anında çevredeki bir detayın içinde bile görebilir. Açık olmak ve güvenmek çok önemli. Yolunuzu şaşırdığınız zaman sizi uyarabilirler. İyiliğinizi hemen kayda geçer, yaptığınız kötülüğü ise geç kayda almak isterler. Sadece iyilik ve sevgi için çalışan kusursuz varlık Koruyucu Meleğiniz aslında tekamül yolunuzu da açabilir. Bu anlamda, farkında olmak çok mühim, yani esas olan sürekli meleğinizden boş şeyler istemek olmamalı. Onu daha yüksek enerjiler ve donanım için de değerlendirin. Kişisel Koruyucu Meleğiniz, sizi yargılamaz. O sizin ego ve özgür irade sahibi bir "insan" olduğunuzu biliyor. Çok ince düşünen ve size hassasiyetle yaklaşan meleğiniz, sizden gelen adımlara cevap verecektir. Allah'ın kuralları dışında kalan istekleriniz ise gerçekleşmez. Birçok eski hikaye ve efsanelerde de yer alan melekler, insandan önce de vardı. İnsandan daha saf ve hatta sadece saf enerji varlıkları olan melekler, kötülük nedir bilmezler. Onların katında kötülük yok. Koruyucu meleğiniz, kötülüğü de kötü insanları da sizden uzak tutabilir. Baş kötülük aslında "ego" ile oluşur, sabah uyandığınız zaman meleğinizden ego'nuzu uzak tutmasını rica edin. Ölmek üzere ışığa doğru yaklaşan ve sonra bu boyuttaki görevi ve karma yolculuğu aslında henüz bitmediği için geri dönenler daima o geçiş anını iyi hatırlar ve sonra bir ömür anlatır. Herkes bir ışık görür genelde bu sıradışı anlarda ve Kişisel Koruyucu Meleği ile çok net bir şekilde iletişimde olur. Dönüm noktalarında ve çok darda olduğumuz anlarda meleklerin varlığı bazen bir başka hissedilir... Koruyucu Meleğinize hiçbir bilgi vermeniz gerekmez, o zaten sizi sizden iyi tanıyor. Sizin gitmeniz gereken yolu da çok iyi biliyor ama özgür iradeniz ile aldığınız kararlara müdahale etmiyor. O sizin daima iyiliğinizi istiyor. O sizin en büyük ve sınırsız destekçiniz. Bazen bazı anlarda bir "u dönüş" yapmak istersiniz aslında o yanlış karardan dönmek istersiniz veya vicdanınız sizi yoklar; o anlarda meleğiniz size sinyal gönderiyordur aslında. İnsan özünde iyidir, ona ego kötülük yaptırır. Meleğinizle daha çok "bir" oldukça siz de iyiliği daha çok deneyimleyeceksiniz.

Melekler yanı başımızda bizlere yardım için, dünyanın iyiliği için, geleceğe rehberlik için bekliyor. Onlardan yardım almak elimizde. Onlar Allah'ın elçileri ve gerçek anlamda bu enerji ile yaşamında yol alan insan, zaten zamanla başkalarını, ailesini, diğer insanları ve dünyayı da düşünerek yaşayacak ve kurtuluşu isteyecektir. Dünya bir sınanma boyutudur, buradaki geçici ve yanlış olanlar sizin aklınızı çelmek için her gün ego ile bir savaş veriyoruz aslında, bu sizin için de zor ise melekler yardıma hazır.

Aslında herşey tekamül için...

İnsan aslında çok fazla şey istememeli, zaten herşeye sahip. Sadece ara sıra bunu unutuyor.

Güzel birşeylere fazlası ile sahipseniz bunu diğer insanlar ile paylaşın. Kıskançlık ve nefret sizi hasta eder, dünyayı da... Sevgi ve hoşgörü ile hem kendinizi hem de sevdiklerinizi rahatlatın. Burada yüzyıllarca kalmayacaksınız, asıl yeriniz burası değil. Bunu unutmadan yaşayın. Toprakla ve suyla daha çok haşır neşir olun. Doğa daima sizinle konuşur, onu dinleyin. İyi insanlarla zaman geçirin. Kötüleri iyilik yaparak utandırın. Açgözlülük sizi mahveder hiçbirşeyin fazlasına ihtiyacınız yok. Korkmayın kendinizi ve başkalarını sevin, korku yoksa sevgi içeri girer. Sevginin olduğu yerde, korku barınmaz. İnsan kaybettiği sevgiyi arıyor, oysa ki sevgi herkesin en derininde. Sizde olanı yeniden canlandırmak sizin elinizde. Kimse kimseden üstün değil, herkes eşit ve herkes aynı yerden gelir aynı yere gider. Allah insanı özenerek yarattı, kimsenin bu nedenle kendine veya başkasına haksızlık etmeye hakkı olamaz. Dünyada daha çok birlik olmalı, insanlar daha çok birbirini de düşünmeli. Yalan söylediğiniz zaman sadece kendinizi kandırırsınız, yalanın içinde yaşıyorsunuz demek ki gerçekler varken... Sadece iyi biri olmak için yaşayın. Pişman olmamak için iç sesinize kulak verin; o hep sizi uyarıyor. Para sizin aracınız, amacınız olmuşsa bunu hemen değiştirin.

Duyarlı olun, koruyun, başkalarının da sorunlarını önemseyin. Allah'ın varlığını taşlarda, doğada, gökyüzünde ve meleklerde görebilirsiniz. Allah sizinle, uzakta değil. Her hata yaptığınızda gelecek sefer ego'nuzun sizden uzak tutulması için dua edin. Kutsal kitaplarda insana yetecek bilgiler var, başka ve alakasız yerlerde bilgi aranmamalı. Hergün başkaları için de birşeyler yapın, bu kendinize de verdiğiniz değerdir aslında. Hiçbirşey her zaman kötü gitmez, darda iseniz ışık gelecektir. Verirseniz daha da çok alırsınız, sahip olduklarınızı saklamayın. Zihninizi, ruhunuzu, gücünüzü küçümsemeyin. Sizi Allah yarattı, yine Yüce Allah'a varacaksınız.

6. BEREKET MIKNATISI

Çok daha büyük bir gerçekliğin parçası olabilecekken az ile yetinmek yine size öğretilmiş ama yanlış öğretilmiş bir inanç. Fakirlikten gelen kişilerin zamanla milyonları olduğunu duyarız, anlatılır dinleriz, filmlere konu olur. Kaybedecek birşeyi olmayan korkmaz o ancak ilerler. Yaşamınızda bereket istiyorsanız "alma" fikrine yaklaşmanız gerekir.

İlk önce bilinçaltı kayıtlarınız, geçmiş yaşam anılarınız ile yüzleşmelisiniz. Hangi eski kayıt ve inanç sistemleri sizi bereket alanında bloke ediyor bunu bulmalısınız. Bulduktan sonra, kabule geçmek, inanmak, gerekiyorsa bir adım atmak, değişime içten hazır olmak çok önemli. Herkes sorsanız değişmek istiyor ama yeni ve bambaşka bir adım atarken insanlar son derece tutucu.

Değişim içten dışa akar. İlk önce siz değişirsiniz, bu gerçekleşince etrafa da enerji geçiş yapar. Kimileri size başka davranır, kimileri yaşamınızdan artık size hizmet etmedikleri için gider. Bereketi insan kendi yaratır, aslında hiçbir şart ve koşula bağlı değildir. Ana kader planının içinde elbette ki bereket için sizin bir kişi olarak yapabileceğiniz çok büyük şeyler var. Para, bolluk, bereket aşka oranla aslında çok daha kolay yaşamlarımıza çekilebilecek enerjilerdir. Aşk iki kişilik bir şey, karşı taraf istemiyorsa belki olmayacak ama bereketi siz gerçekten ister ve layık olduğunuza da inanırsanız size mıknatıs gibi çekilir.

Evren sınır koymaz, bereket herkes içindir ama bazı kişiler farkında olarak olmayarak kıtlık bilinci geliştirmiştir, bu olumsuz bilinç ile yönetilirler. Para da bir enerji, herşeyin enerji olduğu gibi. Benzer enerjiler birbirini çeker, parayı sevmezsen, o sana gelemez.

OLUMSUZ KODLAR:

Azıcık aşım ağrısız başım...

Para adamı bozar...

Fazla para doğru yolla kazanılmamıştır...

Çok parası olana nazar değer...

Paranın fazlası doğru yoldan çıkarır...

Ailem fakirdi ben de öyle olacağım...

Kim kaybetmiş de biz bulacağız parayı...

Çok paran olursa kıskanılırsın.

Çok paran olunca insanlar seni kullanır.

Beklentilerinizi sınırlamayın, bereket sizin doğuştan hakkınız.

Başkalarının size öğretmiş oldukları onlar için zamanında geçerli şeyler olabilir. Bunların bugünkü sizi yönetmesi gerekmiyor. Çocukken sorgusuz kabul ederiz, zamanla onlar bizim gerçeğimizmiş gibi kabul ederiz. Birçoğunuz bereket konusunda eski yanlış ve aslında başkasına ait olan kodlar ile yaşıyorsunuz. Oysa ki seçme ve değiştirme hakkınız var. Bilinçaltınıza hitap edin, ona dönüşmesini emredin çünkü o zaten sizin emirlerinizi severek yerine getirir. Eski olumsuz para ve bereket deneyimlerinizi ne kadar çok ve sık anarsanız benzerleri yine olacaktır. Bilinçaltı kişiliksiz, iyi ve kötüyü ayırd edemiyor, oraya giden kayıtların sonucunu yaşıyoruz. Tüm bu sebeplerden dolayı inanç sisteminizi gözden geçirin yüzleşin her şeyden önce.

Birileri zengin olurken, başkalarının da fakir olması gerekmiyor. Peki o zaman dünyada durum neden böyle gibi görünüyor... Bazı kişiler zenginliğin seçilmiş kişilere ait zor bir hediye olduğuna inanıyor. İnanmadığınız hiçbir şey size gelmez. Kim neye inanırsa onu yaşar. İçinizdeki o büyük güç ile işbirliği içinde olmak sizin elinizde. Bilinçaltının desteğini kazanan tüm yaşamını dönüştürür. Para bolluk berekete dair inançlarınızı değiştirebilir ve tamamen bambaşka, zenginlik, huzur dolu bir yaşama kavuşabilirsiniz. Hak etmediğinize veya layık olmadığınıza dair en ufak bir soru işaretiniz varsa içinizde bu konularla ilgili o zaman konu gelişmez.

Bereket temalı meditasyonlar yapmak, uyku öncesi bilinçaltı ile işbirliği içinde olmak, olumlama yaparken içselleştirmek çok önemlidir.

Bereket içinde olmayı sadece bilinç onaylar ama onaya bilinçaltı katılmıyorsa, siz de o etrafta dolaşan "yaptım olmadı, bu çalışmalar işe yaramıyor!" diyenlerden olursunuz. Sistemi çok doğru anlamak lazım. Meditasyon bilinçli kararı bilinçaltına iletmek için kullanılabilir.

Yanlış: Bir daha asla fakir olmayacağım.

Doğru: Yaşamım bereket ile dolu.

İnanç çeker, şüphe iter. Pozitif ve çözüm odaklı olun. Başarısız olmak diye bir şey yok, şimdiye kadar başarı elde edemedin demek ki bunun gelecekte hala gerçekleşme şansı büyük. Bakış açısı çok önemli. Dünyayı yöneten kişiler hep inanmış ve içselleştirmiş olan kişiler. Şu an hiçbir şeye sahip olmasan da, durum vahim görünse de, borç ve umutsuzluk içinde yüzsen de senin için bile umut var. Yaşadığın sürece değişebilirsin, elde edebilirsin ama bu sefer aynı yoldan gitmeyeceksin. Çok etkili ve sonuna kadar gidilmiş bir bereket temalı "geçmiş yaşam şifası-regresyon" çalışmasının ardından size güçlü olumlamaları öneririm. İlk zamanlar ayna karşısında ve yüksek ses ile çalışın hatta…

OLUMLAMALAR:

Ben bereketin ta kendisiyim.

Para bana gelir.

Her zaman bir çıkış yolu bulurum.

Bugün bereketliyim.

Her elimi attığım altına dönüşür.

Her an şans ve fırsatları yaşamımda görürüm.

Parayı seviyorum.

Ben bolluğu hak ediyorum.

Yaşamımda benimle olan her şeye teşekkür ediyorum.

Geçmiş başarısızlık dolu anılarınızdan kaçmayın, hatta onlara teşekkür edin. Şimdi dönüşümünüz onlar sayesinde başlayacak. Eğer yaşamış olduğunuz bereket sorunlarının içinde "karma borcu" varsa ki bu kitaplarımda karma borcunu çok detaylı başka bölümde anlattım, bunu da bulmanız gerekiyorsa o kişilerden helallik almanız gerekiyor. Karma borcu ve enerji yasaları çok uzun zaman geçse de yakamızı bırakmaz. Bu borçlar ödendiğinde ise o kilitli kapılar açılır ve yaşamımız bereket adına dönüşmeye kendiliğinden başlar. Yani mesele sokaklara çıkıp iş veya para aramak değil, borcu borç ile kapatmak da değil, çok çaba göstermek hiç değil.

BEREKETİNİ ARTIR:

1. ESKİ KARMA BORÇLARINI BUL VE ÖDEŞ.
2. BEREKET İSTEYEN DAHA ÇOK YARDIMSEVER OLMALI.
3. ALMA-VERME YASASINA DİKKAT ET, HEP VERME. ALMAK HAKKIN.
4. VERİLENİ GERİ ÇEVİRME.
5. KALP KIRMA.
6. DUA ET. İNAN.
7. GEÇMİŞ OLUMSUZLUKLARI SÜREKLİ ANMA.
8. BEREKETLİ KİŞİLERLE YAKIN OL, ENERJİ GEÇİŞİ SAĞLA.
9. HAK YEME, YALAN SÖYLEME, HAKKINDAN FAZLASINI ALMA.
10. YAPTIKLARIN İNSANLIĞA HİZMET ETSİN.

Kendi üzerinde gerçekten etkili misin ve güçlü müsün... Yoksa hala dış dünya mı seni yönetiyor... Bunu bul. Benim fikrim benim inancım dediklerinin bir kısmı senin değil; ailenin, geçmişin, dizilerin, haberlerin, telkinlerin, arkadaşlarının...

Uyku öncesi bereket çalışması yaparken iki kaşının ortasına odaklan, istediğin dilediğin şeyi vücudunda üçüncü göz noktasında hisset. Gevşe, olumlu sonlara odaklan, oldu bil. O istediğin şeyi gerçekten SEN istemelisin ayrıca, sana dayatılmış bir şey olmamalı bu. Bilinçaltı bereket kayıtlarını en dingin olduğun an'da yapacaktır. Gün içinde yalnız zaman geçir, komutlar ver, istediğin mutlu son'a odaklan.

BOLLUK BEREKET İÇİN ESMA ÖNERİLERİ:

YA FETTAH

YA GANİ

YA REZZAK

YA RAHMAN

YA KABIDU

YA KERİM

YA VAHAP

YA ZÜL CELALİ VEL İKRAM

YA LATİF

YA MALİK ÜL MÜLK

"Yeryüzünde rızkı
Allah'a ait olmayan hiçbir canlı yoktur."

(HUD Suresi, 6. Ayet)

Yaşamınızdaki sabit değişmeyenleri gözden geçirin ve sorgulayın, bunlar gerçekten size mi ait en derininizde bunlara inanıyor musunuz... Eğer içiniz "evet" demiyorsa, değişim için artık zaman kaybetmeyin. Değişim bırakmaktır, bir şeyin bitimidir, çoğu insan bitişlerden korkar. Yeniliğe yer açmazsanız yenilik gelemez. O nedenle değişim konusunda cesur olmaya bakın. Hayatınızdaki olmuşların sebebi sizsiniz, bu iyi bir haber: demek ki değişimi de siz yapacaksınız. Olumsuz kodlama yapan ve başaramayacağınıza sizi inandıran herkesten uzak durun. Kimseye mecbur değilsiniz bunu unutmayın. Doğuştan hak ettiğiniz ve kaynak ile işbirliği yaptığınız sürece size akarak gelecek bereketi isteyin, siz buna layıksınız.

Bereketi isterken, imgeleme çalışırken ayrıca bunu detaylandırın. Sonuç nasıl olacak, siz ne hissedeceksiniz, detaylar neler, o an ortam nasıl görünecek, bu başka neleri tetikleyecek... Yapacağınız ne kötü şey ise, en büyük hata ise o müthiş anı detaylandırırken "iptal etmek", o ana inanmamak veya "iyi de tüm bunlar nasıl olacak, şu an beş param yok!" gibi her şeyi enerji olarak aşağıya çekecek bir düşünceye yer vermek. Odaklanmak ve hissetmek çok önemli. Sadece istek olarak kalmamalı enerji, inanmak her şeyi değiştirir.

Para titreşen bir enerji. Ona olumsuz duygu ve enerjiler ile yaklaştığınız anda tabi ki onu itersiniz, çekemezsiniz. Para yüzünden geçmişte olumsuz deneyim yaşadıysanız bunları bulun, eski anıları şifalandırın. Çalışmak, üretmek, bunu doğru yolda kalarak yapmak kaynak ile işbirliği içinde olmaktır. Eğer işler iyi gitmiyorsa belki de artık karma planınızda rota değişimi, alan değişim, sektör değişimi söz konusu. Değişimden korkmayın, ilk etap zorlu olsa da zamanla enerjiler sizi destekleyecek. Fazla çaba korkudur, büyük paralar ise hiçbir zaman çok çok çok çalışarak gelmez. Dünyanın sayılı zenginleri ve bereketi her daim hissetmiş kişiler, doğru adımlar atmış, risk almış, inanmış ve hep istemiş olanlardır.

VERMEK, BİLGELER İÇİNDİR...

BAĞIŞ YAP.

VER Kİ DAHA ÇOK ALABİLECEĞİN KAPILARI AÇ.

TANIMASAN DA İNSANLARA YARDIM ET.

GELİRİNİ DÜZENLİ OLARAK PAYLAŞ.

BEREKETİ OLMAYANLARA VESİLE OL.

RIZK ALLAH'TAN GELİR, KUL SANA HATA YAPIYORSA BUNA ÇOK TAKILMA.

ZEKAT VER.

HERŞEY ALLAH'TAN GELİR, DUANI EKSİK ETME.

PARA SADECE BİR SEMBOL, ASIL OLAN ENERJİ.

GEREĞİNDEN FAZLA BİRİKTİRMEK KORKUDUR VE BLOKAJ YARATIR.

PARAYI YAKALAMAYA ÇALIŞIRSAN, SENDEN DAHA ÇOK KAÇAR.

İSTEK-İNANÇ FAZLAYSA, ENERJİ AKIŞI HIZLANIR.

ZENGİNLİK BİR HAL'DİR, İNANIRSAN SENİ BULUR.

OLMAYANLARI DÜŞÜNME TEKRAR TEKRAR, İSTEDİKLERİNİ DÜŞÜN SADECE.

İSRAF YAPMA.

Bir haftalık BEREKET çalışması:

Her sabah uyanır uyanmaz topraklama yapın ve esmaları suya okuyun bu suyu için. Okuma anında sol avucunuzda beyaz kuvars kristali bulundurabilirsiniz. Okumanız bitince sokağa çıkıp bağış yapın, zekat verin, hayvanlar için su-yemek bırakın.

PAZAR GÜNÜ 489 kere Ya FETTAH

PAZARTESİ 129 kere Ya LATİF

SALI 903 kere Ya KABIDU

ÇARŞAMBA 111 kere YA KAFİ

PERŞEMBE 308 kere Ya REZZAK

CUMA 256 kere Ya NUR

CUMARTESİ 1060 kere Ya GANİ

"ALLAH'IM BEREKETİMİ ARTIR, BANA VE OLMAYANLARA VER. BOLLUĞUN BANA AKMASI İÇİN GEREKLİ KAPILARI AÇ. SANA SIĞINDIM, SEN EN DOĞRUSUNU BİLİRSİN. SENİN ADIN İLE DUAMI EDİYORUM. HERKESİN, BENİM, BÜTÜNÜN HAYRINA OLANI VER. AMİN." Bu duayı da çalışmanıza ekleyebilirsiniz.

Bereket köşesi:

Bereket köşenizi hem evinizde hem de ofisinizde kurabilirsiniz. Kendinize ve ailenize ait bir resim, tarçın çubuğu, kristal kase içinde karanfil-pirinç-toz şeker karışımı ekleyin. Bu köşede eğer melek kartlarınızı (ya da benim çıkarmış olduğum aşk-melek kartlarınızı) bulundurursanız her gün belirli bir amaç için bir adet çekin, dilek tutun.

Bereket köşenizi temiz tutun. Ametist güçlenme ve kuvars kristali arınma için yine bu köşede tutulabilir. Bu köşede yazılı bir Ayet'el Kürsi de bulundurun. Yazılı olarak Esmalar da burada tutulabilir. Bereket köşenizde, hava su ateş toprak, yani

4 elementi temsil eden saksı çiçek, su resmi, hava elementi ile ilgili resim, ateş için de kırmızı/turuncu mum bulundurabilir.

Bereket köşenize ayrıca; demir para, çörekotu, çiçekler, akik&kehribar taşları ve su da eklenebilir...

Köşeyi kurma aşamasında YA EVVEL deyin ve Besmele çekin.

PARA ÇALIŞMASI:

Dolunay ve Yeniay gecelerinde, sağ elinize alacağınız bir parayı kalp çakra'nıza bastırın.

İstediğiniz, bereket ile ilgili olan Allah'ın adlarını, esmaları tekrar edin.

Gözünüzü kapatın, yakın gelecek için ihtiyacınız olan miktarı imgeleyin, o parayı veya bereket ile ilgili konuyu net bir biçimde görün...

Hazır olduğunuzda, burnunuzdan alıp ağzınızdan verin nefesi tam 19 kere.

"Seni seviyorum, seni kabul ediyorum, sana şimdiden teşekkür ediyorum" deyin para veya konuya.

Çalışmada kullandığınız parayı o gün harcayın.

(Ben parayı harcadığım an'da 4 Başmeleğin de ayrıca ismini söylüyorum, öneririm)

HACET BEREKET:

4 rekat hacet Namazı kılın.

Namazdan sonra 100 kere Salavat getirin.

1000 kere HASBÜNALLAHÜ VENİM'EL VEKİL deyin.

TEKASÜR SURESİ

Bir hafta boyunca her gün 40 defa okuyun, rızık ve bolluk için.

Elhakümüt tekasür,Hatta zürtümülmekabir,Kella sevfe ta'lemun, Sümme kella sevfe ta'lemun, Kella lev ta'lemune ılmel yekıyn, Le teravünnelcehıym, Sümme leteravünneha aynelyakıyn, Sümme le tüs'elünne yevmeizin anin neıym.

Rahman Rahim olan Allah'ın adıyla

1- (Mal, mülk ve servette) Çoklukla övünmek, sizi 'tutkuyla oyalayıp, kendinizden geçirdi.'

2- "Öyle ki (bu,) mezarı ziyaretinize (kabre gidişinize, ölümünüze) kadar sürdü."

3- Hayır; ileride bileceksiniz.

4- Yine hayır; ileride bileceksiniz.

5- Hayır; eğer siz kesin bir bilgiyle bilmiş olsaydınız,

6- Andolsun, o çılgınca yanan ateşi de elbette görecektiniz.

7- Sonra onu, gerçekten yakîn gözüyle (Ayne'l Yakîn) görmüş olacaksınız.

8- Sonra o gün, nimetten sorguya çekileceksiniz.

TALAK SURESİ

Hz.Peygamber Efendimiz(s.a.v) buyurdu ki;**"Eğer ümmetim bu ayetle amel etseydi.Allah rızklarını ayaklarına getirirdi"**

2." **Feiza belağne ecelehunne feemsikuhunne bima'rufin ev farikuhunne bima'rufin ve eşhidu zevey 'adlin minkum ve ekıymuşşehadete lillahi zalikum yu'azu bihi men**

kane yu'minu billahi velyevmil'ahıri ve men yettekıllahe yec'al lehu mahrecen."

3. **"Ve yerzukhu min haysu la yahtesibu ve men yetevekkel 'alellahi fehuve hasbuhu innallahe baliğu emrihi kad ce'alallahu likulli şey'in kadren."**

Meali:

"Kim Allah'a karşı gelmekten sakınırsa, Allah ona sıkıntıdan çıkış kapıları açar.

Onu hiç ummadığı yerlerden rızıklandırır. Allah'a dayanıp güvenene Allah kâfidir." (Talak, 65/2-3).

HURMA ÇEKİRDEĞİ

HAC'DAN GELEN bir hurmanın çekirdeğinin üzerine okuyun aşağıdaki duaları ve ardından çekirdeği paraya değecek şekilde cüzdanınızda taşıyın:

KAF SURESİ

AYET'EL KÜRSİ

İHLAS SURESİ

FATİHA SURESİ

VAKIA SURESİ

1001 kere YA RAHİM YA KERİM

EV VE OFİSTE "BEREKET BLOKAJINI" KALDIRMAK İÇİN

41 SALAVATI ŞERİFE

41 AYETEL KÜRSİ

41 FATİHA SURESİ

41 İHLAS SURESİ

41 KEVSER SURESİ

41 FİL SURESİ

41 FELAK SURESİ

41 NAS SURESİ

41 YUNUS SURESİ

41 ALİ İMRAN SURESİ

Perşembe gece yarısından başlayıp Cuma ezan vaktine kadar bu duaları su ve sirkeye okuyun. Suyu siz ve evde/ofiste birlikte olduğunuz kişiler içebilir. Sirke ile mekanlardaki köşe bucak her yeri silin. Bereketsizlik, blokaj, istediklerinizin olmaması halinde kullanabilirsiniz.

Özel Bereket Çalışması:

Cuma sabahı, sabah ezanı sonrası abdest alarak Araf Suresi, Sad Suresi, Bakara Suresi okunur.

YA ALLAH

YA RAHMAN

YA RAHİM

YA HAYY

YA KAYYUM

YA HANNAN

YA MENNAN

YA ZÜL CELALİ VEL İKRAM

YA MELİK EL MÜLK

Esmaları da dualar sonrası 100er kere çekilir...

Takip eden 7 gün boyunca Yasin okuyun.

BEREKETLİ OLMANIN ALTIN SIRLARI!

Sözlerin sihirli olduğunu unutmayın, olumsuz para ile ilgili zikir yapmayın.

Her an "bereket" ile ilgili olumlu cümleler kurun.

Başkalarına da maddi olarak destek olun.

Gün içinde alışveriş yaptığınız, yemek yediğiniz yerler dolup taşan mekanlar olsun bereket bereketi çeker.

Kul hakkına girmiş ve giren kişilerden uzak durun.

Bolluk adına kod'lama yapın, bunları söyleyin "ben parayı çekerim, sen bugün şans içindesin" gibi...

Tüm dualar duyulur, hepsi cevaplanır, rızık Allah'tan gelir, umut dolu olun.

Bereketinizin önündeki tüm blokajlar geçmişle, bilinçaltınızla ilgili ve hepsi de dönüşebilir.

Bereket belki de siz büyük bir yaşam dersini aldıktan sonra size gelecek.

ATM önünden geçerken, banka kapısından girerken soğuk bir yerle ilişkiliymişsiniz gibi yapmayın oralara da sevgi saçın, ışık gönderin.

Para gelmeden de gelmiş gibi yapın, peşin peşin teşekkür edin.

Paranın da özü sevgi yani enerji, onu sevmezseniz sizden uzaklaşır.

Para araçtır, doğru amaç ve güzel niyetler için kullanılacaksa bize uçarak gelir.

Birşeyi çok sevin, ondan daha fazlası size akar, bereket için de bu durum geçerli.

Para aldığınız ve para verdiğiniz kişilere de sevgi gönderin, onların da bereketine vesile olun.

Yerde, yolda bulduğunuz paraları gerçekten ihtiyacınız olanlara verin, veren daha çok alır.

Bağış yapın, zekat verin.

Size sunulan herşeyi alın, "istemem" demeyin, alın almak yeni bereketin kapısını da açar.

Kavga, iftira, nankörlük, bağımlılık, sevgisizlik bereketi tıkar. Sevgi'de kalın.

Hep vermeyin, enerjinizi çalıyorsa birisi onunla çok gerekmiyorsa görüşmeyin.

Bereket her alanda kendini gösterir, sadece para olarak algılamayın; kimi paralıdır bereketsizdir, kimi çok kazanmaz bereketi çok olur...

7. 21 GÜNLÜK MUCİZEVİ YOLCULUK

21 gün değişim için adınıza güzel bir başlangıcın adımları olacak. Aynı şeyleri yaparak yaşamınızda değişik sonuçlar elde edemezsiniz. Değişim için enerji, ritüeller, meditasyon dünyasından destek alabilirsiniz. Bu bölümde her gün için farklı bir çalışma önerimiz var, bunları uygulayarak 21 günü ve sonuçları takip edin. Belirli bir amaç, plan veya dilek için de bu yolculuk içinde yol alabilirsiniz, kendi kişisel gelişiminiz için de...

Gün 1

Bugün sabah uyandığınızda ve gece uyumadan önce 15 dakika arınma günü olsun. İster gerçekten toprak alanda ister toprak bir alanda olduğunuzu "imgeleyerek" 15 dakika boyunca doğduğunuz andan bu ana kadarki yaşadığınız tüm korku, engel, blokaj ve sorunları baştan ayağa toplayıp toprağa iletin ve bırakın. Olumlama: değişime açığım.

Gün 2

Bugün hiç tanımadğınız 3 kişiye yardım etme gününüz. Karşınıza çıkacak veya sizin bulacağınız 3 farklı kişiye sizin hiçbir menfaatiniz olmayacak şekilde yerdım edin.

Vermek aslında daha çok almaktır. Onlar için yaptıklarınız sizin de tekamülünüzde bir yol taşı olacak. Yardım anlarında ayrıca kendi kalbinizden çıkaracağınız pambe bir ışığı onların kalbine doğru gönderin ve içinizden "seni seviyorum, sen sevgi'sin" deyin.

Gün 3

Bugün uyandığınızda ve gece uyumadan önce

Bol kaya tuzu ile dolu bir küvette en az 15 dakika zaman geçirin. Suya mutlaka başınızı da sokun. Kaya tuzu sizi bloke eden enerjileri sizden alabilir, arınmanız için size yol açacak, rahatlatacak. Bu çalışma anında olumsuz hiçbir şey düşünmemeye gayret edin. Çalışma anında adaçayı veya adaçayı yağı ile tütsü de yapabilirsiniz.

Gün 4

Özel nefes çalışması...

Omurganız dik olacak şekilde oturun. Burnunuzdan derin bir nefes alın, ağzınız kapalı olacak şekilde "mmmmmmm" sesi eşliğinde nefesi geri verin. Bu çalışmayı uyandığınız anda 5 dakika, uyumadan önce yine 5 dakika devam ettirin. Nefes alıp verme anında "hiçliğe" odaklanın, belirli bir konuya odaklanmayın. Serbest bırakın.

Gün 5

Yatak odanızdaki melek köşenize aşağıdakileri bugün ekleyin:

Bebeklik resminiz

Vanilya tütsüsü

Beyaz mum

Beyaz kuvars kristali

Şeker

Gün 6

Bugün melek kartlarınız, herhangi tercih ettiğiniz kart destesi (tarot vb...) ya da benim çıkarmış olduğum "aşk kartları" da size eşlik edebilir yanınızda olsun. Bir olaya adım atmadan önce bir kart çekin. İç sesinizi test etmek için kartlara soru sorun. Gelen cevapları yorumlayın. Kartın üzerindeki bir şekil, detay veya bambaşka bir bölüm de o an dikkatinizi çekerse buna yoğunlaşın. Kartlarınız ile dilek tutun. Enerjilerine inanın.

Gün 7

Ayna ve olumlama günü...

Bugün sabah uyandığınızda ve gece uyumadan önce aynı olumlamayı 7 kere yüksek ses ile (kendi duyabileceğiniz kadar) aynaya söyleyecek, olumlamalar arasında burnunuzdan nefes alıp ağzınızdan vereceksiniz.

Olumlama listesi:

Ben güvendeyim.

Bereketim artıyor.

Sen sevgi'yim, seviyorum seviliyorum.

Herşey olması gerektiği gibi.

Yaşamımı seviyorum.

Ben şanslıyım, istediklerim en doğru zamanda oluyor.

Gün 8

Rehber hayvanları takip etme, işaretleri bulma günü…

Bazı hayvanlar sezgiseldir, rehberdir ve bize gün içide aslında işaretler sunarlar. Bir dilek tuttuğumuzda yanımıza gelen bir kuş, market çıkışı bacağımıza sarılan bir kedi, arkamızdan gelen sevgi dolu bir köpek de rehber bir hayvan olabilir. Bugün amacınız ve enerjiniz neyse onunla ilgili sizi bulacak hayvanların rehberliğini, işaretlerini takip edin. Mesajı içinize sorun; cevap gelecek. (Gördüğünüz hayvan resimleri de konuya dahil olabilir.)

Gün 9

Dilek kutusu yaratma…

Tahta bir dilek kutusu oluşturun, dileğinizi mavi tükenmez kalem ile küçük bir kağda yazın kutuya koyun. Kutuya ayrıca ametist, akik taşları, top karabiber, en sevdiğiniz şanslı takılarınızdan birini, küçük bir kumaşın içinde pirinç, küçük bir anahtar ve bulut resmini de kesip ekleyin. Kutunuz yatak odanızda yatak başucunuzda beklesin. Dileğiniz olunca siz de birine iyilik yapın, birini sevindirin.

Gün 10

Dondurma günü…

Uzun ince bir kağda siyah tükenmez kalem ile sevmediğiniz, size zararı dokunmuş, bir türlü affedemediğiniz kişilerin isimlerini yazın. Bu kağdı rulo yapıp buzluğa dayanıklı su dolu bir bardak/kabın içine koyun. 21 gece çalışma orada dursun; bu zaman içinde “o tatsız konuyu dondurmuş” oluyorsunuz.

21 gecenin bitiminde suyu eritin musluğa dökün, kağıdı ise suya bırakın (deniz, göl, nehir vb....)

Gün 11

Affetme günü...

Geçmişten bugüne kimleri affedemiyorsanız o kişilerie dair bir resim, yazı, eşyayı önünüze koyun. Onlara dair hiçbir şey elinizde yoksa, onları düşünün, odaklanın, imgeleyin. Önce geçmişi düşünün, konudan kaçmayın, iyice yüzleşin, yapılanlar, aranızda geçenler. Sonra bu konuyu kabule geçin, bu olaydan aldığınız yaşam dersini bulun. Bu tatsız olay gerçekte size hangi yaşam dersini sundu... teşekkür edin.

Tekrar edeceğiniz cümleler o kişilere karşı:

Seni seviyorum. Seni kabul ediyorum. Verdiğin yaşam dersi için sana teşekkür ediyorum.

Not: o haklı olmayabilir ama siz kendinizi sevdiğiniz için o olumsuz enerjiyi artık serbest bırakacaksınız, yükü atacak affedeceksiniz. Işıkla...

Gün 12

Bereketli mutfak günü...

Bugün taneli gıdalar pişirin, evde taneli gıdalar tencerelerde kaynasın. Pencereler mümkünse açık olsun. Mısır, pirinç, nohut, arpa, mercimek siz ne isterseniz... Pişirme anında Allah'ın bereket adlarından YA REZZAK'ı da tekrar edin. Şükür enerjisine geçin, bunları yapabildiğiniz için ne kadar şanslı olduğunuzu idark edin. Yaptığınız yemekleri paylaşmak için eve misafir çağırın, yine paylaşmak için komşulara da dağıtın.

Olumlama: sahip olduklarıma binlerce kere şükrediyorum.

Gün 13

Olumsuzu iptal etme günü...

Bugün olumsuz tek bir şey bile düşünmeyin ve yapmayın. Aklınıza olumsuz bir konu geldiği anda, gümüş bir bıçak, bir makas, bir kılıç imgesi ile onu iptal edin. Biri sizi olumsuz kodlamaya çalışırsa X – çarpı işareti imgeleyerck o anı, olayı, konu ve enerjiyi iptal edin. Her olumsuz düşüncenin yerine olumluyu koyun, olumsuz olanı anında müdahale edip kesin. Direnci bırakın. Bir tam günü tamamen bu şekilde geçirdiğinizde "ruhsal detoks"un size çok iyi geldiğini keşfedeceksiniz.

Gün 14

Stresi bırakma planı...

Bugün gün içinde sıkıldığınız, olumsuz düşündüğünüz veya geçmişi fazlaca andığınız anda, yazı yazdığınız elinizdeki işaret ve orta parmak ile boyun boşluğunun altı köprücük kemiği başlangıcınıza saniyede bir, sert ve etkili şekilde vuruş yapın. Kendinizi rahatlatın. Gerekirse tekrar edin.

Gün 15

Mavı ışık topu ile rahatlama günü...

Bugün her saat başı, birkaç dakika boyunca kendinizi mavi bir ışık topunun içinde düşünün. Nefes alıp verin. Mavi ışık topu size güçv olumlu enerji akıtacak. Mavi ışık topu ayrıca koruyucu enerji de verir. Olumsuz mekanlara girmeden önce de bunu kullanın.

Gün 16

Bugün size kim ne verirse siz de ona "şans, bereket, mutluluk, aşk" dileyin. Alırken verme dengesine dikkat edebiliyor olmanız gerekir. Size para da verse, şeker de verse, güzel bir söz de söylese içinizden o bilmeden onun için de dua edin, onun enerjisinin artması için etkide bulunun.

Gün 17

Okyanus sesi ile bugün sabah uyandığınızda 5 dakika ve gece uyumadan önce yine 5 dakika, okyanus sesi dinleyin (cd'niz yoksa, internetten de bulabilirsiniz) ve dinleme esnasında, altın rengi güçlü ve yoğun bir ışık ile kuşandığınızı yıkandığınızı imgeleyin. Bu an'a teşekkür edin, içinizden Allah'ın güzel isimlerinden YA RAHMAN'ı da geçirebilirsiniz ya da kendi tercih ettiğiniz başka esma'yı.

Gün 18

Lavanta yağı ritüeli...

Bulunduğunuz ortamda lavanta yağı veya lavantanın kendisi ile tütsü yapmaya başlayın...

Ilık bir suyun içine limon yağı damlatın ve lavanta yağı ilave edin.

Ayaklarınızı en az 30 dakika bu karışımın içinde bekletin.

Gece ve gündüz devam edin, çalışma anında gözler kapalı olabilir ve üçüncü göz noktanıza mor bir ışığın kesintisiz geçiş yaptığını imgeleyin. Nefese odaklanın.

Gün 19

Akupunktur şifa günü...

Sırası ile akupunktur noktalarına vurun:

Başımızın üstü- tepe noktası

Şakaklar

Kaş başlama noktaları

Çene üstü (bombeli nokta)

Burun ile dudak arası

Köprücük kemiği başlangıç noktası (boyun bitimi)

Bu noktalara sıra ile 40 kere vuruş yapın, yazdığınız elin işaret ve orta parmağı ile… set ve saniye de bir, etkili şekilde. Ardından her bir çakranıza odaklanın her bir çakraya tek tek güzel bir nefes gönderin.

Gün 20

Bugün aşağıdaki olumlama çalışmalarına devam edin ve bunları söylerken "aynalardan" oluşan bir ışık topunun içinde kendinizi imgeleyin…

ACI ÇEKME KORKUMU biliyor ve kabul ediyorum, şu anda sevgiye dönüştürüyorum, sevgiyle evrene gönderiyorum. Hayat güzel. Hayattan zevk alıyorum.

ACİZLİK KORKUMU biliyor ve kabul ediyorum, şu anda sevgiye dönüştürüyorum, sevgiyle evrene gönderiyorum. Ben güçlüyüm.

AYRILIK KORKUMU biliyor ve kabul ediyorum, şu anda sevgiye dönüştürüyorum, sevgiyle evrene gönderiyorum. Aşkıma sıkı sıkı bağlıyım.

ALDATMA KORKUMU biliyor ve kabul ediyorum, şu anda sevgiye dönüştürüyorum, sevgiyle evrene gönderiyorum. Aşkıma güveniyorum.

BAŞARISIZLIK KORKUMU biliyor ve kabul ediyorum, şu anda sevgiye dönüştürüyorum, sevgiyle evrene gönderiyorum. Aşkta başarılıyım.

BIRAKMA KORKUMU biliyor ve kabul ediyorum, şu anda sevgiye dönüştürüyorum, sevgiyle evrene gönderiyorum. Aşkımla mutluyum.

DEĞERSİZLİK KORKUMU biliyor ve kabul ediyorum, şu anda sevgiye dönüştürüyorum, sevgiyle evrene gönderiyorum. Aşkım da ben de değerliyiz.

GÜVENSİZLİK KORKUMU biliyor ve kabul ediyorum, şu anda sevgiye dönüştürüyorum, sevgiyle evrene gönderiyorum. Kendime ve aşkıma güveniyorum.

KAYBETME KORKUMU biliyor ve kabul ediyorum, şu anda sevgiye dönüştürüyorum, sevgiyle evrene gönderiyorum. Aşkımla güvendeyim, aşkta huzurluyum.

KANDIRILMA KORKUMU biliyor ve kabul ediyorum, şu anda sevgiye dönüştürüyorum, sevgiyle evrene gönderiyorum. Hayat güzel. Hayattan zevk alıyorum.

REDDEDİLME KORKUMU biliyor ve kabul ediyorum, şu anda sevgiye dönüştürüyorum, sevgiyle evrene gönderiyorum. Aşka güvenle adım atıyorum.

SEVİLMEME KORKUMU biliyor ve kabul ediyorum, şu anda sevgiye dönüştürüyorum, sevgiyle evrene gönderiyorum. Seviyor, seviliyorum.

YALNIZLIK KORKUMU biliyor ve kabul ediyorum, şu anda sevgiye dönüştürüyorum, sevgiyle evrene gönderiyorum. Aşkım her an benimle.

YETERSİZLİK KORKUMU biliyor ve kabul ediyorum, şu anda sevgiye dönüştürüyorum, sevgiyle evrene gönderiyorum. Aşkta yeterli ve yetkinim.

SUÇLANMA KORKUMU biliyor ve kabul ediyorum, şu anda sevgiye dönüştürüyorum, sevgiyle evrene gönderiyorum. Aşkım beni doğru anlıyor ve olduğum gibi kabul ediyor.

TERK EDİLME KORKUMU biliyor ve kabul ediyorum, şu anda sevgiye dönüştürüyorum, sevgiyle evrene gönderiyorum. Aşk bana güven veriyor, sevgiyle 1'im.

AŞAĞILANMA KORKUMU biliyor ve kabul ediyorum, şu anda sevgiye dönüştürüyorum, sevgiyle evrene gönderiyorum. Aşk beni yüceltiyor, değer katıyor.

Gün 21

Bugün başarılı çalışmanızdan dolayı, bugüne kadar gelebildiğiniz için kendinize bir hediye alın ve en sevdiğiniz yemeği yapın. Bugün içinizden gelenlerle geçsin, zorunluluğu azaltın. İnsan ne kadar çok sevdiği şeyleri yaparsa o kadar çok enerjilerle işbirliği içinde olur. Kendinizi sevin, bugün kendi resminize doğru YA VEDUD esma'sını tekrarlayabilirsiniz.

2015 YENİAY VE DOLUNAY TAKVİMİ

OCAK 5 OCAK DOLUNAY, 20 OCAK YENİAY

ŞUBAT 5 ŞUAT DOLUNAY, 18 ŞUBAT YENİAY

MART 5 MART DOLUNAY, 20 MART YENİAY

NİSAN 4 NİSAN DOLUNAY, 18 NİSAN YENİAY

MAYIS 4 MAYIS DOLUNAY, 22 MAYIS YENİAY

HAZİRAN 2 HAZİRAN DOLUNAY,

18 HAZİRAN YENİAY

TEMMUZ 2 TEMMUZ DOLUNAY,

16 TEMMUZ YENİAY

AĞUSTOS 14 AĞUSTOS YENİAY,

29 AĞUSTOS DOLUNAY

EYLÜL 13 EYLÜL YENİAY, 28 EYLÜL DOLUNAY

EKİM 13 EKİM YENİAY, 27 EKİM DOLUNAY

KASIM 11 KASIM YENİAY, 25 KASIM DOLUNAY

ARALIK 11 ARALIK YENİAY, 25 ARALIK DOLUNAY

8. MUCİZEVİ ENERJİ ÇALIŞMALARI

Büyük Düşün! EVREN SINIR KOYMAZ, SINIR SENİN ZİHNİNDE.

Yola yüksekten başla, bu sefer büyük adım at. Sınır koyma, az ile yetinmek de korkudur. Korkma. Korkun hala varsa yüzleş ve bırak. Korkudan kaçmak da korkuyu büyütür. Sen sonuca ve olumluya odaklan.

Hedef Belirle! ENERJİLER BOŞ KALIRSA KAFASINA GÖRE TAKILIR...

Hedef koy, zaman koyma.

Sonucu baştan gör, inan.

Hedefsiz kişi başarısız kişidir.

Hedef yoksa dönüşüm de olamaz.

Senin hedefin olsun bu, dayatma olmasın.

O yol işe yaramadıysa, hedeften şaşma, yolu değiştir.

Dünyayı hedefler yönetir.

Çok istiyor ve inanıyorsan, o hedefe seni götürecek ilahi yollar açılır.

Yöntem belirle, asla işe yaramayan yönetde direnme, değişime açık ol.

Aynı şeyleri yaparsan, sonuç aynı olur.

Bugüne kadar çok istedin ama olmadıysa; sorun istekde değil ama yöntemde.

Şiddetli İste... Şiddet seni sonuca itecek güçtür...

İstek evrendeki en büyük güçlerden insanoğlu adına...

İstc ve inan ama sakın enerjiyi iptal etme.

İstemek yola çıkmaktır, niyete girmek daha da yoğunlaşmaktır.

İnanıyorsan senin olur, olmadıysa aslında inanmadın.

Duygularının şiddetini artır, frekansı yükselt.

Gerçekten istiyorsan, zaman koyma, bekle savaş, son seni bulacak.

Seni durdurduysa birileri, istemedin demektir.

İstediklerin, senin en hayrına olan zamanda seni karşılayacak.

Cesaretli Ol. Aynı şeyleri yapmak sana başka sonuç sunmaz. DEĞİŞ!

Cesaretiniz varsa geleceğe büyük adım atmış olursunuz. Korkaklar için enerjiler dünyasında pek bir şey yoktur. Geçmişin seni geçmişte tutar ve kandırır aslında, korkuyorsan geçmişle ilgili aslında bunu bırak... Cesaretiniz varsa herkes bunu sezer ve bilir, başka birisinizdir siz artık. Sizi insanların arasından sıyıran enerji cesarettir. EGO görevini yapacak ve korkutacaktır, kanmayın. Tedbir korkaklar içindir, sen adımını at evren sana eşlik etsin... Cesaretiniz yoksa kendi iç dünyanıza sarmalda kalırsınız.

Cesaret gösterebilenler risk alır, bu onları güçlü yapar...

Risk ve sorumluluk üstlenmeyen hiç kimse başarılı olamamıştır. Alışkın olduğunuz hayat size risksiz gelir hatta eski kötü deneyimleri anıp "yok ya boşver şimdi" dersiniz, bu durdurucu enerjidir. Aslında rahatlık içerisinde daha büyük riskler var: HİÇ GELİŞMEMEK GİBİ. Değişmekten korkuyorsanız riskten kaçıyorsanız, dönüşüm başlamaz. Değişmezseniz gelişmezsiniz. Yanlış yapma riskini göze alamazsanız doğru yapma cesaretiniz zaten olmaz.

Hemen Yap! BAŞKA ZAMAN YOK.

Neden sonra? Neden şimdi değil? Hemen başla, inanıyorsan zaten şimdi başlarsın. Zaten şimdi'den başka zaman da yok. Aşk bile zamanla olmuyor; aslında iki ruh birbirini ilk gördüğü an'da tanıyor. Herşey hazır, istek ve inanç varsa şimdi başlamak en iyisi. Zamana bırakmak: istememektir. Zamana bırakmak; ertelemektir. Zamanda geriye attığın enerjiler dünyasında hep ve hep ertelenir. SEN ŞİMDİ İSTİYORSUN.

Şimdiyi Yaşamak... Anı yakala: enerjini yükselt!

Olumla:

AN'DAYIM...

AN'IN TADINI ÇIKARIYORUM...

AN'A İNANIYORUM...

HER AN ŞANS İLE DOLU...

AN'IN İÇİNDEKİ FIRSATLARI GÖRÜYORUM...

AN'I YAŞAMAK GÜÇ KATAR.

AN BANA EN DOĞRU REHBER.

AN'IN TADINA VARMAK DÖNÜŞÜMÜM İÇİN MÜKEMMEL.

BEN AN'I YAŞARIM, HERŞEY HALLOLUR.

Mazeretlerden Kurtul. KORKAKLAR BAHANEYİ ÇOK SEVER...

Başaranların hiçbir bahanesi olmamıştı unutma, onlar sonuna kadar gitti. Bahanenin "var" olduğu yerde dönüşüm başlamaz. Hiç kimse bahaneyle birlikte lider, star ya da başarılı olmadı bu alemde... Çünkü bahane bulduğumuz anda teslim oluruz kaybetme yolunda. Bahane varsa mücadele yoktur. Bahane bulursanız enerjinizi yok edebilirsiniz.

Cesaretle üzerine gittiğiniz korku, korku olarak kalmaz, değişir.

Tamamla. YARIM BIRAKMA, SONUCA GÜVEN...

İsteyerek ekinler ekiyorsun, sonuna kadar git. Asla olumsuz düşünme. Ne kadar zaman alırsa alsın, son bir adım tüm o diğer adımları tamamlayacak.

Başarının kuralı "yapmak"tır. Yap ve bitirmek için yol al.... Yarım bırakma. Bitmeyen iş yapılmamış iş gibidir. Hepimiz yüzlerce istedik girişim yaptık ama olmadı, sonuca inanmadık da ondan. Çoğu kişi bilmeden tam sonuç gelecekken yolundan döner. Birçoğumuz yarının zaferleriyiz...

Devler, dahiler, starlar, liderler İNANANLARDIR, İNANAN KENDİ MUCİZESİNİ YAŞAMINA ÇEKER.

BURCUNUZU YÖNETEN MELEĞİN İSMİNİ ÖĞRENİN...

Bu sene katıldığım bir tv programında burçlar ve meleklerden bahsetmiştim. Çoğu kişi sonrasında telefon ile ayrıca sosyal medyadan beni arayıp tekrar not almak istemişti. Bu bilgiyi bu bölümde sizlerle paylaşmak istedim:

Koç Makidiel

Boğa Asmodel

İkizler Ambriel

Yengeç Muriel

Aslan Verkiel

Başak Hamaliel

Terazi Uriel

Akrep Barbiel

Yay Advakiel

Oğlak Hanael

Kova Cambiel

Balık Barkiel

Enerji çalışmalarına başlamadan önce:

Duş alın.

Mum yakın.

Odaklanın.

Başka bir şeyle meşgul olmayın.

Telefonunuzu sessize alın.

Şüphe duymayın.

Güvenmediğiniz kişilere enerji bölünmemesi için anlatmayın.

Evrenin işbirliği için size eşlik edeceğini unutmayın.

İnanın.

Rahat ve mümkünse yeni giysiler içinde olun.

Sevdiğiniz bir mekanda yapın, mümkünse yatak odanız...

Dertli stresli bir gün uygun olmayabilir uygulama için...

Yeniay ve Dolunay geceleri daha ideal olabilir.

MUTLU EV ÇALIŞMASI

Evinizde sarımsak, fesleğen ve maydanoz yetiştirmeye başlayın.

Evde cam kenarlarına aynalar asın.

Sevmediğiniz kişilerden korunmak için tuz yakın tavada, onlar gittikten sonra kapı eşiğine tuz koyun.

İşe yaramayan, kullanılmayan ne varsa evden çıkarın, mesela bağışlayın.

OFİSTE RİTÜEL

Ofisinizde en çok kullandığınız masaya ofisteki en sevdiğiniz objeleri koyun.

Kimler için bereket ve şans diliyorsanız onların da resimlerini ekleyin.

Hava için mavi, su için beyaz, toprak için kahverengi, ateş için kırmızı (4 element) kurdeleleriniz olsun.

Pencereyi açın ve havanın içeri girmesine izin verin.

Derin derin nefesler alıp verin.

Tüm bu eşyaların tam ortasına bir mıknatıs (çekim gücü) bir de pusula koyun (doğru yol).

Pencere önünde tekrarlayın: "şans ve değişime açığım, hayrıma olanı kabul ediyorum, şükürler olsun"

Her bir kurdeleye 7 düğüm atın. Ofiste farklı noktalara bağlayın.

Pusula ve mıknatıs da kapıya yakın bir noktaya koyulabilir.

BALIK VE ŞANS

Balıklı figürler eve şans getirir. Evinize balıklı objeler alın, bunları bereket ve melek köşenizde de değerlendirebilirsiniz.

Altın rengi bir kalemle bir kağda tüm istek ve dileklerinizi yazın.

Mavi taşlar alın, bulut ve deniz resimleri biriktirin...

Okyanus sesi dinlerken bir yandan mavi bir çanta veya çuvala size mutluluk veren objeleri koyun, burada yazılı malzemeleri de ekleyin. Aldığınız balıklara yakın bir noktaya koyun çalışmayı.

Her şey tamamlanınca, evdeki bir noktaya çan asın.

BİLGE AĞAÇLAR

Kayın ağacı dalları

Meşe ağacı dalları

Selvi ağacı dalları

Dalları toplayıp eve getirin. Ağaçlar bilgedir. Bilgelik ve doğru karar enerjisi evinize girmiş olacak.

Bu dalları 7 gece evde bekletin.

Son gece yakın ve koku tüm evi sarsın.

Yanış hallerini kristal kasede saklayın.

Günlük hayatta her gün bir ağaca sarılmadan eve girmeyin.

SİHİRLİ AYAKKABIM

En sevdiğiniz ayakkabılarınızı giyin. Bu çalışma için özel olarak yeni terlik veya ayakkabı da satın alabilirsiniz. Ayakkabınızın altına kurşun kalem ile istemediğiniz kişi ve kurtulmak, arınmak istediğiniz konuları yazın. Geceyarısı ayağınızı evin dışında bir yerde 13 kere sürtün yazı silinsin…

Tekrar edebileceğiniz cümle:

"Geçmişi ve seni şimdi sevgiyle serbest bırakıyorum. Hoşçakal…"

ŞANS YILDIZI

Yıldızları görebileceğiniz bir gecede dielğinizi içinizden tuttuktan sonra, 7 farklı yıldıza bakın ve dileğinizi içinizden tekrar edin.

Yatak odanıza dönün. Odada çiçeklerden bir çemberi odanızın ortasında yaratın. Çemberin tam ortasına geçin.

Beyaz kağda dileklerinizi mavi kalem ile yazın.

Ertesi sabah eve yakın bir noktada küçük bir çukur açın, kağdı bir parça bakır ile birlikte (bakır kağdın üzerinde) gömün.

AYBAŞI RİTÜELİ

HER AYIN İLK GÜNÜ BU ÇALIŞMAYI YAPABİLİRSİNİZ.

Ayın birine bağlayan gece, beyaz bir kağda dileklerinizi yazın.

Beyaz kuvars kristalinizi sol avcunuzda tutun ve dileklerinizi kodlayın.

Beyaz bir mum yakın gece boyunca ve mum üzerinde dileğiniz kürdan ile kazınmış olsun…

Kuvars taşı yastığınızın altında olacak şekilde uyuyun ve gece gördüğünüz rüyayı rüya günlüğünüze not alın.

TILSIMLI ANAHTARIM

Evdeki kapılardan birinde 7 kere kilidi kapatıp açın. En son açtıktan sonra anahtarı alın.

Çalışma için özel olarak portakal yağı sürülmüş bir de kırmızı mumunuz olsun.

Gözlerinizi kapatın bir anahtar değiliği imgeleyin. Nefes alıp verin.

Deliğe bakarak sadece dileğinize odaklanın.

Beyaz bir kağda anahtarı koyun, yakmış olduğunuz kırmızı mum ile iki tarafını mühürleyip kapatın.

Mumu 7 gece daha yakmaya devam edin…

Anahtarı günışığı almayan yerde saklayın…

TILSIMLI BİR GÜN OLSUN

Önemli bir buluşma veya görüşmeniz olan gün yola çıkmadan önce bileklerinize ve elbisenize, çantanıza bu karışımı sürün:

3 damla lavanta yağı

2 damla gül yağı

1 damla sandalağacı yağı

1 damla limon yağı

1 damla ylang ylang yağı

İçinizden tekrar edin: "Bugün mucizeler beni buluyor."

MUCİZEVİ İKSİR

Bal

Elma sirkesi

Bir tutam adaçayı

Bir tutam nane

Tüm malzemeleri Dolunay'a bir gece karıştırın. 24 saat demlensin.

Karışım yine Dolunay ışığı altında 1 gece beklesin.

21 gün azar azar yiyerek bitirin.

Büyük neşe, güç, özgüven, enerji ve ilham hissedeceksiniz...

9. İNANDIKLARIN SENİN OLUR

Allah insanı çok özel ve eşsiz yaratmıştır. Dünyadaki hiçbir insan bir diğerine benzemez. Sorun zannedilen hiçbir şey aslında sorun değil, karma veya yaşam dersidir. Bunları tekamül yolundaki taşlar olarak gördüğümüzde dönüşüm başlar. İnsan çok büyük ve özel bir enerji olduğu için, bilinçaltı aracılığı ile herşeyle herkesle irtibatta olduğu için sandığından özel bir güce sahiptir. Gündelik yaşamın detayları, acılara fazla tutunmak, küçük şeyleri büyütmek, bağımlılık, alınan darbelere isyan etmek, değersizlik hissi sebebi ile gerçeği ve gerçek yol planını unutan insan, Yeniçağ enerjisi ve dünyada yaşanan yeni frekans ile artık enerjileri, yaşamı, evreni, zamanı daha çok sorguluyor.

SENİN BİR YAŞAM AMACIN VAR...

Bu dünyaya boş yere gelmedik. Allah boş yere hiçbir şey yaratmaz. Senin bir yaşam amacın var, en çok direnç gösterdiğin yerde de yaşam derslerin var. Yaşam amacını bul... Dünyaya neden geldin, burada neyi öğrenmen gerek... Hayallerinin izinden git, gerçekten istemediklerini artık bırak, şu an

Allah insanı çok özel ve eşsiz yaratmıştır. Dünyadaki hiçbir insan bir diğerine benzemez. Sorun zannedilen hiçbir şey aslında sorun değil, karma veya yaşam dersidir. Bunları tekamül yolundaki taşlar olarak gördüğünüzde dönüşüm başlar. İnsan çok büyük ve özel bir enerji olduğu için, bilinçaltı aracılığı ile herşeyle herkesle irtibatta olduğu için sandığından özel bir güce sahiptir. Günlük yaşamın detayları, acılara fazla tutunmak, küçük şeyleri büyütmek, bağımlılık, alınan darbelere isyan etmek, değersizlik hissi sebebi ile gerçeği ve gerçek yol planını unutan insan, Yeniçağ enerjisi ve dünyada yayılan yeni frekans ile artık enerjileri, yaşamı, evreni, zamanı daha çok sorguluyor.

SENİN BİR YAŞAM AMACIN VAR...

Bu dünyaya bış yere gelmedik. Allah boş yere hiçbir şey yaratmaz. Senin bir yaşam amacın var, en çok direnç gösterdiğin yerde de yaşam derslerin var. Yaşam amacını bul… Dünyaya neden geldin, burada neyi öğrenmekn gerek… Hayallerinin izinden git, gerçekten istemediklerini artık bırak, şu an ne durumda olursan ol "dönüşebilirsin". Çözümsüz sorun yok, çözemediysen yolunu değiştir. Yapabilirsin... Sen değişime niyet ettiğinde önce arın. Geriye dön; herkesi affet ve af dile... Ne olduysa oldu, gelecek eğer arınırsan geçmişin izlerini taşımadan bambaşka olabilir. Anın değerini bil, bazen yavaşla, daha çok şükret. Kötü bir şey gelişirse gül geç, bunlar oyun veya ders. Kötü diye bir şey de yok aslında... Hayatını mucizelere aç, her an gerçekçi olmak veya kısıtlanmak zorunda değilsin. İnandıkça ve istedikçe, dönüşüm başlayacak sana her gün her an daha çok mesaj gelecek, bunları takip ettikçe sen boyutlarla daha çok irtibatta olacak ve gücünü yeniden eline alacaksın. İzin ver artık değişime, hayalinin önündeki engel sadece sensin. Yanılsamaları bırak, onlara kanma. Dualarını artır. Daha çok sevgi ver, hep düşün amacın herkesin herşeyin hayrına mı...

SEN EVRENİN BİR PARÇASISIN, SENDEN BİR TANE DAHA YOK...

Hiçbir insan bir diğeri ile aynı değil. Asıl mucize burada başlıyor. Demek ki herşey senin elinde, sen herşeyin özetisin, Allah sana ruhundan üfledi. Sen değerlisin, yaşadığın geçmiş ve zor zamanlar sana "değersizliği" aşıladı sence ama şimdi değişim zamanı. Senin dünyada yapacakların çok... Daha çok üret, sev ve daha çok düşün. Dünya'yı savaş ve olumsuz enerji ile bozan insan, isterse herşeyi değiştirebilir. Özgür irade meleklerde olmayan ama sende olan bir güç, gücünü hayırlara vesile et. Allah sana KURAN'da herşeyi anlatıyor, en çok okuman gereken kitap budur. Tüm ilgilere sahip doğdun, sonra unuttun, şimdi istersen yeniden hatırşarsın. Kim olmuş olursan ol "tevbe" kapın açık, kalbini temizle, yapabilirsin. Dönüş...

Değerini ortaya çıkar:

Olumsuz herşeyi bırak, her sorunu illa ki çözmek zorunda da değilsin.

Hayatta senin için gerçekten önemli olan ne... Bunu bul.

Hayatını baştan yazabilirsin, ana kader planı dahilinde.

Bir kere niyete girdiğinde enerjiler seninle işbirliği yapacak.

Sezgisel gücüne inan.

Kendine ve yaşama daha çok zoru sor, cevap bulana kadar yalnız kal ara ara...

Suçlama ve hesap sorma, bu senin işin değil, Allah'a bırak.

Herkesin tekamül yolu aynı olmaz, seninle aynı frekansta olanları bul...

Enerjini çalanlara "hayır" de, hayır demek bir güçtür.

Kendini suçlu hissetme. Yaşam dersiydi.

Zihnin gelip sana "olmaz bu iş" diyebilir, onun görevi bu. Onu susturmaksa senin elinde.

Zaman koyma, hayırlı zamanda olacak.

Sana kötülük yapan, kendini ifade ediyor... Neden üzerine alınıyorsun? Bu onun sorunu.

Yaşamındaki herşey senden yansıyanlar, önce içine bak...

Başkaları için kötü düşünmek karma borcudur.

Uzak diye bir şey yok, enerjiler dünyasında herşey eşit mesafede.

Allah sana herkesten herşeyden yakın, hiç de yalnız değilsin...

Kötü bir şey olduğu an melekleri an, sadece Allah'a sığın.

Allah senin dünyada olmanı istedi, seni buraya gönderdi, senin bir anlamın var.

Tevekkül ve sabır... Bu ikisi varsa sende, "neden" diye zaten sormazsın.

Çaresizce değil, sonuca güvenerek iste.

Yaşadığın tüm dertler ödüldü.

İmtihanın çok sevdiğin istediğin konuların içinden de gelebilir.

Gittiğin yer dünya değil, başka bir yer. Oraya hazırlan...

İnanmak ve Olumlamalar:

İnanıyorum.

İnandıklarım benim olur.

İnanmak güçtür.

İnandığım anda evren ve enerjiler benimle işirliği yapar.

İnanç içimde.

İnandığım herşey yaşamıma çekilir.

İnanıyorum, enerjimi büyütüyorum.

İnanmak beni özgür ve güçlü kılar.

İnançlarıma şükürler olsun.

İnandığım herşey benim de olabilir.

İnandığım anda dönüşüyorum.

İnanıyorum, değişimi kabul ediyorum.

İnanmayı seçiyorum.

İnanmak benim en büyük gücüm.

İnandığım benimdir.

İnanıyorum daha çok alıyorum.

İnanmak çekmektir.

Birşeyi istediğinizde, ardından niyete girdiğinizde ve şartlar ne olursa olsun, ona "inandığınızda" enerji yasası işlemeye başlıyor ve onu yaşamınıza çekmek için yol açılıyor. Şu anda koşullar ve detaylar o istediğiniz şeyi yaşamınıza çekmek için blokaj koysa bile çok büyük bir güç ve enerji olan "inanç" onu size yine de çeker. İnanmak sonu görmek ve kabul etmektir, almaya açık olmaktır. İnanmak sorgulamamaktır, oldu bilmektir. İnanmak iptal etmemektir, olacağını bilmek, zaman koymamak, istedikten sonra unutmak ve akış ile yine bir olmaktır. İnandıkların senin olur; herkesin hayrına olanı iste ve inan.

Şu anda inandıklarını yaşıyorsun, sadece istediklerini değil.

İstemek başka bir noktadan bakıldığında, "kıtlık bilinci" gibidir. Neyi istersiniz: olmayanı... İstemek olmamayı, elde olmayanı da vurgulayabilir. İnanmaksa net olmaktır, kesinlik içerir. İnanılanda sorgulama olmaz. Yaşadığımız gerçeği bir yarattık, ortaya koyduk. Hatalı olduğun ne varsa yerine olumluyu koy; mucizelere kapıyı aç...

Zihin seni sınırlayabilir, hayal gücü ise özgürleştirir. Şimdi sınırları kaldır, inan ve bırak. O istediğin konu seni en hayırlı zamanda bulacak, çaba gerekmez ki zaten gereğinden fazla çaba korkudur, kaybetmedir.

Dilediğin hayatı yeniden oluşturabilirsin. Hiçbir zaman da geç değildir.

ŞÜPHEYİ BIRAKIN.

GÖNLÜNÜZDEN İSTEYİN, ODAKLANIN, SONUCA GÜVENİN.

KORKMAK HERŞEYİ İPTAL ETMEKTİR.

ESKİ DENEYİMLERE TEŞEKKÜR EDİN, ONLAR YİNE OLACAK ŞEKLİNDE DÜŞÜNMEYİN.

İNANDIĞIN KONUYU MIKNATIS GİBİ YAŞAMINIZA ÇEKEBİLİRSİNİZ.

ZİHİN VE KALP AYNI ENERJİDE OLMALI, İŞBİRLİĞİ YAPMALI.

RUHANİ YÖNÜNE İNAN, SIRLAR ORADA…

ACİZ VE AZ HİSSETTİĞİN AN, ALLAH'A YAKIN OLDUĞUNU UNUTMA.

KİMSEYİ, HİÇBİR SANA SUNULANI, ELİNE GEÇENİ, KENDİNİ KÜÇÜMSEME.

ACIYI FIRSATA DÖNÜŞTÜR.

MADDEYE BAĞLANMA.

HER DUA EN DOĞRU ZAMANDA YERİNİ BULACAK.

NASIL'LARA TAKILMA, SONUCU İMGELEMEYE DEVAM ET…

DÜNYA SENİN EVİN, İMTİHAN ALANIN, FIRSATLAR HER SABAH YENİDEN SANA ÇEKİLİR.

ŞU AN YAŞADIĞIN O OLUMSUZLUĞU DA Bİ ZAMANLAR SEN SEÇMİŞTİN.

MELEKLER HER YERDE, İÇİNİ RAHAT TUT, ONLAR IŞIK ELÇİLER…

SEVDİĞİN BİRŞEY GERÇEKLEŞİNCE, TEŞEKKÜR ET, SEN DE BİRİNİ SEVİNDİR.

İSTEDİĞİN OLMUYORSA, SANA BAŞKA GÜZEL PLANLAR VAR DEMEK Kİ…

BAŞKALARI ADINA DA MUTLU OLAMAZSAN, KITLIK BİLİNCİN GELİŞİR.

BAŞKALARINDAN KÖTÜ BAHSEDERSEN, SANA RUHSAL OLUMSUZ ENERJİ ÇEKİLİR.

BEDEL ÖDE, SORUMLULUK AL.

HER AN BİLGİ AL VE ÖĞREN.

BOŞA ZAMAN GEÇİRME, GEREKSİ İNSANLAR ENERJİNİ ÇALAR.

SABIRSIZ OLAN, GÜVENMEYENDİR VE KAYBEDENDİR.

BAŞKALARININ İYİLİĞİ İÇİN DE DUA ET…

SEN SINIRLISIN, DUALAR SINIRSIZ, HERŞEY ALLAH'TAN İSTENİR.

HER ZORLUK FIRSATTIR ASINDA…

7 TILSIMLI CÜMLE…

Allah'ın sınırsız çareleri var Allah'a sığınan umutsuz olamaz.

Zihin susarsa ruh neler yapar...

Kalbin temizse güçlüsün.

Maddeye takılırsan ilahi ışığı göremezsin...

İçten dua edebilen olumsuz kalamaz!

Tesadüf yok yaşadığın herşeyin ilahi sebepleri var...

Tevazu güçtür.

Yukarıdaki cümleleri mavi kalmele 7 farklı beyaz kağda yazın. Yatak odanızdaki duvarlara asın. Her gece uyumadan önce, onları okuyarak odanızda daire çizin. 21 gece devam edin. Dönüşümü başlatın.

Bu notları "melek günlüğünüze" de yazabilirsiniz, 21 gece sonundaki evrenden gelecek mesajları da...

Bu çalışma süresince gündüzleri her an içinizden tekrar edeceğiniz cümleler:

"Başkalarının iyiliğini istiyorum. Herşey benim hayrıma. İlahi düzen mükemmel. Melekler bana yardım ediyor. Gelişiyorum, evren beni destekliyor. Şükrediyorum, istiyorum, oluşturuyorum. Ben inanıyorum."

10. BÜYÜK SIR SENİN İÇİNDE

Dışarı bakan, azla yetinmiş olur. Büyük sır içimizdedir çünkü...

Düşünme şeklinizi değiştirdiğiniz anda, inanç sisteminizi onarmaya başladığınız anda, yaşamınıza etki edecek mucizeleri de davet etmiş olursunuz. Yaşam başlı başına bir mucizedir. Herşey mükemmel de olabilir, çöküşlerle dolu da. Bu konular tamamen bizim elimizde. İnanç dev farklar yaratır, kendini sevmeyen, yaşamı kucaklayamayan daima kaybeder. Sen değişmeye niyet ettiğinde enerjiler seninle işbirliği yapmak için hazırlanır. Tüm inanç sistemini onarabilirsiniz ve unutma sen buna değersin.

Bilinç ve bilinçaltında, tüm merak ettiklerin gizli. Seni bu iki güç yönetiyor, sorunlarını önce kabul et, onların sorumluluğunu al, bu tutum seni güçlü kılacak. İyi insanlar kötü yaşamlar sürebilir, bunun sebebi geçmişte kalmaları, içlerindeki büyük güç ile işbirliği yapmamaları ve bazen de bencil olmanın keyfini sürmemeleri. Beklemek ile asla sonuç gelmeyecektir, çalışmak ve anlamak lazım. Enerjileri kullanmak, evreni tanımak, dua etmek ve en önemlisi kesin olarak karar vermiş olmak gerekir.

Ağır hasta olan iki kişiden biri ölür, diğeri yaşar. Ana kader planı elbette ki var ama inanç yasasına göre iyileşeceğine "inanan" yaşar, kurtulur, aşar. İstemek bazen yokluk bilincidir, sadece istemeyin inanın. İNANIN. Çok çaba göstermek korkudur, korkma, sonuca güven. Birşeyi istemeye başladığın anda hemen ardından iptal etme, emin değilsen zamana bırak. Başarı tesadüf değildir, başaranlar "bilinçaltında" doğru kayıtları tutan ve inanmış olanlardır.

Senin tüm enerjin tanıştığın kişilere geçer, sendeki korkuları, acıları, negatifleri onlar sezgi yolu ile bilir, anlar, hisseder. Kendini arındır, arınmadan yeni ve doğru, ileriye yönelik sağlıklı ilişkiler kuramayabilirsin. Bilinçaltları arasında transferler olur, bilgi ve enerji geçişleri, senin onunla ilgili olumsuz düşünceni o aslında biliyor ve iletişim ilerlemiyorsa zaten ondan ilerlemiyor. Geçmişinde kalan kişilerden bağınız kopmuş olsa da, mutlaka "enerjiler yoluyla" özür dile, helallik al.

Korkaklar her şeyi kadere yükler, korkaklar hayal gücünü kullanmaz. Sen cesur ol ve risk al. Bir kişi bilinçaltında neye inanıyorsa yaşamı da tam olarak o şekilde belirlenecektir. İnsan mucizevi bir güçtür. Allah insanı diğer varlıklardan farklı yaratmıştır. Meleklerde olmayan özgür irade insanda vardır, insan bu güç ile doğar ama sonra bu gücünden uzaklaşır. Her kötülük yapışında, her zaaflı adımında, her karma borcu yarattığında, gücünü kendi azaltır. Nefs ile mücadele çok önemlidir. Kuran'da bize gereken tüm bilgiler vardır ama çözümleri dışarıda arayarak çoğumuz zaman kaybediyoruz.

İç güçlerini kullanmaya başlamalısın. İçe dön, sevmediğin kişilere "hayır" demeyi öğren, her şey mümkün, imkansız diye bir şey yok. Sonsuz özgürlük ve sevgi enerjisi bizlere içe dönmemiz sonucu gelir. Mucizeler yaşamlarımıza gelir, "istemeyi ve inanmayı" bilmek lazım. İddia ediyorum bu kitabı sadece okumayıp uygulamaları da yapan herkesin yaşamında kıpırdanmalar olacaktır. Sen değişirsin dünyan da değişir. Dünyandaki en değerli şey zaten sensin, bunu unutmuş olabilirsin. Şimdi bu kitap seni yeniden uyandırıyor. Sınır koyma artık, ben yapamam deme, sen çok büyüksün.

Dilekler o zaman neden gerçek olmuyor... Sen dilerken kalbin gerçekten buna inanıyor mu? Yoksa sadece isteme enerjisinde mi kalıyorsun... Dilek dilerken "oldu" bilmek önemlidir. İnanmak, sonuca güvenmektir, hala içinde şüphe varsa yanlış yoldasın. Senin bilinçaltın o dileğine gerçekten karşılık verirse, işbirliği yaparsa sonuç elde edilir. O nedenle ilk önce, bilinçaltını tanı, yüzleş, arın. Enerji yasalarının başında, inanç gelir. Bilinçaltı ve oradaki kayıtlar, anılar, dışarıdaki yaşamınızı yönetir, yansıtır, yani konu tamamen sizinle ilgili. İyi ve kötüyü ayrıştıramayan bilinçaltı verilen kaydı, komutu kabul eder, uygulamaya koyar. "İstedim, diledim, olmadı" durumundaysanız, sorun tamamen bilinçaltınızda, çözüm de. Dünyanızı değiştirmek isterseniz işe bilinçaltınız, inançlarınız ile başlayın.

Sık tekrarlananlar gerçeğimiz olur. Neyi tekrarladığınıza çok dikkat edin. Sorunu tekrar etmek sorunu yeniden yaşatmak, sorunu büyütmek, yaşamda daha çok yer vermektir. Dış dünya, dış etkiler yaşamınızda sandığınız kadar etkili değil, onlar da sizinle ilgili, çekim gücünüzle ilgili. İçeride ne varsa dışarıda da o oluyor. Koşullar ve şartlar dışarıda ne olursa olsun, bilinçaltınızdaki kayıt size gereken yolu açar ve o dileğin bir şekilde olması için gerekeni yapar. Alışkanlıklar, istekler, korkular, değerler değişebilir, yaşam körü körüne yaşanamayacak kadar değerli. Güçlü ve mıknatıs etkisini iyi bilen kişiler, her zaman "olumsuz konuşan ve düşünenlere" kapalıdırlar, onlara gülerler, geçip işlerine bakarlar. Başkası senin üzerinde senden etkili olamaz. Bunu unutma, etki kuruyorsa buna da yine sen izin vermişsindir.

Aslında bir güç kazanmaya çalışmanız da gerekmiyor tam olarak. Güç içinizde onunla beraber doğdunuz, onu tekrar yaşamınıza katmak da aynı şekilde elinizde. Bilinçaltınızda her sorunun cevabı var, çözüm önerileri bile var hatta... Bilinçaltı bilge gibidir, gece uyku öncesi soruyu sorun, o cevap için bir süre içinde size semboller veya işaretler yollar yaşamınızın içinde. Farkında olmak çok önemlidir, çoğu kişi farkında olmadan "öğretilmiş olan her şeyi gerçek sanarak" yanlış bir yaşamı deneyimler. Sadece istediklerinizin olabileceği bir dünyaya ne dersiniz? Fantezi değil ki bu gerçek... İşleyişi ve enerji yasalarını doğru kullananlar bunu yapabilir, dünyayı yöneten insanlar da zaten bunu keşfetmiş olanlar. Bilinçaltınızı yeniden yapılandırabilirseniz, adınıza büyük bir dönüşüm başlatırsınız. İnanılanın doğru veya yanlış olması ile bilinçaltı ilgilenmez, orada ne saklı ise o yaşanır. Alışageldiğiniz kaderiniz olmak zorunda değil, "değiştirilebilir" her şeyi değiştirmeyi deneyin.

Olumsuz düşünen kişilerden uzaklaşmak kadar büyük bir keyif yoktur. Onlara katlanmak ve onların olumsuz enerjilerini sürekli yük gibi taşımak zorunda değilsiniz. Ayıp olmaz, "hayır" deyin, "gelmiyorum" deyin, "yeter" deyin, gerekiyorsa çekip gidin. Onlara ayıp oluyor da size kendinize tekamülünüze ayıp olmuyor mu?.. Olumsuz düşünürken kendinizi yakalayın, iptal edin, cümleyi bir sevgi sözcüğü ile tamamlayın. Olumsuzu her olumluya çevirdiğinizde, enerjiniz yükselir. Geceleri uyku öncesi pozitif düşünce ve imgeleme yolu ile kendinizi programlayın.

OLUMLAMA: Ben güvendeyim, mutluyum, herşeye şükürler olsun.

OLUMLAMA: İsteniyor ve tercih ediliyorum. Yaşamım mükemmel.

UNUTMA!

BİLİNÇALTIN SANA HER ZAMAN YANIT VERİR.

BİLİNÇALTI SORULARINI DUYUYOR, CEVAP YAŞAMIN İÇİNDE BİR YERDE GİZLİ OLACAK.

BU SENİN HAYATIN; DOĞRU KOMUTU VER BİLİNÇALTIN YAŞAMINI ONARSIN.

HER OLUMSUZ DÜŞÜNDÜĞÜNDE BU DA KOMUT SAYILIR!

İNAN OLSUN, BİLİNÇALTINI İŞBİRLİĞİ İÇİN İKNA ET.

KALBEN ÇOK İSTE, SAMİMİ OL, GEREKİYORSA ADIM AT, İLHAM AL…

Bilinçaltın önce kabul eder, sonra o fikri işler, sonra da yürürlüğe koyar. İyi ve kötüyü aynı gören bilinçaltın, senin tarafından yönetilir. Fikri kabul ettirirsen, yaşamın değişir, sarmaldan çıkarsın. Senin dünyanı yöneten enerji orası çünkü. Kabul gördüğü anda bir fikir senin bilinçaltında, işleyiş başlar. Sadakat üzerine kurulu bu ilişkide, bilinçaltı verdiğin komutları emir olarak görüyor. Seninle tartışmayı tercih etmeyen bilinçaltı, değersiz görüyorsan kendini sana kötü davrananları mıknatıs gibi yaşamına çeker. Sen "yaşamımı ben yönetirim" inancını oraya aşılayabilirsen, seni kral gibi yaşatır. Geçmişte ne olduysa oldu. Sen şimdi önüne bak.

Astroloji veya isim analizi gibi çalışmalar ki biz bunları da yapıyoruz, bilgi verir sadece. Aşk koçluğu çalışmamız da manevi olarak ilişkilerde sizi güçlü kılabilir, farkındalık yaratabilir. Tılsımlarımız da yaşamlarınızda bazı tıkanmış enerjileri aktif hale getirebilir... Gerçek farkındalık, anlama, yön verme ise tamamen "bilinçaltı" yani bilincinde olmadığımız biz ile ilgili. HERŞEY SENİN İÇİNDE öğretisini savunan tüm koçluk, spiritüel, mistik vb.. akımların aslında size bahsetmek istediği konu bilinçaltıdır, tekrar eden sorun veya değişmesini istediğiniz asıl enerji bilinç değil bilinçaltındadır çünkü... Dünyadaki en büyük acizlik bu noktada dış dünyayı ve başkalarını suçlamak olacaktır, senden güçlüsü yok, herşey elinde, tekniği bilir ve kullanırsan, sebep-sonuçları anlarsan, yaşamın parıldar.

BİLİNÇALTI VE SIRLARI:

Dünyanın evrenin heryeri ile bağlantıdadır...

Başkalarının düşüncelerini okur.

Dileklerin nasıl gerçek olacağını bilir.

Bu dünyaya göre yanlış da olsa, o verilen bilgiyi onaylar, doğruymuş gibi yaşatır.

Sezgi yolu ile mucizeler yaşatır.

Dev bir depo gibidir, orada herşey bulunur.

Gizli şeyleri de aslında bilir.

Telkine açıktır.

Kehanet yapabilir.

Telkinin sadece yapılmış olması bilinçaltı işleyişinde yeterli değildir. KABUL de edilmiş onaylanmış olması gerekir, sonra zaten bunu yaşamınızda görürsünüz. Plan yapın, komutu bulun, uykudan önce yerleştirin, inan ve bekle. Bilinçaltın sana aslında sınırsız bir gücü de sunuyor.

Size olumsuz telkin yapan herkese HAYIR demeyi öğrenin. Gerekiyorsa bencil olun.

OLUMSUZ TELKİNLER (İNANDIĞINIZDA YAŞAMINIZI BLOKE EDERLER):

Artık koca bulamam, 50 yaşına geldim.

Benden geçti, ben artık çok para kazanamam.

Çok kilo aldım, eski kilom artık çok uzaklarda.

Ben hep şanssızdım, bu saatten sonra kader bana gülmez.

Beni yine aldatacak, insanlar değişmez.

Kanser çok yayıldı, bizim aileye de gelebilir.

İnsanlar kötüleşti, kimseye güven olmuyor.

Kendinizi olumsuz düşünürken bulduğunuzda "iptal" edin.

Boyun eğmeyin, evet dünyada epey kötü şey oluyor ama öte yandan çok iyi şeyler de yaşanıyor. Siz iyi tarafta kalın. Bir fikir size geldiğinde onu kabul etmek zorunda değilsiniz, dinleyin geçin, hatta mümkünse dinlemeyin. Yaşamımızın çoğu başka insanların istediği gibi geçmesin, dünya fırsatlar ve şans ile dolu, her "hayır" diyebildiğinde yaşam sana çuval dolusu yenilik mutluluk sunar. Boyun eğen yine eğer. Dik dur.

Başkalarının olumsuz telkini aslında siz izin vermezseniz, yaşamınızı yönetmez.

Onayladığınız anda enerji sizi yönetmeye başlar. Telkine fazla açık kişi, başkaları tarafından yönetilir. Telkin edilen şeyi siz doğru veya mantıklı, geçerli, sempatik bulursanız, bilinçaltına gönderirseniz komut alınır. O telkin sizi yönetir. Bu bağlamda, olumlu telkin dünyadaki en büyük güçtür. O nedenle olumlama çalışmak güzeldir, arındıktan sonra ise daha da güzeldir. Olumsuz telkin geldiğinde bilinçaltı bunu ayıramaz, siz ayıracaksınız. Unutmayın ki aslında sizi olumsuz kod'layan kişilere de siz izin veriyorsunuz, onlar da bir tür "aynalık" etme görevi için size geldiler ve size dair birşeyi yansıtıyorlar. Yani herşey sizden yansır, size gelir, siz.

UYGULAMA

Kendi sesinizle bu cümleleri kayıt yapın ve 21 gece uyumadan önce yatağın içinde dinleyin:

"Ben çok mutluyum. Yaşıyorum ve bunun değerini biliyorum. Her olumlu değişimi yapabilecek güç benim içimde. Bilge olan bilinçaltım bana her sorum için cevap verir. Sınırsız güç ve Büyük Ortak Zeka ile ben hep işbirliği içindeyim. Güzellik ve bereket kapımı çalıyor. Beni yaşamın tüm parıltısı donatıyor. Hep doğru karar veriyorum. İstediklerim gerçekleşiyor. Şans içindeyim. Seviyorum seviliyorum, herşeyin en iyisine layık olmak çok özel bir duygu. "

Son derece bilge ve büyük olan bilinçaltı, yani bilinçaltınızdaki siz, aslında merak ettiğiniz tüm soruların cevabını bilir, uyku öncesi "bilme ve anlama" idrak konusu ile ilgili onunla çalışabilirsiniz. En iyi yanı bilinçaltının, sizinle asla münakaşa yapmayacak olmasıdır. Oraya gireceğiniz herhangi bir telkini kabul eder, alır, size yaşatır.

OLUMLAMA:

Sınırsız bir güç ile işbirliği içindeyim. Ben güçlüyüm. İstediklerim olur. İçimde olanlar ve gerçek öz enerjim dış dünyama ve yaşadıklarıma yansır. Muhteşem bir planın parçasıyım. Herşey olması gerektiği gibi.

Bilinçaltım tüm cevapları bilir ve bana mükemmel şekilde hizmet eder. Bana daima istediklerimi sunar. En doğru çözümler bana sunulur. Gerçekten inandıklarımın benim olabileceğini bilmek muhteşem.

Sizin yaşamınızda sahip olduğunuz en büyük güç **bilinçaltıdır**. Tüm sorunları burada çözmek gerekliliğini anlıyor olmanız gerekir. Sadece olumlama yapmak, olumlu düşünmek, ritüel ve bilinç düzeyinde çalışma yapmak yetersiz kalır. Bana göre din, dine uygun yaşamak, karma ve enerji yasalarına uygun yol almak, tüm bunları arınmış ve doğru işleyen bir bilinçaltı ile yapabilmek bir insanı ve onun yaşamını yeniden mükemmelce formatlayabilir. Bilinçaltı her an kayıt altında olabilir, biz uyuruz, o uyumaz. İçinizde büyük bir güç varken herşeyi kadere yüklemek, kendi gücünüzü yok saymak, yaşamı ve sonuçları küçümsemek olacaktır. Kendinizi sınırlamayın, evren sınır koymaz, biz koyarız. Allah insanı muhteşem bir varlık olarak yarattı ama insan "özgür iradesini" yanlış kullanarak bu muhteşem enerjisini yanlış veya boşa harcayabiliyor.

Mucizelerin kaynağı bilinçaltıdır.

Doğarken ortak bilgi havuzu "kolektif bilinç/altı"ndan beslenerek doğarız. Dünyanın geçmişi, yaşanmış olanların özeti, tüm kadim bilgilerle doğarız. Bu büyük güce sarılır, felsefeyi doğru anlarsanız, herşeyi dönüştürebilirsiniz. İçeride ne varsa o olur dışarıda da, insanlar size kötü davranmaz siz kendinize kötü davranırsınız. Patron size acımasız değildir, siz onun sert biri olabileceğini kod'ladınız. Her elinizi attığınız kurumaz, sizin bilinçaltınızdaki kıtlık kaydı sizi yönetir. Değişimi istemeyen, geçmişte kalır. Dönüşüme hazır olan, karar verir, "ne olduysa oldu" der ve bu ana inanır. Herşey mükemmel olur ve öyle de oldu.

Bilinçaltı ilettiğiniz her fikri tartışmadan kabul eder.

Yansıma yasası: iletilen onaylanır, size geri yansır.

İçeride olanlar dışarıda sizi bulur, bir şey olmuş ve yaşanmışsa sizinle ilgili.

Ana kader planı var ama sizin elinizdekiler de küçümsenemez.

Sınırsız zeka bilinçaltıdır.

Doğru ve yaratıcı düşünmek sizin mucizenizi başlatır.

Olumlu ve muhteşem doğarız, zamanla enerjimiz kirlenir ama yeniden dönüştürülebilir de…

Öfke, korku, kin, kıskançlık sizi geri götürür.

Bilinçaltınız bedeninizi bile şekillendirebilir, içte olan enerji fiziksel size yansımıştır çünkü…

Bilinçaltı komutlarını tekrar etmek ve yüksek sesle söylemek daha çok yardımcı olur.

İnanç iyileştirir.

Bilinçaltındaki dönüşüm hastalıkları da olumlu etkiler.

Sınır koymadan da yeni kayıt yapılabilir bilinçaltına.

Baskın, güçlü, keskin, kesin komutlar verin bilinçaltına.

Emin olmadan yapılan enerji çalışmasında sonuç olmayabilir.

Bilinçaltınız ile konuşun, konuşurken dingin ve serbest enerjide olmaya bakın.

Hayal kurun, imgeleme ve canlandırma size mükemmel kapılar açar.

Olmak istediğiniz kişi olduğunuzu canlandırın.

Arzu çok büyükse ve inanç varsa, hayal kırıklığı olmaz.

Beklentiniz mükemmel sonuca yönelik olsun.

Güç içinde ne düşünürseniz, siz o olursunuz.

İyi düşünen daha çok iyi gelişmeyi kendine çeker, kesin bilgi.

Doğru ve güçlü telkin bir yaşamı baştan yaratabilir.

Yürekten iste, inan, odaklan, bunun gerçekleşmesi için başka insanları da sevindir (bağış yap) ve Allah'a bırak sonunu. Bütünün herkesin, her şeyin hayrına olan seni bulacak. Unutma.

ÇÖZÜMSÜZ SORUN YOKTUR, SADECE ÇÖZÜM BAŞKA YERDE HATTA HİÇ BAKILMAMIŞ YERDE OLABİLİR.

Sonuç alacağınıza inanırsanız o sonucu alırsınız.

Çoğu kişi ister ama inanmaz, kendini layık bulmaz. Dilek tutmak terapi yapmak gibidir, o an elinizde gerçekleşecek bir veri olmasa da dilek tutun. Tutun ki şansınız devam etsin. Bir an bile "ya olmazsa" dendiği anda, enerji düşer. Kayıtsız şartsız inanç teslimiyeti çok önemlidir. Bazen tarz, yöntem ve içerikler değişir. Sana iyi gelen kesin olarak senin için iyidir, kimseyi takmayın!

İçinde inanç ve umut olan her şey doğrudur. Düşünme şekliniz "mış" gibi yapmak değil ama gerçekten değişirse yaşamınız değişir. Herkesin yolu, tekamülü başka ve farklıdır ama herkes bu tekniği uygulayarak değişir. Herkese sorsanız değişimi gerçekten istediğini söyler ama gerçekte, acıları, dertleri, sorunları arkadaş gibi tanıdık gibi görenlerin sayısı çok fazladır. Değişimden korkar veya değişimi uzak görürseniz, enerji sizin yaşam alanınıza geçiş yapamaz.

Evrensel bilinçaltındaki büyük güç ve enerji ile işbirliği yapabilecekken, evde oturup tavana bakıp adamın sizi neden aramadığına "odaklanmak" yeni sorunları ve adamın yine yeniden aramamasını davet eder. Geçmişten bugüne yaşamış olduğunuz olumsuz anıları tekrar tekrar canlandırmak sadece kendinizi ve enerjinizi sabote etmektir. İyi, saf yani mükemmel kalın. Her gün kendinize yalnız kalacağınız ve medite halde olabileceğiniz alanlar yaratın. Uyku öncesi faydalı düşüncelere odaklanın, alfa frekansını doğru kullanın. Böylece uyku anında da doğru eneri ve komut devam edecek.

Güç tekrar eden düşüncededir, korku ve isteklerdedir. İptal etmenin gücüne de inanın. Olumsuz düşünce ve korkular elbette ki yaşamınızda sizi köşeye sıkıştırmak isteyecek, o an'larda iptal etmek, bağı kesmek, olumsuzu olumluya dönüştürmek çok önemli olacaktır. İstenen sona odaklanın, "gerçekliğini hissedin" tüm detayları ile; renkler, kokular, sesler, detaylar... "Oldu" bildiğiniz an'da hatta gözünüzden yaş bile gelebilir. Ruh o kadar o an'ı seçer, sever, kabul eder çünkü. Bu onaydır!

HAYAL ETMEYE DEVAM ET. HAYAL ETMEYEN İNSAN KORKAKTIR...

Bilinç ve bilinçaltı arasındaki ileti, alış-veriş hayal gücü sayesinde olabilmektedir. Zaten her şey önce hayaldir sonra gerçek olur. Bir hayal ortaya koyun ama bunu projelendirin. Bir hayal panonuz da olsun. Üzerine mutluluk ve iyi niyet serpin. Resmin içine girin, detayları not alın. Şüphe katmayın. Kendinizi durdurmayın, devamlılık gösterin. İçinizden gelmeyen anlarda ise mecburmuş gibi hissetmeyin. Ara verin, başka şeylerle de ilgilenin. Sonra tekrar geri dönün. Bilinçaltı projenize inandığı ve konuyu onayladığı anda, bunu gerçekleşmesi ile ilgili mekan, kişi ve enerjileri size gönderecek.

ENGELİ DÜŞÜNDÜKÇE; YENİ BAŞKA BİR ENGELİ DAVET EDERSİNİZ.

ZORLULARI TEKRAR TEKRAR İMGELEMEK, ALTINI ÇİZMEK, OLUMSUZ ENERJİYE YENİDEN YAŞAMDA YER VERMEKTİR.

"Hayatımda şu anda koşullar ne olursa olsun, bu an'ın içinde kendime ve enerjilere odaklanarak, daha iyi bir yaşam inşa edebileceğime kesin olarak inanmak bana güç katıyor" tekrarlayın...

YAPABİLİRSİN, YOLU TAKİP ET:

İmgeleme yapmak sonucu kuvvetli kılar.

İstediğiniz şeyin bir resmi, görseli olsun.

Sonuca itimat edin.

Hayal gerçeğe dönüşmek için sadece kapının açılmasını bekler, hayal güçlüdür.

İmgenize odaklanın, sadakat gösterin, devamlılık olsun.

Gerçekten varmış gibi yapabilme noktasına gelin.

İşi rutine taşıyın; ger gece uyku öncesi 10 dk ritüeliniz olsun çalışmanız…

Öyleymiş gibi yapmayı sürdürürsen, resmin içine girersin, gün gelir öyle olur.

Fazla çaba, korku kaynaklıdır. Korkma, dinginlik içinde çalış.

En sakin ve serbest halin, en dönüşüme yaklşatığın andır. Herşeyden uzaklaş tek sen kal o an'da.

O görseli, imgeyi bilinçaltına yerleştir.

Belirli ve net kelimeleri seç, kesin ve güzel ifadeler olsun, söylemeyi tekrar etmeyi unutma.

Bedenini gevşet, sevgi enerjisinde kal, uyku hali gibi olsun…

Bilinça uyku hali öncesi geri çekilir, senin çalışma ve kayıt an'ın başlar.

Teşekkür etmek ve şükür enerjisinde kalmak kilitli kapıların açılmasında destektir. Kötü bir şey olduğu anda "bu bir yaşam dersi, bu olaya çok teşekkür ediyorum" deyin ve geçin. Bağı kesin, orada kalmayın. Evrenin büyük yaratıcı gücü hep daha büyük şans ve fırsatlar sunmak için sizi bekliyor.

Dileğin olunca teşekkür et ama olmadan da yap bunu… Farkı göreceksin, sözcüklerin büyük bir gücü vardır, gerçekçi ve etkili sözcükler kullanın tekrar ederken. Sözcüklerin içi boş olmasın, arzu ettiğiniz sonucu tam olarak ortaya koysun.

"Dileğimin gücüne inanıyorum, ben sevgiyim. İsterim ve olur, bilinçaltım biliyorum ki bana itaat ediyor. Şu anda çok

rahatım, mutluyum ve huzur içindeyim. Tüm bedenimin gevşemesine izin veriyorum. Her bir hücrem bana ait herşey, her zerre ve enerji şimdi dönüşüme hazır. Daha iyi ve başarılı olmayı seçiyorum, daha çok bereket ve sevgi bana doğru çekiliyor. Olumsuzu olumluya çevirmek için mükemmel bir zamandayım. Bilinçaltım artık ihtiyacım olmayan tüm kayıtları serbest bırakırken benim ihtiyacım olanı inşa etmem için fırsatlar sunuyor. Güzel bir derenin içine tüm gitmesi gerekenleri şimdi bıraktım, bütünle bir oldum, an'ın tadına varıyorum. Yaşamım tüm zerreleri ile güzelleşiyor..."

OLUMLAMA yapmak "**öyle olduğunu kabul etmektir**". Onaylanmış fikirlerimiz hayata geçer ve bize hizmet eder. Bilinçaltı fikri alırsa, dış etkenler ve tüm diğer karşıt koşullara rağmen kayıt çalışmaya ve sonuçları yaşamınızda görülmeye başlar.

BİRŞEYİ "İSTEMİYORUM" DERKEN BİLE ONUN OLUMSUZ VARLIĞININ ALTINI ÇİZİYORSUNUZ, ONU OLUMSUZLUKLA ÇAĞIRIYORSUNUZ. SADECE OLUMLU OLANA, SONUCA, GERÇEK ARZUYA ODAKLANIN. BU DAHA ETKİLİ BİR SON SUNAR SİZE.

"ALLAH benim vekilimdir.

Ben güce ve değişime kesin olarak inanıyorum.

Mükemmel bir hayatı seçiyorum ve buna layık olduğumu biliyorum.

Sınırsız güç ve sevgi bana ışık oluyor şu an'da.

Şimdi bu ışığın içinde olan ben spiritüel ve eşsiz bır yolculuğu deneyimliyorum.

Çok şansşıyım, yaşamımı daha iyi hale getirebilecek tüm vasıflara zaten sahibim.

Hayat yolculuğunda, herşey mükemmel. Ben mükemmelim."

Meditasyon esnasında, yukarıdaki sözcüklerden de yararlanabilirsiniz.

Hayatta herşey olması gerektiği gibidir, geç oluyorsa size göre bir şey, o da aslında gizli bir biçimde mükemmel zamanda oluyordur. Daha çok beklemek bazen bizi olgun yapar, bazı şeylerin bazen kötü gitmesi bizi güçlendirir, istediklerimizin olmamasına artık üzülmemeye başladığımız zaman, daha çok isteklerimiz yaşalarımızı sarar. Size kötülük yapan birine karşılık vermek kötülüğün altını çizer ve kötülük enerjisine yaşamınızda alan tanır. Bunu yapmayın. O kötü ise bu onun sorunu, o kötü ve kötülük ile kendini bu şekilde ifade ediyor. Siz kötü değilsiniz ve enerjinizi seviyorsunuz. Kötülere dua edin, bağı kesin, enerjiyi gönderin. O sizin için bir imtihan, siz de onun imtihanı oldunuz. Bir olay geliştiğinde sadece neden yaşandığını bulun, yaşam dersini alıp geçin. En etkili yöntem Allah'a havale etmektir. Allah zaten en doğrusunu biliyor, biz bilemeyebiliriz. Enerjin sana lazım, enerjin kötüler için kullanamayacağın kadar değerli. Bir konuyu tamamen Allah'a havale etmek özgürleşmektir.

Uyku öncesi blinçaltınıza görev verin, bunu bir süre içinde severek gerçeğe dönüştürecektir. "Bana güzel bir proje bul" derseniz bir süre sonra güzel bir yeni fikrin sizi bulması için enerjiler harekete geçecektir. Yaşamınızı elbette ki yeniden inşa edebilirsiniz. Dönüşüm başlamadıysa, denediğiniz halde olmuyorsa bilinçaltı telkini henüz alamamış demektir. Doğru teknik ile yol almak ve doğru an'da olmak önemlidir. "Şu anda param yok ki ev istersem bu nasıl olacak!" demek korkudur, enerjiyi tekrar aşağıya indirir. Siz sonuca odaklanın, o dileğin isteğin gerçekleşmesi için gerekecek şartlar zaten vereceğiniz komut ile sizi bulacak. Buna inanıyor olmalısınız, inanmıyorsanız, önce "inanç" konusu üzerinde yoğunlaşın.

Fazla çaba korkanlar içindir. Sonuca güvenmeyen çok uğraşır, olayı çok zor veya uzak gibi görür ve sonuç zaten gelmez. Duygu, arzu, inanç ve bilinçaltı arasında yapılacak mükemmel anlaşma sizi mutlu sona taşır. Her biri diğerini tetikler. Mükemmel uyum ve etkileşim sizi sonuca taşır, bilinçte istenen ile bilinçaltındaki kod'lar farklıysa sonuç tabi ki gerçekleşmeyebilir. Herşey bir bütün.

Hayal gücü sizin en büyük aracınız; siz hayal ettiğiniz kişi olabilirsiniz. Hayal edin, oldu bilin, kapıları açın. Zenginlik, aşk, bereket, başarı sizin elinizde, olmuyorsa da sizinle ilgili. Seçimler ve inançlar yaşamlarımıza yön verir. İçinizde büyük bir kaynak var sadece onu nasıl kullanacağınızı iyi bilmeniz gerekir, bilinçaltında zengin, ünlü veya aşık olacağına inanan bunu yaşamında deneyimler. Bilinçaltınıza yatırım yapın ve geliri toplayın. Evet bu kadar basit. Sıradan bir söz bilinçaltına işlemez, gerçekten inanılan fikirler ise orada kabul görür. Sözylediğin olumlu söz neden gerçek olmuyor o halde... Çünkü bunu söyledikten kısa bir süre sonra, iptal ediyor veya olmaması için ego'yu devreye alıyorsunuz. Başkalarını kıskanırsanız, onların sahip oldukları size gelmez. Kıtlık bilinci yaratmış olursunuz. Bilinçaltı katlayarak geri dönüş verir, sunduğunuz komutları sever ve elinden geleni fazlası ile elinden geleni yapar. Siz de sınırsız olun. Kıskanma, eleştiri, karalama enerjiyi bloke eder, size gelmesi gereken hızla sizden uzaklaşır. Düşünce ve istekleri kontrol etmek bu anlamda çok mühimdir.

Küçükken sizi yetiştiren kişiler sizi azla yetinme, değersizlik, isteyememe, layık görememe, alamama frekansına ayarladıysa, bugünkü siz hala bunların esintisi ile yaşıyor olabilir. Çocukluk kayıtlarımız çok mühimdir. O nedenle dönüşüm çalışmaları "geçmişi" önemser, geçmiş kaçmamız için değildir, yüzleşmemiz içindir.

PARA ÇALIŞMASI

Sol avucunuza bir demir para koyun ve şükür enerjisine geçin. O paraya şu anda sizinle olduğu için teşekkür edin. Geçmişten bu an'ınıza kadar size bereketi ve bolluğu sunmuş olan anılara gidin, her birini tekrar tekrar imgeleyin canlandırın ve şükredin. Avucunuzu sıkıca kapatın, enerjiyi hissedin. Ardından gözlerinizi kapatıp kendinizi bereketin rengi "altın sarısı" bir ışık topunun içinde imgeleyin. Yüksek sesle söylemeye başlayın: "Parayı seviyorum ve onu yaşamımda kabul ediyorum. Herşeyin içinde sevgi enerjisi vardır, ben de paranın bereketin içindeki sevgi enerjisinin şimdi ve tüm zamanlara doğru yaşamıma akmasına izin veriyorum. Parayı kontrol etmeme gerek kalmadan doğru yollar ve hayırlı niyetlerle para bana geliyor. Ben aldıkça daha çok vermeye de niyet ediyorum. Paramı paylaşmam bana mutluluk veriyor ve bereketimi de artırıyor. Zihnim şimdi zenginliğe inanıyor ve onu kabul ediyor, büyük bir bereket enerjisinin içindeyim. Parayı en güzel amaçlar için kullanıyorum." Bu çalışmayı tekrar etmek çok önemlidir, sabah uyanır uyanmaz yapabilirsiniz. Çalışmada kullandığınız parayı o gün harcayın ya da bağış yapın.

Eleştiri kaybettirir ayrıca bu şekilde başkalarının karma'sına da girmiş oluyorsunuz. Arzu ettiğiniz sonuçları ne kadar net imgeler ve mutlu sona kendinizi ne kadar inandırırsanız, o kadar net yol alırsınız. Unutmayın; birşeyin iyi mi kötü mü olduğunu kişi inançları ile belirler. Kötü olarak düşünürseniz aşkı, parayı veya başarıyı bunlar size çekilemez. Kod ve inançlarınızı gözden geçirin ve yaşamınızı dönüştürmeye niyet edin. Etki-tepki yasası: uzaktan "şu kişi beni sevmiyor" diye geçirdiğinizde veya "işyerine gelen filanca ayağımı kaydıracak" dediğinizde bunu gerçek kılmak adına kendinizi sabote ediyorsunuz. Birşeyi sevip sevmediğinizi iyice netleştirin. Sevdiğiniz şeyler daha rahat size çekilir, sevgi dünyadaki en hızlı ilerleyen en saf enerjilerdir. Birçok insan istediği şeyleri yaşamına çekememekten yakınır; bunun sebebi gerçekten istememeleri, istediklerini sanmaları. Sizi aldatan kişiye artık içten içe çok tepkili olup bilinçaltınızda bu insanı yaşamınıza çekemeyecek kodlara sahipseniz, o kişi size gelmez. Bu noktada "istedim olmadı" inancı yanlıştır çünkü artık içiniz GERÇEKTEN onu istemez. Bazen sektör değişimi için iç dünyamız hazırdır, sürekli iş görüşmeleri yaparız ama eski iş konumuzla ilgili, o vakit tabi ki iş bulamayabiliriz. İç dünyada bilinç-bilinçaltı hem fikir olmalı, işbirliği yaşanmalı. Bilinçaltınızın sınırsız zekası size doğru yolu sunar, bilinçaltı "sezgi" yolu ile sizinle irtibatta olacak ona güvenin. Özellikle de yaşam amacınız ya da şu an'da belirlediğiniz hedef sadece size değil, başkalarına da faydalı ise veya insanlığa bir hayrı varsa, sonuç ve etki çok daha mükemmel olur. Bilinçaltının mucizeler yaratacak bir gücü vardır, bunu bilmek, bunu kabul etmek ve inanmak size de arzu ettiğiniz yaşamı sunabilir. Beklemeniz ya da fazla çaba göstermeniz gerekmiyor, iş bilinçaltında bitiyor. İmgelemeler bir süre sonra gerçeğiniz olur...

Her zorluk ve sıkıntı anında, şükredin ve imgelemeye başlayın. İtmiş olmuş gibi yapın, zamanla olacak buna inanın, bu fikri benimseyin. Sessiz, pasif ve dingin anlarınızda çalışmayı tekrarlayın. Gevşeyin en hareketsiz anınızda start verin. Bilinçaltınıza bir fikri veya imgeyi ilettiğiniz "zaman dilimi" önemlidir. Kesin ve keskin olun, karışık mesajlar göndermeyin.

SEN NEYİ ARASAN, O DA SENİ ARAR. SENİ NEYİ SAF VE İÇTEN ÇOK İSTERSEN, O SANA GELMEK İÇİN CAN ATAR. SEN NE OLACAĞINA KARAR VEREBİLECEK GÜÇTESİN.

Doğru bilinçaltı teknikleri ile kişilerle irtibata da geçebilir hatta onları çağırabilir, yaşamınıza çekebilirsiniz. Uyku öncesi o kişiye mesajı gönderin, özellikle de çalışma anında onun 3. Göz noktasına da odaklanabilirsiniz. Hepimiz görünmeyen bağlarla birbirimize bağlıyız aslında. Sizin onunla ilgili ne düşündüğünüzü o biliyor, hissediyor. Özgür iradesi ile o da isterse sizinle iletişime geçer. Yeni birini de yaşamınıza çekmek sandığınızdan kolaydır aslında. Bilinçaltı çalışmalarınızda yine doğru komutu vermeniz gerekir "yeni bir ortak yaşamıma doğru çekiliyor, ruh eşimi artık yaşamımda kabul ediyorum, yakın ve sıcak bir yeni dostluk için hazırım". Bilinçaltının derin dalgaları bu iki kişiyi pek tabi ki birbirine çekecektir. Bilinçaltı zaman ve mekan ile sınırlı değildir, onunla etkili şekilde çalışarak cesaretle devam ederek mucizevi sonuçlar alacaksınız. Bilinçaltı çalışmaları elbette ki bir günde sonuç vermez, süreklilik önemli. Regresyon- geçmiş yaşam şifasında konu hakkında çalışabiliyoruz kişilerle, aynı sorunun çözümü için de tekrar girilebilir. Her çalışmada farklı bir konu veya soruna da odaklanabilir danışan. Bazen gerekli tüm anıların temizlendiğini zannederken siz, zamanla çalışma anında bambaşka anılarla karşılaşılabiliyor...

BİLİNÇALTI DÜNYADAKİ TÜM BİLGİLERE SAHİP. İNSANLIK TARİHİNİN ANILARI, ESKİ SIRLAR, BİLGELİĞİN ENERJİSİ ASLINDA BİLİNÇALTINDA...

Geçmiş bugününüz olabilir, o nedenle geçmişinizi bilin. Bugün yaşanan sorunun kaynağı geçmişle ilgili, bu yaşamınızdaki geçmiş de olabilir, sizden önceki geçmiş de...

Hayal gücünüzü doğru kullanarak bir dahi bile olabilirsiniz. Gelmiş geçmiş en büyük ve ünlü isimler hep zamanında "hayal" kurmuş ve imgeleme tekniğinde en ileri seviyelere varabilmiş kişilerdir. Marilyn Monroe, en umutsuz zamanlarında o yılların ünlülerinin resimlerini kesip biriktirip onlarla bir gün "kesin" olarak tanışacağına inanıyordu. Bu muhteşem ve çok basit olan tekniği siz de kullanın. Gerçek ve bize sonuç verecek düşünce "korkudan" bağımsızdır.

Dingin kal ve odaklan.

Gevşe, doğru an'ı bekle...

Sorunun çözümü için enerjini aktif kıl.

Muhteşem ve mucizevi sonuca inanın, oldu bilin, güven ve şükür enerjisinde kalın.

Resmin iyice içine girin.

Uykuya dalın...

Sabah içinizde bir cevap ve yol haritası olacak, eğer olmazsa, gün içinde gelen bilgi ve işareti takip edin.

Bilinçaltına güven. Güvenirsen umduğundan çok mucize sana gelecek. Bazen en beklemediğin an'da da yapmış olduğun çalışmanın sonucu seni bulur. Rahat ol. En büyük cevaplar uyku anındaki özel enerjili an'da size iletilebilir, o nedenle bu kitapta yer verdiğim "melek mesajları" ve rüyalarda mesaj alma konusuna dikkat edin. Uyurken de bilinçaltı zaten devrede. Uyku sizi yeniler, spiritüel bir şarj olma süreci gibi de düşünülebilir.

YARIN SİZE NELER OLACAĞI, ŞU ANDA BİLİNÇALTINIZDA MEVCUT!

İdealinizdeki eş, iş, yaşam, başarı, şartlar size çekilir. Bunun yolu, sorunlara ve geçmişteki olumsuzluklara odaklanmamakla ilgili. **Çözümü bilinçaltına bırakın** ki bilinçaltı zaten çözümü biliyor ve sizin gibi sorunlara odaklanmıyor! Emir alan ve itaat eden bilinçaltı, tüm yaşamınızı değiştirecek mucizeleri size sunarken, siz da hala sorunlarınızı seviyor ve seçiyor olamazsınız değil mi?.. Hayat sizin en büyük şans ve mucizeniz.

Kalıpları kırmak ve değişmek sizin elinizde. Gerçek ve tam bir netlik hissi elde edene kadar çalışmaya, imgelemeye devam edin. Korku enerjisi olmadan imgelediklerimiz bizi bulur. Zihin ve onu destekleyen duygular işbirliği içinde olmalı. Kendinize ve başkalarına karşı dürüst olun. Fazla çaba göstermeyin, fazla çaba "olmayacak" inancındakiler içindir. Olacak çünkü elinizde!

Gün içinde olanları eğer olumsuzsa yaşananlar, gece uyku öncesine tekrar taşımayın. Bunları düşünmeyin; canlandırmayın, bırakın akıp gitsin. Hepsi yaşam dersiydi, hepsi bu. **Affedin, sevgi ve dualarınızı herkese ve kendinize gönderin. Huzur içinde uyuyun.**

Bu gün muhteşem bir gün. Bu günün tekrarı yok, değişime bu gün başlayın yarın değil. Bir amacı erteleme enerjisine sokarsanız, tekrar tekrar ertelenme riski büyür. Bilinmeyen bir geleceğe taşınır. Hemen an'da başlayın. En iyi zamanlama hep şu an'dır. Bu günü kutsayın, ilahi olanla işbirliği içinde kalın. **Her şey olması gerektiği gibi, her şey mükemmel ve hayrınıza.**

Siz bir mucize mıknatısısınız. İçinizdeki güç size hizmet ediyor. Mutluluğu seçen mutlu olur. Düzenli ve sistemli tekrar eden eylem ve düşünceler, "alışkanlıklar" bizi yönetir ama unutmayın: olumsuz olanların tamamı da değiştirilebilir. Yaşamınızı, bugününüzü düşünmüş olduklarınız yönetiyor ve şekillendiriyor. Önünüzde engel ya da sınır yok, onlar zihninizde. Bilgece bir değişim için şimdi hazır olma ve isteklilik gösterme zamanı. Mutluluk seçilir ve herhangi bir şarta bağlı değildir. Fakir ve kanser olan bir kişi çok zengin veya ünlü birinden daha mutlu olabilir. Bir şarta bağlanan mutluluk, o şart sağlandıktan sonra yine kaybolur. Siz tamamen mutlu olabilir, mutlu kalabilirsiniz, mutluluk frekansınıza kendinizi ayarlayın ve tutun bunu. İnsanların size enerjisi geçer, sizin de onlara. Size nasıl davranılmasını isterseniz siz de öyle davranın. Siz nasıl biri olmak isterseniz, bunu başarmış kişilerle zaman geçirin. Önce verin, verin ki alabilin. Düşünceniz yaratıcıdır.

Yaptığınız tüm iyilik ve kötülükler size dönecek. Yaptığınız her şey sadece kendinizedir!

Onu değil kendinizi kandırıyorsunuz çünkü karma borcu yaratıyorsunuz.

Ona yaptığınız haksızlık size ileride kıtlık enerjisini sunacak.

Kendini sevmek isteyen önce başkalarına sevgi sunar.

Suçluluk duygusu ve affedememe, yeni olumsuzluklar yaratır.

Karma kayıt altında "kandırabilme" diye bir şey yok yani...

SENİ KİMSE ÜZEMEZ, sen üzülmeyi seçersin kendini buna layık görürsün.

Sevgi sana fazlası ile geri dönecek, sev.

Empati kur; onları anla. Onlar karşına bir sebepten dolayı çıktı.

Kendinden ödün verdiğin an'da kaybetme enerjisi çalışır.

Senin rızan olmayan hiçbir sey senin yaşamını olumsuz etkileme gücüne sahip değil.

O kötüyse bu onun sorunu, seni seviyorsa yine onun sorunu SENİN DEĞİL.

KİMSEYİ SUÇLAMA, KOLAYA KAÇMA, KENDİNİ DEĞİŞTİR!

***O** SUÇU İŞLEYEN KİŞİ DE SENİN KARŞINA SENİN İMTİHANIN OLARAK ÇIKTI. Onu suçlama hatta ona teşekkür et, o kötülük yaparak kendi imtihanını geçemedi, sen ise ona ortak olamayacak kadar değerlisin.* Sen onu affet, affet ki enerjin sana kalsın. Affetmen o haklı olduğu için değil, onu tekrar sevmen için de değil, olayı unutman için de değil. Affetmen; oraya artık enerjini göndermemen için. Affet sen buna değersin. Enerjin sana lazım! Kendini seviyorsan onu affet. **Affetmek özgürleşmektir.**

Herşeyi bilerek doğarız, bilgi içimizdedir.

Herşeyle ve herkesle bağlantıda olan bilge bilinçaltımız tüm cevapları bilir, o herşeye sahip. İçe dön daraldıkça, sınırlandıkça, içinden çıkamadıkça, bilinçaltı sana mutlaka ışık tutacak. Herkes gücü dışarıda bir yerlerde arıyor, oysa ki güç senin içinde. Gerçek gücü ve hakimiyeti eline almaktan korkuyorsun sadece. O kadar güçlü olabileceğini bilmiyorsun, bilsen de bu seni korkutuyor. Kendine sınır çizerek daha güvende olduğunu sanıyorsun ve zihnin seni kısıtlamayı seviyor, ego'n sana engel oluyor.

Bilinçaltını bunlardan kurtarmalısın:

ÖFKE

YARGILAMA

PİŞMANLIK

GEÇMİŞTE KALMAK

İFADE EDEMEMEK

KÖTÜ MUAMELE GÖRMÜŞ OLMA

DEĞERSİZLİK HİSSİ

ALDATILMA

HAKSIZLIĞA UĞRAMIŞ OLMA

NEFRET

KİN

AŞAĞILIK

YETERLİ OLAMAMA

"Seni şimdi ve tüm zamanlara doğru affettim, bana kattıkların için teşekkür ettim, senin bana yaptığın benim yaşam dersimdi. Bunu kabul ediyorum, tüm zamanlara doğru bu olay ile bağımı kesiyorum." Diyerek bu sözcüklerinizi bir küçük balona yerleştirin. Bir beyaz barış kuşu bu balonu taşıyarak o ilgili kişiye ulaştırıyor. Son olarak kalbınızden çıkaracağınız pembe bir ışığı kuşa, balona, kişiye gönderin, yok olaba kadar onlar gönderin. Şimdi sevgi enerjisine geçin; geçmişe dair sevgi enerjisini çok net ve derin hissettiğiniz bir an'ı tekrar canlandırın. Nefes alıp verin...

Çözümler sorunların içindedir, uzaklara gitmeyin. Niyet edin, samimi olun, sabredin. Bilinçaltı görevini biliyor, komutu da alır. Yola kesin bir karar ile çıkın. Şüphe durdurucu enerjidedir. Kabul etmek müthiş bir rahatlamadır; kabul eden zaten yoru yarılar. Kaçan ise zaten kurtulamaz. Bağımlı kişi, olumsuz ve yıkıcı fikirleri benimsemiş olandır. Oysa ki dert denilen şey bizi eğitir ve bir şansa bile dönüşebilir. Eski acı dolu yaşam derslerimden ben kendime muhteşem bir yaşam amacı, kariyer ve şifa enerjisi yarattım. Bunu siz de yapabilirsiniz. O acılarım olmasa içe dönemezdim, içe dönmesem bilemezdim, bilmesem bugünkü ben olamazdım. O zaman o acılar kötü müydü iyi miydi?.. Bence çok iyiydi, acılara teşekkür ederiz. ZAFER SENİN OLABİLİR, içeriye daha iyi bak çözüm bir yerlerde... İlk baktığın yerde değilse yeri biraz değiştir ama orada unutma. Çözümsüz sorun yoktur çünkü her sorun çözümü ile gelir zaten. Zihnindeki korku hep orada kalmak ve yaşamak ister. Güya seni korumak için zihnin sana korkmanı söyler. Sen korkundan büyüksün ama... Bilinçaltın telkine açıktır ve telkin ile değişim sağlanabilir, dönüşüm için bilinçaltın seni çağırıyor. Korkundan kaçma, onu çağır, onu tekrar yaşa. Korktuğunu yap, yap ki geçsin.

BİLİNCİNDE OLDUĞUN SEN'İ, BİLİNÇALTINA YERLEŞTİR, İSTEDİĞİN KİŞİ OL.

Sen çok özelsin, her insan eşsizdir, ondan bir tane daha yoktur. Sen bu kadar özelken kendine haksızlık yapma şansın yok! İyi ol ki sen yarın daha bereketli olsun, mutlu olsun. Sen başkalarına iyi oldukça kendi enerjine de yatırım yaparsın. Sev ki sevil, ver ki al. Sen geleceğin bile mirasçısısın. Sınırın yok, iste.

11. ALLAH SENİN VEKİL'İN, YALNIZ DEĞİLSİN

EL VEKİL

Allah attığın her adımda, yaptığın her işte senin vekilindir. Birşeyi sadece Allah'tan isteyebiliyor olman gerek.

"İşlerini kendisine bırakanın işlerini en iyi şekilde yapan, kendisine dayanılıp, güvenilen, her şeyi tedbir ve idare eden, gözeten, yarattığı bütün varlıkların işlerini idare eden, her şeye karşı her şeyin hakkını müdafaa eden, hakkı yerine getiren" anlamında olan esma EL VEKİL, dönüşümün için attığın adımda seni destekler.

Allah (azze ve celle) en güzel ve en mükemmel Vekîl'dir. İşlerin hepsini tedbîr ve idare eden O'dur. Fakat kendisi hiçbir işinde vekile muhtaç değildir.

Allah (azze ve celle) şeksiz şüp-hesiz kendisine tevekkül edenlerin işlerini en iyi neticeye ulaştırır.

"Allah bize yeter O ne güzel Vekildir!" (A-lî İmrân Suresi 173. Ayet Meali)

...

"Sen, asla ölmeyen ve daima diri olan (Allah)a tevekkül et ve O'nu hamd ile tesbih et. Kullarının günahlarından O'nun haberdar olması yeter." (Furkan Suresi 58. Âyet Meali)

...

"HasbünAllahü ve ni'mel Vekîl" "Allah bize yeter O ne güzel Vekîldir"

...

"...Size söylediklerimi yakında hatırlayacaksınız. Ben işimi Allah'a havale ediyorum. Şüphesiz Allah, kullarını çok iyi görendir." (Mümin Suresi 44. Âyet Meali)

...

"De ki: 'O (Allah) Rahman olan (esirgeyen koruyan)dır; biz O'na iman ettik ve O'na tevekkül ettik." (Mülk Suresi 29. Âyet Meali)

Esma okumak ve zikirde bulunmak bütünleyici ve frekansı değiştiren bir enerjidir.

Esma okurken işine sadece Allah'ı vekil kılarsın. Mutlak ana kader planının içinde, senin de elinde olanlar var yani muallak kader... İşini, yaşamını, ilişkini, dileklerini gerçekleştirmeyi kısacası herşeyi oluştırmaya çalışırken destek alabileceğin en doğru enerji ve yol esmalar aslında... Esmalar belirli bir sistem içinde beirli zikir sayıları ve zamanlama ile de okunabilir. Allah ile arasına sayı koymak istemeyen sayısız da okuyabilir. Esma ile yapılan zikir; arınma, fark etme, değişim, niyete girme ve frekans değişimidir. Kabe'ye dönük yapılabilir, o ana odaklanmak ve doğru güzel niyetler için bu yola çıkmak da çok önemlidir.

İnsan yeryüzünde Allah'ın bir zerresi, Allah insanı çok özel ve eşsiz yarattı. İnsan isterse özgür iradesi ile yaşamını sil baştan dönüştürebilir. Meleklerin özgür iradesi yok ama insanın var. Allah takdir ederse, belirli bir amaç ve dilek için esma zikirleri ile mucizevi sonuçlara ulaşabilirsiniz. Esmalar kişiyi daha dingin, daha güçlü ve daha tevekkül içinde kılar. Herkesin, herşeyin, bütünün hayrına amaçlar belirleyin. İnanın, sonuç Allah'tan gelir. Olursa sevin, olmazsa daha çok sevin, şart ve zaman koyma.

Her zerre bütünden parçalar taşır, insan kainatın mikro hali. İnsan çok değerli, hiçbir insan bir diğerine benzemez. İnsan, kendi yaşamının tüm sorumluluğunu eline almalı ve niyette net olmalı. Hayrınıza olan amaçlar için esma okurken bambaşka bir enerjiye girecek ve kendinizi daha dingin, olgun, gelişmiş bulacaksınız. Kendi küçük mucizenizi yaratmaya bu yol ile başlayabilirsiniz. Tekamül yolunuzda yanınızda hep esmalar olsun. Sonuçları yaşadıkça çok mutlu olacaksınız.

Güç için dışarıya bakma, en büyük güç BİR olmayı bilmek, idrak etmek, tevekkül ve şükür enerjisinde kalmaktır. Esmaları zikretmek kozmik bilgilere de yakınlaşmaktır. Esmalar ile ilgili görevli melekler de enrjileri ile sizi destekler bu yolda... Esmalar size kilitli kapıları açabilir, Allah da vekiliniz olur. Size sırt dönen veya istediklerinizi yapmayan kişilere de takılmamış olursunuz böylece... Allah "iste vereyim" der, istemek hakkınız. Bu boyutta elbette ki isteyeceklerimiz olacak. İnanmak ve sonuca güvenmek ise sizi daha net kılacaktır. Gerçeklere ulaşmanın, hakikati bilmenin, yol almanın, değişimin zamanı geldi artık sizin için, belki de bu kitabı o nedenle ruhunuz uzandı ve aldı...

ESMALAR...

- Esmalar frekansınızı değiştirir.
- Esma zikri sizi aydınlatır, güç verir.
- Enerjiyi her bir zerrenizde hissedersiniz.
- Esma: Allah'ın isim ve sıfatlarıdır.
- Dua sizin niyetinizin önündeki yolu açar.
- İstikrar ve devam edebilmek çok önemlidir.
- Uygulama anında içe dönün, olumsuzdan uzaklaşın.
- Kozmik enerji geçişlerine şahit olabilirsiniz.
- Yayılan frekans sayesinde gücünüz artar, isteğiniz de.
- Gece zikri akşam ezanı ile başlar, gün ağarınca biter.
- Tüm esmaları birden okumayın, amaca yönelik belirleme yapın.
- Hacet Namazı ve Besmele ile başlayın.
- Suya da okunabilir, kristal ile kodlama da yapabilirsiniz.
- Esmalar sizi öz benliğiniz ile buluşturur.
- Zikirlerin gücü akışı değiştirebilir.

Herkes her istediği şekilde dua edebilir, esma zikiri yapabilir. Burçlara göre çalışma yapmak isteyenler için öneriler ise şöyle:

KOÇ

HALİM (88 KEZ): Sinirlenmeye, merhametsizliğe ve heyecanlanmaya karşı

HAKİM (78 KEZ): Kontrol edebilme enerjisi

BOĞA

BASIT (72 KEZ): Hem fiziki hem ruhi olarak bloke enerjileri tekrar düzenler

KADİR (305 KEZ): Yapabilme gücü

İKİZLER

REŞİD (514 KEZ): Olayları hedefe vardırma

KAYYUM (156 KEZ): Var etme, düzeni oluşturma gücü

YENGEÇ

KUDDÜS (170 KEZ): Negatif etkilerin arındırılması

CEBBAR (206 KEZ): Yaşamınızdaki zorlu konularda hükmünüzü arttırmak

ASLAN

HALİM (88 KEZ): Sakinlik ve yumuşaklık

MÜHEYMİN (145 KEZ): Güven duygusunu hissetmek için

BAŞAK

KAYYUM (156 KEZ): Düzen istediğinizde

MUHYİ (68 KEZ): Ruhen ve bedenen şifa enerjisi

TERAZi

METİN (500 KEZ): Güç ve sağlamlık

REŞİD (514 KEZ): Yaşamınızda sonuca ulaştırmak istediğiniz konularda

AKREP

MÜTEALİ (551 KEZ): Hem ruhsal tekamül açısından hem maddi-manevi amaçlarda GAFFAR (1281 KEZ): Tüm evrende negatif oluşları silen bir rahmet enerjisi

YAY

RAHİM (258 KEZ): Yaşamınızda korumak, kollamak ve artırmak istediğinizi zaman AZİZ (94 KEZ): Kazanma, zafer, tek olma

OĞLAK

NUR (256 KEZ): Yaşam "ışık olsun" diyenlere

NAFİ (201 KEZ): Maddi ve manevi güç, kilitleri açma

KOVA

MÜTEALİ (551 KEZ): Derin bir bilince ve anlayışa varabilmek için

BASIT (72 KEZ): Tüm darlıkları giderir, gönlü feraha sokar

BALIK

KAVİYY (116 KEZ): İrade gücü ve ruhsal kuvvet

MELİK (90 KEZ): Yaşamınızda maddi, manevi sahip olmak istedikleriniz için

ESMALAR...

Allah: Her ismin vasfını ihtiva eden öz adı. Kendinden başka ilah bulunmayan tek Allah.

Bu ism-i şerif, Cenâb-ı Hakk'ın has ismidir.

2- **Er-Rahmân**: Dünyada bütün mahlûkata merhamet eden, şefkat gösteren, ihsan eden.

3- **Er-Rahîm**: Ahirette, sadece müminlere acıyan, merhamet eden.

4- **El-Melik**: Mülkün, kâinatın sahibi, mülk ve saltanatı devamlı olan.

5- **El-Kuddûs**: Her noksanlıktan uzak ve her türlü takdîse lâyık olan.

6- **Es-Selâm**: Her türlü tehlikelerden selamete çıkaran. Cennetteki bahtiyar kullarına selâm eden.

7- **El-Mü'min**: Güven veren, emin kılan, koruyan, iman nurunu veren.

8- **El-Müheymin**: Her şeyi görüp gözeten, her varlığın yaptıklarından haberdar olan.

9- **El-Azîz**: İzzet sahibi, her şeye galip olan, karşı gelinemeyen.

10- **El-Cebbâr**: Azamet ve kudret sahibi. Dilediğini yapan ve yaptıran. Hükmüne karşı gelinemeyen.

11- **El-Mütekebbir**: Büyüklükte eşi, benzeri yok.

12- **El-Hâlık**: Yaratan, yoktan var eden. Varlıkların geçireceği halleri takdir eden.

13- **El-Bâri**: Her şeyi kusursuz ve mütenasip yaratan.

14- **El-Musavvir**: Varlıklara şekil veren ve onları birbirinden farklı özellikte yaratan.

15- **El-Gaffâr**: Günahları örten ve çok mağfiret eden. Dilediğini günah işlemekten koruyan.

16- **El-Kahhâr**: Her istediğini yapacak güçte olan, galip ve hâkim.

17- **El-Vehhâb**: Karşılıksız nimetler veren, çok fazla ihsan eden.

18- **Er-Razzâk**: Her varlığın rızkını veren ve ihtiyacını karşılayan.

19- **El-Fettâh**: Her türlü sıkıntıları gideren.

20- **El-Alîm**: Gizli açık, geçmiş, gelecek, her şeyi, ezeli ve ebedi ilmi ile en mükemmel bilen.

21- **El-Kâbıd**: Dilediğinin rızkını daraltan, ruhları alan.

22- **El-Bâsıt**: Dilediğinin rızkını genişleten, ruhları veren.

23- **El-Hâfıd**: Kâfir ve facirleri alçaltan.

24- **Er-Râfi**: Şeref verip yükselten.

25- **El-Mu'ız**: Dilediğini aziz eden.

26- **El-Müzil**: Dilediğini zillete düşüren, hor ve hakir eden.

27- **Es-Semi**: Her şeyi en iyi işiten, duaları kabul eden.

28- **El-Basîr**: Gizli açık, her şeyi en iyi gören.

29- **El-Hakem**: Mutlak hakim, hakkı bâtıldan ayıran. Hikmet sahibi.

30- **El-Adl**: Mutlak adil, yerli yerinde yapan.

31- **El-Latîf**: Her şeye vakıf, lütuf ve ihsan sahibi olan.

32- **El-Habîr**: Her şeyden haberdar. Her şeyin gizli taraflarından haberi olan.

33- **El-Halîm**: Cezada, acele etmeyen, yumuşak davranan, hilm sahibi.

34- **El-Azîm**: Büyüklükte benzeri yok. Pek yüce.

35- **El-Gafûr**: Affı, mağfireti bol.

36- **Eş-Şekûr**: Az amele, çok sevap veren.

37- **El-Aliyy**: Yüceler yücesi, çok yüce.

38- **El-Kebîr**: Büyüklükte benzeri yok, pek büyük.

39- **El-Hafîz**: Her şeyi koruyucu olan.

40- **El-Mukît**: Rızıkları yaratan.

41- **El-Hasîb**: Kulların hesabını en iyi gören.

42- **El-Celîl**: Celal ve azamet sahibi olan.

43- **El-Kerîm**: Keremi, lütuf ve ihsânı bol, karşılıksız veren, çok ikram eden.

44- **Er-Rakîb**: Her varlığı, her işi her an gözeten. Bütün işleri murakabesi altında bulunduran.

45- **El-Mucîb**: Duaları, istekleri kabul eden.

46- **El-Vâsi**: Rahmet ve kudret sahibi, ilmi ile her şeyi ihata eden.

47- **El-Hakîm**: Her işi hikmetli, her şeyi hikmetle yaratan.

48- **El-Vedûd**: İyiliği seven, iyilik edene ihsan eden. Sevgiye layık olan.

49- **El-Mecîd**: Nimeti, ihsanı sonsuz, şerefi çok üstün, her türlü övgüye layık bulunan.

50- **El-Bâis**: Mahşerde ölüleri dirilten, Peygamber gönderen.

51- **Eş-Şehîd**: Zamansız, mekansız hiçbir yerde olmayarak her zaman her yerde hazır ve nazır olan.

52- **El-Hak**: Varlığı hiç değişmeden duran. Var olan, hakkı ortaya çıkaran.

53- **El-Vekîl**: Kulların işlerini bitiren. Kendisine tevekkül edenlerin işlerini en iyi neticeye ulaştıran.

54- **El-Kaviyy**: Kudreti en üstün ve hiç azalmaz.

55- **El-Metîn**: Kuvvet ve kudret menbaı, pek güçlü.

56- **El-Veliyy**: Müslümanların dostu, onları sevip yardım eden.

57- **El-Hamîd**: Her türlü hamd ve senaya layık olan.

58- **El-Muhsî**: Yarattığı ve yaratacağı bütün varlıkların sayısını bilen.

59- **El-Mübdi**: Maddesiz, örneksiz yaratan.

60- **El-Muîd**: Yarattıklarını yok edip, sonra tekrar diriltecek olan.

61- **El-Muhyî**: İhya eden, yarattıklarına can veren.

62- **El-Mümît**: Her canlıya ölümü tattıran.

63- **El-Hayy**: Ezeli ve ebedi bir hayat ile diri olan.

64- **El-Kayyûm**: Mahlukları varlıkta durduran, zatı ile kaim olan.

65- **El-Vâcid**: Kendisinden hiçbir şey gizli kalmayan, hiçbir şeye muhtaç olmayan.

66- **El-Mâcid**: Kadri ve şânı büyük, keremi, ihsanı bol olan.

67- **El-Vâhid**: Zat, sıfat ve fiillerinde benzeri ve ortağı olmayan, tek olan.

68- **Es-Samed**: Hiçbir şeye ihtiyacı olmayan, herkesin muhtaç olduğu merci.

69- **El-Kâdir**: Dilediğini dilediği gibi yaratmaya muktedir olan.

70- **El-Muktedir**: Dilediği gibi tasarruf eden, her şeyi kolayca yaratan kudret sahibi.

71- **El-Mukaddim**: Dilediğini yükselten, öne geçiren, öne alan.

72- **El-Muahhir**: Dilediğini alçaltan, sona, geriye bırakan.

73- **El-Evvel**: Ezeli olan, varlığının başlangıcı olmayan.

74- **El-Âhir**: Ebedi olan, varlığının sonu olmayan.

75- **Ez-Zâhir**: Yarattıkları ile varlığı açık, aşikâr olan, kesin delillerle bilinen.

76- **El-Bâtın**: Aklın tasavvurundan gizli olan.

77- **El-Vâlî**: Bütün kâinatı idare eden, onların işlerini yoluna koyan.

78- **El-Müteâlî**: Son derece yüce olan.

79- **El-Berr**: İyilik ve ihsanı bol olan.

80- **Et-Tevvâb**: Tevbeleri kabul edip, günahları bağışlayan.

81- **El-Müntekım**: Asilerin, zalimlerin cezasını veren.

82- **El-Afüvv**: Affı çok olan, günahları mağfiret eden.

83- **Er-Raûf**: Çok merhametli, pek şefkatli.

84- **Mâlik-ül Mülk**: Mülkün, her varlığın sahibi.

85- **Zül-Celâli vel İkrâm**: Celal, azamet, şeref, kemal ve ikram sahibi.

86- **El-Muksit**: Mazlumların hakkını alan, adaletle hükmeden, her işi birbirine uygun yapan.

87- **El-Câmi**: İki zıttı bir arada bulunduran. Kıyamette her mahlûkatı bir araya toplayan.

88- **El-Ganiyy**: İhtiyaçsız, muhtaç olmayan, her şey Ona muhtaç olan.

89- **El-Mugnî**: Müstağni kılan. İhtiyaç gideren, zengin eden.

90- **El-Mâni**: Dilemediği şeye mani olan, engelleyen.

91- **Ed-Dârr**: Elem, zarar verenleri yaratan.

92- **En-Nâfi**: Fayda veren şeyleri yaratan.

93- **En-Nûr**: Âlemleri nurlandıran, dilediğine nur veren.

94- **El-Hâdî**: Hidayet veren.

95- **El-Bedî**: Misalsiz, örneksiz harikalar yaratan. (Eşi ve benzeri olmayan)

96- **El-Bâkî**: Varlığının sonu olmayan, ebedi olan.

97- **El-Vâris**: Her şeyin asıl sahibi olan.

98- **Er-Reşîd**: İrşada muhtaç olmayan, doğru yolu gösteren.

99- **Es-Sabûr**: Ceza vermede, acele etmeyen.

12. ENERJİ YASALARI

Karma Borcu

Birini kırdığınızda, bilerek ve isteyerek insanları yanılttığınızda, borç alıp ödemediğinizde, aşkta birini haksız yere bıraktığınızda, iftira ettiğinizde, çaldığınızda ve benzer her türlü konuda kendinize "olumsuz karma" yaratırsınız. Karma yaratmak kader konusu ele almayı sevenlerin inandığı ve çekindiği de bir konudur aslında. Başkalarını kandırmakla kendinizi kandırmak arasında aslında karma söz konusu olduğunda hiçbir fark yoktur. Hepimiz bir'iz; birimize olan her birimize oluyor aslında... Başkalarına yaptığınız her kötü şeyi gün ve an gelecek deneyim edeceksiniz. Kötülükten kaçının, kaçındıkça zaten daha olumlu ve akışa uygun konular, kişiler, olaylar sizi çevreleyecek...

Yüksek Benliğiniz ve karma planınız geçmişte yapmış olduğunuz tüm hataları ödemeniz için size fırsatlar sunacaktır; bunları görebilmek önemlidir... Yaşamın tek gerçek ve ilahi amacı "tekamül"e gitmek olduğu için bu gerçekleri göz ardı etmeden yaşayın. Karma Borçlarınızı öderken her zaman Meleklerden enerji desteği alabilirsiniz... Çok saf ve güzel bir niyet olduğu için, bu yolda size Işık tutacaklar. Yardım isteyin; geçmişteki hatanızı biliyorsanız şimdi onunla yüzleşin ve Allah'ın izni Başmeleğin yardımı ile yaşamınıza bu borcu doğru şekilde ödeyebilmek için hem sizinle olmasını hem de ilgili konuda şanslar sunmasını, doğru mekan-kişi-durum-detayları sizin karşınıza çıkarmasını rica edin. Melekler bu tarz içtenlikli ve sevgi dolu istekleri geri çevirmiyor...

Bu yaşamınızda elde ettiğiniz karma'larınız olduğu gibi, geçmiş yaşam karma'larınız ve ailenizdeki eski nesillerden de gelen yine karma'larınız var. Hepsini detaylı incelemeniz şarttır. Dünyaya yeni gelen bir bebek için Melekler karma ile ilgili notlarını tutmaya başlıyorlar. Aynı bebek nesiller öncesinin karma'sını zaten sırtlayarak geliyor. Neden bazılarımız fakir bazılarımız doğuştan zengin? Neden bazılarımızın elini attığı herşey tılsımlı bir şekilde şansa dönüşüyor ve bazılarımız hep kaybediyor? Neden bazılarımız güzel, baZılarımız hiç değil?.. Cevaplar karma'da ve geçmiş yaşamlarda gizli.

Karma şifalanması için affetmek çok önemli. Affederken en saf enerjiler sizinle olmalı; yani melekler... Allah bizi koşulsuzca sever, biz O'nun zerreleriyiz, O bizi bağışlar. Tevbe etme hakkını bizlere verir. Melekler de Allah'a itaat eder. Meleklerin saf enerjileri ile çalışarak, geçmişi ve geçmişte kalması gerekenleri serbest bırakın. Bunu yaptığınızda "tekrar eden yanlış, sizi üzen, mutsuzluk veren olaylar" gider ve bir daha da geri gelmez...

Yeni bir karma ve Meleklerin de şifa ile eşlik edeceği mutlu bir yaşam için "doğru" olun, cesur olun, sevin-sevilin, hayal kurun, şifa verin, yardım edin, olumlu düşünün, meditasyon yapın, şükredin. Her durumun içinde, sizin için gizli mesajlar ve iyilikler vardır. Bunları görebildikçe zaten artık hep iyi şeyler olmaya başlar... Neye direnirseniz o akıp gider ve değişmez. Serbest olun. İstenmeyen durumlar ile savaşmayın; onları serbest bırakın. "İlgilenmediğiniz hiçbir şey, sizi üzemeye de devam edemez..."

Meleklere yakın olmak her zaman olgunluk gerektirir. Bu sistem sevgi yanı ile herkes için ama herkes bu çalışmanın değerini bilemiyor ne yazık ki... Şikayet etmeyin, neden şikayet ettiğinizi bulun. Şikayeti bırakıp yerine mutlu bir hayal bulun. Çok daha verimli olacaktır. Mutlu kişiler meleklere çok daha yakındır. Meleklere siparişi verin, olacağına inanın, sonuca güvenin. Odağınız neyse sonucunuz da odur!

Gerçekten istiyor musunuz?

Bunu hakettiğinize emin misiniz?

Bu gerçekleşince tam olarak nasıl bir sonucu öngörüyorsunuz?

İsteğiniz herkesin hayrına mı?

Gerçekleşirse sizin karmanıza etkileri olumlu mu?

Bu bir hırs mı, gerçek bir istek mi?

Bu konuya olan tavrınız samimi mi?

Bu sorulara cevap verin ve durum ile yüzleşin...

Koruyucu meleğiniz sizi zaten çok çok iyi tanıyor. O, sizin yaşam amacınızı, hedeflerinizi, soru işaretlerinizi, duygularınızı biliyor. Kader planınız ona zaten verilmişti. Ondan gelen yardım ve mesajları alın. Kişisel Koruyucu Meleğiniz sizi seviyor, zor anlarda size Işık tutacak.

KUL HAKKINA GİRDİYSENİZ, GEÇMİŞLE HESAPLAŞIN...

Büyü yapmak, yaptırmak, aşktaki konularla ilgili emin olmadan konuşmak, dedikodu yapmak, iftira atmak, kendimizi bilerek ezdirmek (kendi kul hakkımız), çok mutsuz olduğumuz halde gidememek (kendi kul hakkımız), başkalarını olumsuz etkileme riski olan hareketlerde bulunmak, başkalarının ayrılığına sebebiyet vermek, güzel bir aşkı bozmak, bize aşık olan kişiye sert davranmak, bilerek kalp kırmak, destek gördüğümüz halde teşekkür bile etmemek, alay etmek, taciz, yalan söylemek, vaatler yerine getirilmediği halde susmak, ödün vermek, taviz vermek, kendin olamamak, hayır demek yerine evet diyerek kendini gerçekleştirememek, kötü sözler söylenmesine izin vermek... Bu liste uzatılabilir ne kul hakkına girin ne de kendiniz adına kul hakkı yaratın.

KUL HAKKI BÜYÜK KARMA BORCU YARATIR...

İlişkinizde onu veya kendinizi kandırmak, aldatmak, yalan söylemek, olmayan birşeyi var gibi göstermek...

Maddi menfaatler için karşı tarafa haksızlık yapmak...

Teşekkür etmemek, sevildiğimiz halde sevgimizi hiç göstermemek...

Kişiye saygısız davranmak, onu üzmek, aşkı ile alay etmek...

Emin olmadan başkalarının iş yaşamını, ilişkilerini eleştirmek...

Söz verip tutmamak, beklenti yaratıp gitmek...

Ona sormadan onun adına kararlar almak, sonrasında onu bazı şeylere mecbur etmek...

Gururu zedelemek...

Cinsel taciz, istismar, istemediği şeylere mecbur etmek...

Kendimizi ezdirmek, adımıza verilen istemediğimiz ilişki kararlarına uymuş gibi yapmak...

"Hayır" demek doğru iken anı kurtarmak adına "evet" demek...

Kötü söz ve davranışlara katlanmak, vaatler yerine gelmese de susmak katlanmak...

İstemediklerimizi "aman ayıp olmasın" düşüncesi ile yapmak kendimizi zorlamak...

Kul hakkı iki taraflıdır, kişi başkasına da yapabilir kendine de... Bu yukarıdaki listede yer alanlara yaşamınızda fırsat sunarsanız "daha çok üzülür, ezilir, yeniden bunlara benzer acıları davet edersiniz." Başınıza gelenler sizinle alakalı, tutup da karşı tarafı suçlamayın. Herşey bir imtihan. Kul hakkı Üst Benliği harekete geçirmesi için uyarır, Üst Benlik bu yaşanan haksızlığın bedeli olan karma planını sizin için yaratmaya başlar.

GÜZEL OLUMLAMALAR...

Ben çok şanslıyım...

Güvenilir bir eşi yaşamıma çekebilirim...

Evlilik aşkı daha da güçlü kılar...

Ne zaman plan yapsam enerjim yükselir...

Cömert ve anlayışlı bir aşk beni bulur...

Ben özel, aranılan ve sevilen biriyim...

Hayat mutluluk üzerine kurulu.

Hayatıma giren herkes bana güzel dersler verdi, sevgiyle anıyorum onları...

Yeni bir iş benim için heyecan ve güven demek...

Kendime güveniyorum...

Tam da istediğim gibi bir ruh eşi kapımı çalıyor...

Buluşmalara keyifle gidiyorum...

Karıma saygı ile yaklaşırım, ondan da aynısını görürüm...

Hayatım aydınlanıyor...

Herkes ne yaparsa kendine yapar. Evrende büyük ve ilahi bir adalet var. Kul görmese bile herşeyi Allah görüyor, Allah zaten insanın neler yapabileceğini, özgür iradesini nasıl kullanacağını izlemek için Dünya'yı yarattı. Yaptıklarınız iyi ve kötü olarak zaten yine size dönecek. Rahat olun…

Yaşam dersi ÇOĞU KEZ ŞUDUR: ALLAH'A HAVALE ETMEK. Allah herşeyin doğrusunu biliyor, sizin aracılığınızla olmasa da başka şekilde ona gerekli ders gidiyor. Buna inanın. Kötülüğe kötülükle de cevap vermeyin. O kötülük sizi bulduysa bulması gerektiği için yine…

HER GÜN BUNLARI YAPIN:

DÜŞÜNEREK KONUŞUN, KONUŞTUKLARINIZ KADERİNİZ OLUR.

SORDUĞUNUZ TÜM SORULARIN YANITI BİR GÜN SİZE GELİR…

İSTEMEDİĞİNİZ ŞEYLERİ YAPMAYIN.

İŞE YARAMAYAN KONUŞMALARI KENARA ATIN, ENERJİNİZİ ÇALARLAR.

ŞÜPHEYİ BIRAKIN.

"BİLMİYORUM" DİYE BİRŞEY YOK. İÇİNİZ BİLİR!

KENDİNİZİ SEVİN, HATTA EN ÇOK KENDİNİZİ SEVİN.

ÇÖZÜMSÜZ SORUN YOKTUR.

GEÇMİŞ HATALAR İÇİN ARTIK KENDİNİZİ SUÇLAMAYIN, AN'IN TADINA VARIN.

AFFEDİN VE ÖZGÜRLEŞİN, AFFETMEMEK OLUMSUZU TUTMAKTIR.

NEFESE ODAKLANARA HER GÜNÜNÜZÜ GEÇİRİN, TOPRAKLAMA VE MEDİTASYON YAPIN.

Ana ve mutlak bir kader planı tabi ki var, tüm kutsal kitaplar da bunu onaylıyor. Kader planı, karma yolu, ana plan... Fakat bu ana planın içinde, Meleklerde olmayan ama bizde var olan özel "özgür irade" gücümüz ile bizlere seçim yapma, hata yapma, değiştirme, dönüştürme şansı da verilmişti. Allah Mutlak Güç'tür, istese herşey onun kontrolünde olurdu ama O insanın neler yapacağını merak etmiştgörmek için Dünya yaşamına izin verir. Cennet'te tuttuğu Adem ile Havva'nın Dünya'ya inmesine yine izin verdi. İnsan soyunu çoğalttı ve böylece "insan ne yapacak" görmek istedi.

Yaşamlarınızda "karma borcunuz" olan acıları, bedelleri ödersiniz ama bunun dışında seçimler de çok önemlidir. Bilinçaltımızda bilincinde olmadığımız bir biz daha var. Orası aslında bizleri yönetiyor. Çoğumuz materyalist dünyanın içinde kaybolmuş şekilde yaşıyoruz. "Kısmetimde yokmuş" bu olay dediğimiz pekçok konu aslında bilinçdışımız ile sabote ettiklerimiz.

Biz dünyaya gelmeden önce Yüksek Benliğimiz önemli bir anlaşma yapar. Bu yaşamınızda bu ana kadar size acı veren, aldatan, terk eden, kendinizi aşkta kötü hissettiren herkese mutlaka şükretmelisiniz ardından onları "affetmelisiniz". Affetme konusu çok yanlış anlaşılan bir konu; onun haklı olması gerekmiyor, affettiğinizde bu yaşanan acı olay onun yanına kar olarak da kalmıyor, her ikiniz de bu olaydan gerekli yaşam derslerini aldıysanız şimdi affetme yani serbest bırakma, yükü atma zamanı.

Aşkta aldatılmayı affedemezseniz yeniden aldatan biri yaşamınıza çekilebilir ya da mevcut kişi yine sizi aldatabilir. Yalnızlıktan dolayı kendinizi suçluyorsanız ve kendinizi affetmeye niyetiniz yoksa, yalnızlık enerjisini yaşamınızda büyütürsünüz, yalnızlık size mıknatıs gibi yapışır. Son işyerindeki ayağınızı kaydıran kişinin yüklediği enerjiyi serbest bırakamazsanız yine öyle biri daha çıkar karşınıza.

Hayatınıza tuhaf bir biçimde giren kişi ile aranızda ödenecek çok ilginç bir karma borcunuz da olabilir. Tecrübe etmeniz gereken şey yalnızlıksa, ilişkinizin içinde yalnız da kalabilirsiniz. Birilerini yanlış şekilde ve merhametsizce terk ettiyseniz elbette ki siz de bir karma borcu yarattınız ve bu da ödenecek. O nedenle hep söylüyorum hayatın her alanında, aşk da dahil kim ne yaparsa kendine yapar. Biri kötülük yaptığı anda ilk olarak o kişiye acırım bu nedenle…

Bütün insanlar buraya öğrenmeye gelişmeye gelir, yani Dünyaya… Burada büyük yaşam dersleri daha çok acı olaylarla alınır. Hayır ve şer Allah'tan gelir, kötü olaylara isyan etmek kötülüğün enerjisinin yaşamınızda kök salmasına sebep olur. Yaşam dersini alıp konuyu sevgiyle ve hızla gönderebiliyor olmanız lazım ki bu kitap bu yönde size IŞIK olacak.

Yükseliş ve aydınlanma için geldiğimiz bu boyutta, kişiler bize aslında aynalık görevi yapıyor. O bizimle aynı, bizden biri, bize kendimizi hatırlatıyor. Ya bizde olmayan ama olması gereken onda var ya da bize aslında kurtulmamız gereken birşeyi anlatmak için geldi.

Birini gerçekten incitirseniz ya da ona zarar verirseniz, hakkını alırsanız karma borcunuz büyür. **Aynı sorunları tekrar tekrar karşılaşıyorsanız henüz gerekli yaşam dersiniz almamış ve hala şükürde kalmayı beceremiyorsunuz demektir.** İsyan etmeyin, geriye dönün, kök sebebi bulup şifasını çalışın, serbest bırakın. Bu kitapta gerekli çalışmalar sizi bu alanda zaten IŞIK'a götürecek. Doğduğumuzda unuturuz ama yaşamaya başladıkça tek tek bu boyutta bize lazım olan bilgileri hatırlamaya başlarız. Tüm bilgiler bizde doğuştan var ki zaten Ortak Bilgi Havuzu 'Kolektif Bilinç'ten doğarken de bunları alıyoruz, çekiyoruz.

Melek Danışmanı da olduğum için bu kitaptaki mistik ve aşk dolu yolculuğunuza "Melekleri" de tabi ki ekledim. Melek enerjisine gerçekten uyumlanan, inanan, arınmış bir ruhun gelecekte çok da fazla yanlış partnerleri çekebileceğine inanmıyorum. Meleklerle ilgili tüm çalışmalar bizi daha saf ve olmamız gerektiği gibi kılar. Bunun sonucu olarak ya yanlış mevcut ilişki sevgi ile biter ya da ruh ikizi gelir. Hepimizin Kişisel Koruyucu Meleği var ayrıca Ruhsal Rehberleri. Aşk adına kendimizi tanıma, enerji çalışmaları yapma ya da yaygın terim ile "kısmetimizi açma" yolunda Işık Varlıklar da bizi zaten aydınlatır. Bilmediğimiz hiçbir şey yok aslında, büyük bir bilgi yüklü olarak buraya geldik. Zor anlarda rehberlik tabi ki istenebilir ama gerçek kişisel ve ruhsal gelişim için daima "içinize sorun" derim. Bireysel Seansların akışında bazen danışana bir soru sorarım ve "Bilemiyorum ki..." cevabı gelir, üsteleyerek ve daha sert biçimde "İçine sor!" dediğim anda ise hemen net cevap gelir. Dışarıda hiçbir şey yok ana kumdan içimizde. Aldattıysa da gittiyse de istemiyorsa da KONU SİZDEN KAYNAKLI. Bence bu çok da güzel bir haber çünkü deme k ki kaynak biziz ve değişebiliriz.

Kısmetinizin açılması anlamında niyetler ve çalışmalar içindeyseniz eğer, önce enerji frekansınızı gözden geçirin. Düşük frekanslı negatif düşünce ve duygular hakimse değişim için hala beklememeniz gerekir. Birçok danışan bir sorunu, geçmişini, bir erkeği ya da kadını "bırakmayı" çok zor bulur aslında en büyük imtihan da budur. Hem sizi sürekli aldatan veya kandıran biri ile ilişkide kalıp, kişiliğinize zarar veren bir patronla yola devam edip hem de "Ben Melek enerjisi ile çalışmak istiyorum" demek yok. Buraya yükselmek için geldik, adımlarımıza çok dikkat etmeliyiz. Ego ve zihin pek tabi ki gelip bize "geçmişi hatırla, bak orada darbe aldın, sevgiye layık değilsin, aşk zor bulunur" gibi telkinler sunacak. Zaten bütün konu zihni susturmak. Genelde bilinçaltımıza yani bizi biz bilmeden yöneten yanımıza seslenebilmek için bu nedenle "alfa boyutu" yani uykuya dalarkenki zaman dilimini öneriyorum, verimlilik için...

Hiçbir şeyi hiç kimseyi suçlamayın, gerekenler yaşandı ama geleceğiniz çok daha parlak olabilir. Bu elimizde, bizler büyük bir mıknatıs ve enerjiyiz, istersek bize uygun olan kişi yaşamımıza çekilir. Spiritüel Yasaları da tanıyacağınız bu kitapta zamanla kendi gerçekliğinizi de yaratabileceksiniz. Çalkantı ve acı çekmeyi "tutku, istek" ile karıştırdığımız bir toplumda yaşıyoruz, çoğu kişi yanlış olanı da isteyebiliyor. O kişinin farkındalığı ancak buna izin veriyorsa biz zaten gerisine de karışmayız. Herkesin tekamül yolculuğu aynı hız ve içerikte devam etmez. Herkes farklıdır, herkes aynı olsa zaten yaşam çok tatsız olurdu.

Allah ve Melekler bizi asla yargılamaz. Durum ne kadar zor, çalkantılı olursa olsun, Onlar bizimledir. Bazen danışanlar büyük aşk acıları ile kapımı çaldıklarında "Ben dua ediyorum ve Meleklerle çalışıyorum, peki denen hala istediklerim olmuyor" diyebiliyorlar. Duanın arkası takip edilmez, yaşam dersi alınıp karma borcu ödendiği zaman belki de isteklerimiz gerçekleşecek. Allah neyi verip neyi vermeyeceğiniz zaten bizden çok daha iyi biliyor. Melekler de Allah'ın elçileri ve onların özgür iradesi zaten yok, Allah ol der bir şey olur. Olma derse olmaz. Hep derim, aşkta olanlara şükredelim ama olmayanlara daha da çok şükredelim. Hayırsız kişileri yaşamlarımıza davet etmeyi pek seviyoruz hele onlara aşık olduğumuza inanmayı daha da çok! Bunun iç yüzü: değersizlik hissi... Tüm bunlar ile yüzleşmemiz bizim hayrımıza olacaktır.

Evren'den enerjilerden birşeyi dilediğinizde oturup bir düşünün, bunu gerçekten istiyor musunuz? Yoksa artık işin ateşi geçti ama istemeyi mi istiyorsunuz sadece?.. Allah isteyin demiş, Allah vermek ister, istekler de makul ve samimi olmalı ama... Israra da gerek yok, sürekli tekrara da. Çok sıkı takip ettiğiniz aşk hikayelerinizde mi mutlu oldunuz, akışa bıraktığınızda mı?.. Herşey olması gerektiği gibi ve kusursuz. Fazla çaba ve gereksiz takip işi bulandırır. Rahat olun, sizin olan bir enerji zaten size doğru çekilecektir. Asla olmayacak kişileri, aşkları, işleri istemek ise gelişim gösterememek ve kendine acımaktır.

İstediğimizi sandığımız birçok şeyi gerçekte asla istemiyoruz. İstemeye devam etmek zorundaymışız gibi zannediyoruz.

Kendinize karşı daima açık olun. Negatif enerjide kaldığınızda olumsuzu düşündüğünüzde aura'nız da kirli kalır, niyetleriniz açık net samimi olsun ki Meleklerin rehber ışığı da size daha rahatça geçiş yapsın.

İç enerjiniz dışa yansır.

Enerjinizi daima kontrol edin. Mesela, duygusal ya da cinsel açıdan kırıldıysanız kilo alabilirsiniz. Karın ve kalça bölgenizde yağlanma başlayabilir. İlişkinin bütün sorumluluğu size göre sizin omuzlarınızdaysa sır ve omuzlarda ağrılar başlayabilir. Bedeniniz hayattaki duruşunuzu simgeleyen enerjilerle doludur. Kalp ağrıları ve hastalıkları yaşamı boyu sevgi darbesi alan kişilerde görülebilir. Bir kişnin size yaptıklarını bir türlü hazmedemiyorsanız, midede yanma veya hazımsızlık sorununuz başlayabilir. Sancılar mutsuzluğu işaret edebilir. Duyma işitme sorunları da zamanında bir kişinin size yönelttiği acımasız sözlerden sonra geliştirdiğiniz bir durum da olabilir.

Mutluluk için önce içe dönüp kim olduğumuzu bulmak gerekir. Bu yaşadıklarımız gerçekten bizim istediklerimiz mi bunları bize aslında başkaları mı yükledi, aslında bunlara inanmıyor veya istemiyor da olabilir miyiz?.. Evren gerçekten istediklerinizi verir, bazı şeyler olmuyorsa aslında siz gerçekten istemiyor olduğunuz içindir. Dünya bir okuldur, aşkta da iş ilişkilerinde de öğrenmeye geldik. Karşımızdaki kişi bizim aynamız, suçlamayalım, nedenleri bulalım.

Spiritüel yasalara göre istemek, inanmak ve bunu çok net belirtmek çok önemlidir. Mesela bana danışan çoğu kişi "zaten istiyorum daha ne!" diyebiliyor Melekler siz çok net yardım isteyince aşk sorunuzla ilgili devreye girebiliyor. Onların özgür iradesi yok bu nedenle isteklerinizde çok net olun, kalben dileyin, inanın ve gerekiyorsa bir adım atın. İstediğini zannetmek ve gerçekten istemek arasındaki farkı da mutlaka tanıyın. Zihin sizi geçmişte tutarak bazen, artık istemekten vazgeçeceğiniz bir kişiyi de isteyin diye kamçılama durumuna sokabilir. Bizim gibi karşımızdaki kişinin de üst benliği vardır, onun rızası olmayan ve olmayacak şeyleri onu sürüklemek ego'nuzun eseri olacaktır, ilişkiye de asla hayır getirmez. İstenmediğiniz yerde kalmaya çalışmak hem sizin tekamülünüzü tıkayacak, karma borcu yaratacak hem de en sonunda o karşınızdaki kişiyi tamamen kaybetmenize sebep olacaktır.

Bizimle aynı frekansta olmayan biri yani bir enerji bizi es geçer, tanımaz yani bize gelmez. Şu an yaşamınızdaki aşk veya patron yanlış kişi ise, siz kendinize yanlış davranmaktasınız! Benzer titreşimler birbirini çeker, geldiyse bilinçaltımız bunu organize ettiği içindir. O biziz, biz de O. Yaşamınızda belki de şu an çok mutlu olmadığınız erkek ya da kadın "büyük bir konuda size aynalık görevi yapıyor", sorun kendinize kendinize hangi konuda haksızlık yapıyorsunuz ya da hangi konuda boşluk yaratıyorsunuz... BUNU NEDEN YAŞIYORUM sorusunun cevabını bulmak için yaşam bize değişik aşklar, beklenmedik ilişki darbeleri, ihanetler, darbeler, kayıplar sunar. Soruya cevap gelip yaşam dersi alınınca aynı tür kişilere gerek kalmaz.

KISMETİNİZİN işte, berekette veya aşkta, kapalı olduğuna dair bir inancınız kesin olarak varsa evet kısmetiniz kapalıdır ya da kapanır. Kısmetinizin aşka açık enerjide kalabilmesi için mutlaka "inanç ve niyette" olmanız gerekir, aşk inananlara gelir. Kendinizi fiziksel ve ruhsal olarak eve kapadığınızda sizdeki bu olumsuz enerji etrafa yayılır, bunu anlayan karşı cins de tabi ki sizden uzaklaşır. Çaresizlik enerjisi yaymak aşkta kişilere "benden uzak durun" demektir. En çaresiz anın içindeki çare yine aslında o sorunların içinde gizlidir, pekçok sorunun cevabının sorunun içinde gizli olduğu gibi. Ruhsal enerjiniz arttıkça zaten artık enerji sırlarını da kendiniz çok hızlı çözer hale geleceksiniz.

Anlaşılamadığını düşünen kişiler kesin olarak onları anlamayacak kişileri yaşamına davet eder. Güvenmeyen biri pek tabi ki aldatılır, kandırılır, kullanılır. **Bilinçaltınız neye inanıyorsa size onu yaşatmayı zaten bir emir bilecektir!** Onunla olmak zorundaymışsınız gibi bir his varsa içinizde bu ilişkiden size hayır gelmez, bu kendinize kötülük yapma şeklinizdir. Bir işyerine ilk adımı attığınız anda ilk düşündükleriniz gerçeğe dönüşecektir. Mecburiyetler içinde ilişki sürdürmeye çalışan çok sayıda danışanım oldu bugüne kadar, çoğunun çocukluklarından getirdiği "değersizlik, özgüven, kaybetme korkusu" problemleri vardı... Kör topal ilerleyen ilişkiler size "beni bitir artık" diyor olabilir. Mesajları dikkatli alın. Her kötü giden ilişki de bir yandan hemen bitmeyecektir, belki daha ödenmesi gereken bedeller, borçlar vardır. Yaşam dersleri için ise tüm olup biten, isyandan kaçın, şükür enerjisinde kalın. Herşey olması gerektiği gibi...

Bilinçaltımıza işlenmiş inançlar, bu inançlara uygun kişileri yaşamlarımıza çeker. Değerli olmadığına gerçekten inanan bir kadın sürekli değersiz hissettirebilecek erkekleri çekebilir. Diğer yandan başkaları için yaşamaya programlı durumda olan bir anne, onu sevmeyen sürekli birşeyler talep eden bir aile bireyi ile sürekli uğraşıyor olabilir. İç dünyanızdaki gerçek hisleriniz, dış dünyadaki bu hislerinizin karşılığı olan kişileri, olayları, konuları çeker size doğru... Dışarıda hiçbirşey yok, herşey içimizde. Hayatınız yolunda gitmiyorsa, içerideki inanç sistemi mutlaka sorgulanmalı, hatta şifaya girmeli.

Siz bir mıknatıssınız.

İstemedikleriniz oluyorsa mıknatıs daha farklı kullanılmalı. His dünyanızda ve inanç dünyanızda değiştiğiniz anda, bazı kişiler ve konular yaşamınızı terk eder, yerine doğru ve yenileri gelebilsin diye. Unutmayın; bize benzeyen bize geliyor. Odağımızda ne varsa o çoğalarak bize gelir... Konuşulan ve çokça tartışılan konu, enerji, kavram enerji olarak yayılır. Düşünce ve inanç sistemimiz ile kişileri ve ilişkileri adeta çağırıyoruz, bu nedenle size gelen birşeyi hangi odak ya da hissiniz davet etti bunu bulun. Hemen kaderi suçlamayın, "benim kısmetim buymuş da demeyin" o kısmetin içinde sizin payınız çok büyük.

"Birşeyi 40 kere söylersen olur" çok doğru bir sözdür ve enerji yasasını tam olarak özetler. Düşüncenin bir tık ötesi sözcüklerdir, daha da ötesi yazmaktır. Bilinçaltınız bir bilgisayardır. Olumsuz talimatları olumlulardan ayırt edemez. Onları da kabul eder.

UMARIM İŞSİZ KALMAM, ALLAH KORUSUN: işsizliğe davetiye yollama yolu...

EV ALMAK ARTIK ÇOK ZOR OLDU: hadi ya, o zaman bu kadar ev kimin etraftaki?

BEREKETİM NAZARLARDAN KORUNSUN: ortada bir şey yok ama korkmaya devam ediyorsun!

EŞİM BENİ TERK ETMESİN YETER: neden şimdi ayrılık enerjisi yayıyorsunuz???

Olumlama yapın tabi ama bilinçaltı temizliği sonrası. Olumlama yaparken sonunu olumlu ifade ile bitirmek yetmez, her ifade olumlu olmalı. Kötü şeyleri akla getirmek "korkudur". Olumsuz düşünceyi tekrar etmek olumsuz olayları davet eder. Bilinçaltı ismini verdiğimiz bilgisayar, olumsuz ifadenizi de emir sayar, onu oluşturmaya başlar. Zihin olumsuz ile olumlu arasındaki farkı biliyor ama bilinçaltınız bilmiyor. Bunu unutmayın! İstemediğiniz şeyleri rahat an ve zamanlarda siz düşündükçe, bilinçaltınız mesajı şöyle alıyor "emrin olur, hemen senin için bir ayrılık senaryosu geliştiriyorum, geliyor..."

Zihnimiz bir iş veya konu ile meşgul olduğu anda, mesajlar direkt olarak bilinçaltımıza gidiyor. Bilinçaltımız kendimizi çok rahat hissettiğimiz anlarda alıcı enerjidedir. Sıklıkla tekrar eden tüm düşünceleri ve inançları bilinçaltı dış dünyada ilgili olay-kişilerle size sunar. Birşeyin olmayacağını düşünmek "dirençtir" olmasın demek gibidir. Siz bile olacağına inanmıyorsunuz da o zaman bu konu nasıl yolunu bulup size aksın? Hiçbir konuya direnmeyin, akışta kalın, direndiğiniz o olumsuz şeye dönüşmemek için kontrolün elinizde olduğunu bilin. Direnç gösterdiğiniz zaman o konu ile daha da çok enerji alışverişiniz olacağı için, olumsuzluk enerjisi büyür. Hayal kırıklığına veya başarısız ilişkilere odaklanmayın.

ANNEM GİBİ DERT ÇEKMEK İSTEMİYORUM yerine MUTLULUĞU HAK EDİYORUM.

GEÇİMSİZ BİR OLMAK İSTEMİYORUM yerine UYUMLU OLMAYI ÇOK SEVİYORUM.

BU BERBAT İŞTEN NEFRET EDİYORUM yerine MUTLU BİR İŞTE ÇALIŞMAYI SEÇİYORUM.

Tüm korkuları mutlaka yazın, yazmak daha güçlü bir şekilde yüzleşmenizi sağlayacak. Birlikte olduğunuz kişiyi aşırı derecede kontrol ediyorsanız bu da olumsuz sonuçları davet eder. İtme-Çekme kuralına da bir göz atalım: karşınızdaki kişiyi bir an için istiyorsanız ama ummadığınız anda ondan soğumuş gibi hissedebiliyorsanız, itme-çekme durumu yaşarsınız. Bu koşullar altında seçim yapmanız şart olur. Çok duymuşunuzdur belki hatta yaşamışınızdır bazı ilişkiler gelgitli ve fazla inişli çıkışlıdır. Bu tarzda yaşanan aşklar enerji çeker, adeta enerji hırsızıdır. Yorgun hissetmenizi sağlayan bu tipteki ilişkilerin çoğu ayrılık ile sonuçlanır. Güçlü duyguların olduğu yerde netlik olur, karışıklık olmaz. Bağımlılık gerçekten sevmediğimiz kişiyi bazen daha da yaşamımızda tutmamıza sebep olur, itme-çekme enerjisi en çok da onlarda gözlemlenebilir.

Bir konuda direnç göstermeye başladığınız anda, evren size hangi mesajı sunmak istiyor bunu keşfedin. Aklınıza ayrılık geliyorsa bunun kökü nedir sizde, aldatma korkunuz varsa hangi geçmiş olayınız bunu sizde körüklüyor, yalnızlık, parasızlık, başarısızlık veya bağlanma ile ilgili olumsuz enerji ve düşünceler sizi sardıysa yüzleşme için konunun kaynağını bulabiliyor olmalısınız. Ne istediğinizi bilmek çok önemlidir, yaşam çok değerli, boşa zaman geçirmiyor olmalıyız. Gerçek duygularımıza sahip çıkmalıyız ve bir yandan layık olduğumuz bir aşkı çekiyor olmalıyız. Enerjinizi yükselten ve paylaşımcı bir partneriniz yoksa kendinizdeki eksik enerjiyi bulun dönüştürün. Ne istediğinize karar verin, onu hızla gerçekten isterseniz yaşamınıza çekebileceğinizi de unutmayın. Gerçekten karar verildiği anda, sizden mutlu coşkulu etkili enerjiler çıkmaya başlayacak.

YANSIMA YASASI

Herşey yansımadır. Sizde ne varsa iç dünyada yani bu yansır. Siz yansıtırsınız, evren onu size geri sunar, yansıtır tekrar. Dünyada muhteşem bir aşk eğitimi almak üzere bulunuyoruz. Hata yapmış olmak sizin enerjinizi düşürmemeli, muhteşem yaşam dersleri aldınız ve şimdi yola daha bilinçli devam ediyorsunuz. En derin hırs, istek, tutku, korkularımız beklenmedik an ve ilişkilerde bazen önümüze sunulur. Olan biten herşey bizimle ilişkili. İçinizde olan dışınızda da olur, yani yaşamımızda bulunan kişiler bizim bir özelliğimizi bize yansıtmak için geldiler. Çok kıskanç ise siz de belki öylesiniz, aramıyor sormuyorsa belki sizdeki kaybetme korkusu durumu tetikliyor, patronunuz sizi eleştiriyorsa belki aslında siz o iş yerinden gitmeyi seçtiğniz için. Yansıma yasasını derinlikli olarak keşfettikçe çok daha rahat ve mutlu olursunuz. Kişiyi değiştirmek diye bir şey yoktur; ya o aşk bitecek ya da siz değişipdönüşüp daha doğru bir ilişki yaratmaya bakacaksınız. Değişmesi gereken o değil, en azından ilk etapta. Siz değişin çünkü bu yoğun mesaj size gelmiştir.

Kendinizde rahatsız olduğunuz ama bilinçaltınıza ittiğiniz özellikler yaşamınıza giren kişilerle bir mesaj olarak çoğu kez size iletilir. Bir sevgilinizin ya da eşinizin, iş arkadaşınızın hangi huyu ya da davranışı sizi çok rahatsız ediyorsa, tam da o konuda sizde çözülmemiş bir sır vardır. Gerçekten hoşlandığımız karşı cinsten kişiler de bizdeki olumlu özellikleri çağrıştırdığı için onları seçebiliriz. Herşey yansımadır, herşey yansır.

Yaşamınıza giren kişinin neden geldiğini bulabilmeniz için sezgileriniz hep devrede olmalı. Yansıma yasalarını anladığınız anda, yaşamınız size neler anlatmak istiyor bunu bulacaksınız. Bu durum spiritüel anlamda da size büyük farkındalık katacak. **Dünyadaki yolculuğunuza ışık tutacak ve sizi geliştirecek "yansımaları" bulunca kendinize şaşıracaksınız. Size yansıttığı bir tutum veya tavır için başkasını suçlamayın, hele de benzer bir sorunu daha önce farklı bir zamanda yaşadıysanız.** Değiştirmeye de kalkmayın kimseyi: içe dönün siz değişirseniz o zaten değişir. Dünya yani yaşam bize bizde olanı verir, sevmeyi bilmeyen biri doğal olarak gerçek aşkın merkezinde olduğu bir ilişkiyi de seçemeyecek. Bizim dışımızdaki herşey yine bizimle ilgili. Karşı tarafta kendimizi görürüz, duyarız, anlarız, eleştiririz.

Aşkta, iş alanında, ailesinde, br ortaklıkta istenmediğini düşünenler kendini sevmeyenlerdir. Bazen de kendi içimizdeki olağanüstü güzel yanları göremiyoruz veya kabul edemiyor, kendimize konduramıyoruz. Bu durumda bu güzel özelliklerimizi fazlaca ve dışa vurarak taşıyan bir adam veya kadın bulup ona hayran olmaya çalışıyoruz. Ne olursa olsun, sonuçta "herşey bizimle ilgili". Kendisinden sorumlu olmayı başarabilmiş güçlü bir birey kendindeki herşeyi yansıtmaz, kendiniz ile yüzleşin. Toplumdaki çoğu kişi, seanslarımdaki çoğu danışan "kim olduğunu bilmeden" yaşıyor. Aşk koçluğu, melek danışmanlığı, quantum ve diğer çalışmalar her zaman ve sadece aslında KENDİMİZİ TANIMAK için.

ENERJİYİ DOĞRU KULLANMAK...

Kısmet enerjisini kapatan ana konulardan biri ""bağımlı olmak"... Bağımlı olmaya meyilli bir enerjiniz varsa karşınıza çıkan kişiler bunu seziyor, hatta sizden kaçıyor da olabilir. Bu özelliğiniz ayrıca sizi aşağıya çeker. Gereksiz ve zorlayıcı enerji geçişleri kişilerle aramızda gelişir, bunlara eterik kordon da denebilir. Kıskançlık, kin, öfke, suçlama anında aşkınızla aranızda bir bağ, kordon geliştiriyorsunuz. Bu bağ kesilmediği sürece ne o kişiyle iletişiminiz toparlanıyor ne de yeni ilişkiler düzgün gidiyor. Değişik bir bağ veya geçiş enerjisi ile Kuzey Kutbu'ndaki birini bile yaşamınıza davet edebilirsiniz. Olumsuzluk yaşadıktan sonra affetmek, yanlış bağı kesmek önemlidir. Bu bağ kesilince oradaki iletişim bitmez, sadece olumsuz geçiş şifa bulur. O kişiyle aranızdaki olumsuzluğu sürekli düşünerek o bağı çok kalın bir halat haline de dönüştüren ve olumsuz enerjinin içinde kendini boğan da yine sizsiniz. Yeni bir aşk ve ilişkiye başlarken eskiler ile veda şarttır. Eski ile kordon bağları kesilmediyse, yeni aşk yine aynı dersi vermek için de gelmiş olabilir. Geçmişten tüm yaşam dersleri alındıysa aynı tür aşık kapınızı çalmaz. Doğru olan gelir. Gerçekten affetmek (acı ve yoğunluğun bitişi) bu yanlış bağları keser. Geçmişi affetmek geleceği aşk ve ilişkilerde özgü, mutlu, huzurlu kılmak için şarttır. Gerçek sevgi "kabul etmektir", şart koymamaktır. Aşkınızı kabule geçin ve olduğu gibi görün, o zaman sizinle tüm muhteşem yanlarını sevgiyle paylaşacak. Bazı şart ve beklentilere bağlanan ilişkilerde gerçek aşk olamaz, barınmaz. Gerçek aşk olanı alır.

Aşkta ve tüm ilişkilerdeki tüm utanç, başarısızlık, yanlış anlaşılma, suçluluk duyguları bizi geçmişe bağlar, geçmişte tutar. **Geçmişteki siz'i affetmeden gelecekte yeni bir siz oluşmaz.** Geçmişin görevi bitti, yaşandı dersler alındı, şimdi özgür ve mutlu olma zamanı. Bağlılık, bağımlılık temelinde korku taşır. Çoğumuz bağımlı olup birilerine, bunu gerçek sevgiymiş gibi hem çevremize hem de kendimize yutturmaya çalışırız. Bağımlılık koşullu sevgidir, yani gerçek sevgi değildir. Spiritüel anlamda yol alabilmiş biri gerçekten sever, koşullar onun menfaatine uydu diye değil. Ego ile gerçek sevgi bağını toplumda çoğu kişi birbirine karıştırır. İlişkilerdeki başarı ve başarısızlığın ardında gizlenen çocukluğumuzdaki anne-baba ile olan ilişkilerimiz de tabi ki çok mühim. İlk kadın ve ilk erkek olarak ilk ilişki olarak hep onları gördük ve kod'ladık çünkü.

Samimi ve temiz bir kalp ile dikkatimizi neye verirsek o büyür. Hayallerinizin önünde duran tek engel SİZ'siniz. Çekilin hayallerinizin önünden de gerçekleşsinler; korkularınız, şüpheniz ve güvensizliğiniz ile siz çekilin artık. Odağınız nerede bunu bulun; kendinize mi acıyorsunuz, hep darbe mi aldınız, hep azla mı yetindiniz, hep son anda iptaller mi oldu... Bunların hepsi sizi bulduysa şimdi şükretme ve bırakma, yeniden yapılanma vakti. Kendini seven yine kendini sevecek yeni kişileri davet eder. Aşkta ve iş ilişkilerinde korkular hızlı hareket eder. **Korktuğunuz şeyler sizi bulur. Korkuları salın gitsin artık, onlar sizin gerçeğiniz değil. SİZ SEVGİ'SİNİZ.**

Olumlu tüm düşünceler daima olumsuzlardan daha güçlüdür.

Doğada, enerji yasalarında "boşluk" yoktur, herşeyin yeri dolar. Bu bir kanundur. Biri gittiyse başkası gelir, bir acı bittiyse yerine mutluluk gelir, hiçbirşey her zaman iyi veya kötü gitmez. Eskisinden daha iyi bir yaşam için, geçmişi şimdi ve tüm zamanlara doğru göndermenin zamanı geldi bile... Alışkanlıklarınızı değiştirmek sizin şimdiki yaşam amacınız olsun; bakalım neleri değiştirebileceksiniz ve bakalım yerine nasıl mutluluklar gelecek. Tüm ilişkilerde başarı ve süreklilik sevgi ile olur. Sevgi ise koşulsuzdur. Kalbinizi kapatmayın, herşeye inat açın daha da çok açın hatta... Reddedilmekten korkmayın veya incinmekten çekinmeyin, korkuların sizi ele geçirmesine izin vermeyin. Zihin kontrolü ele geçirince sevgi bitebilir, siz sevgi'de kalın. Sevgi sihirlidir ve karşılık görür. Tüm yaşamınızı da ilişkinizin üzerine kurmayın, özgürlük alanınız da kalmalı. Ego ile sevgi olmaz, ego ve savaş başlayınca sevgi aradan çekilir. EGO: düşük benlik ve korkudur. Ego sevgi akışını keser, sevmek kabul etmektir. Onun da Allah'ın bir kulu olduğunu, sevgi ile yaratıldığını bilmektir.

Sevince enerjimiz değişir, tutkumuz artar, yaşama bağlanırız, sevdiğiniz şeyleri daha sık yapın. Korku varsa sevgi olmaz, sevgi varsa korku biter. Mutluluk doğanın kanunu ve hepimiz bunu doğuştan hak ediyoruz. İstediğiniz aşkı ve bereketi, huzuru bulmak ve çekmek için tabi ki Melekler ve Rehber Ruhlarla da çalışabilirsiniz. İsteyin unutun, ben nasıl çektiysem siz de yapabilirsiniz. "Olacak mı" demeyin, "Oldu" bilin. Niyet ve istekler tam olarak net değilse, evren ve enerjiler kafasına göre takılır. Net olun, ölçüp biçin, ne istediğinizi bilin. Netlik olmazsa evrene mesajlarınız karmaşık gidebilir, net olamamak ise psişik gücümüzü doğru kullanmamız gereken enerjimizi bağlar. Ne istediğinizi bilin isteme ve dilek dileme bölümü ardından gelsin. Net olmak ne istediğimizi çok iyi bilmek bizi aşkta üstün ve güçlü kılar. Yolunuzda ilerlemek ve yeni aşk kapıları açabilmek için şimdi ve tüm zamanlara doğru "net" olun.

Niyete girmek de başka önemli bir husus yaşamlarımızda, bazıları ister ama arkasından iptal enerjisine girer, ister ama korkar, ister ama hesap yapar zaman kovalar. Niyete girmek konuyu durumu sadece istemek veya ummanın üzerine taşır. Niyet etmek o çok istediğiniz şeyin gerçekleşmesi için atılacak spiritüel bir adımdır, gerçekleştirmenin başlangıcıdır, gücü iten etkidir. Gerçek ve saf sevginin önünde hiçbirşey duramaz. Melekler yani yüksek frekanslı spiritüel varlıklar da bazen sevgi mesajlarını taşırlar, önemli anlarımıza rehberlik edip kaderimizi de taşıyabildikleri gibi... Sevdiğiniz kişi ile aranızda ışıktan ve sevgiden köprüler kurmak için, niyete girmeli, ona ışık göndermeli, hep olumluyu çağırmalı ve karşılık beklememelisiniz. Sevgi sevgi ise hesap olmayacaktır. İş ve aşk lişkilerinde, az tanıdığımız kişilerle veya aile ile durum hep aynıdır.

Karma kayıt tutar, hesap kitap yapar. Başkalarının mutluluğuna yan gözle bakmak, evli ve aslında evinde mutlu bir erkeği sizinle başka bir ilişkiye sürüklemek, haksızlık yapmak, yanlış şekilde terk etmek, yalan söylemek, yoldan çıkarmak, üzmek, başkalarının parasına kazancına göz dikmek, karma borcu yaratır. Karma değerlendirilirken, düşünce ve eylemler hesaba katılır. Bilanço değerlendirilir, kaçınılmaz hataları hepimiz yaparız, hatasız bir aşk hayatı imkansız gibidir ki aşk çoğu kez yoğunluğu nedeniyle hata da yaptırır. Bu karma konusundaki en önemli husus "niyettir". Yaptın ama tam olarak niyetin neydi? Gerçekte ne olsun istedin ve başta tam olarak ne için yola çıktın? Niyet aslında iyi ise durumdan yırtabilirsiniz.

Almanız gereken dersleri alana kadar karma ilginç plan, kayıp, sevgili, eş veya ölümlerle kapınızı çalabilir. Tüm bunlar bir imtihan, imtihana direnilmez, dertleri fırsata dönüştürmek tabi ki sizin elinizde. Ruhsal kayıtlarınızı kirletmeyin, her büyük adımınızdan önce düşünün, herkesin-herşeyin-bütünün hayrına olanı yapın. Yaşamınızın daha önceki yıllarında bilmeden veya bilerek kod'ladığınız aşka dair ne varsa bunlarla yüzleşmeden gerçek siz'i tanımış olamazsınız. HAYATTAN, GELECEKTEN korkmadığını söyleyen çoğu kişi aslında korkar, aşkın paranın kendisini bulamadığından yakınan çoğu kişi aslında içinde yalnızlığı sever, parayı kirli bulur. Gerçek duruşunuz kadar gerçek iç dünyanız, his ve beklentileriniz, en önemlisi bilinçaltınız (bilinç dışınız) çok önemlidir. Dünyada olup biten herşeyin içinde "spiritüel" bir sebep var; bu bir çekim yasası, bir korku, bir plan, bir imtihan ya da bir mucize olabilir. Yanılsama dediğimiz konuyu aslında birçok ilişkide ne yazık ki görebiliyoruz, gerçek aşkın ne olduğunu unutmayan herkesin hak ettiğine bir gün kavuşacağına inanan ben, hayattaki en büyük zenginliğin aşkta sade ve gerçek seçimler olduğunu da biliyorum. Allah herkese gerçek, saf, tutarlı, sürekli aşkı nasip etsin.

KARAR VERİN, ENERJİLER SİZİ DESTEKLESİN.

Sakin olun ve kendinizi dinleyin... Ne istediğinizi şimdi içinize sorun ama sorarken kendinize karşı çok dürüst olun: bunlar gerçek duygu ve düşünceleriniz mi?.. Çok rahat edebileceğiniz bir pozisyonu alın; uzanın ya da yatın gözler kapalı... Tüm "ama, belki, olur mu ki"lerden uzaklaştınız şimdi, o hayalinizin amacınızın en son sahnesine gelin... Olmuş'u görün şu an siz sevgi'desiniz. Siz sevgi oldunuz çünkü en sevdiğiniz an'ın enerjisi ile sarmalandınız. Titreşiminiz o çok istediğiniz şey'in oluşu ile aynı frekansta. O şimdi yola çıktı, evren mesajı aldı, size doğru bir akış başladı. "ve öyle de oldu" demeyi sakın ihmal etmeyin. Eğer gerekiyorsa şimdi bir adım atın.

SEVGİ konusu ile ilgili geçmişten, aileden, eski aşklardan ya da eski yaşamlardan gelen sorunlar var ise büyük ihtimalle bugün kendinize güzel bir sevgi dünyası kuramıyorsunuz. İlk önce kendiniz tanımak ve sevmekle başlıyor dönüşüm. OLUMLAMA ÖNERİLERİ: ben sevgiyim*sevgide kalıyorum*sevilmeye layığım*sevgi bana güven veriyor*sevgi alır sevgi veririm*bana sevgi gelir ve benden sevgi çıkar* sevgiyi paylaşırım*bereketim büyüyor*ben güvendeyim*geleceğim güvende*evrende bolluk sınırsız*içimdeki güçle işbirliği içindeyim

Düşünceden çok daha etkili olan spiritüel silah: her zaman canlandırmaktır.

Düşündüğünüz şeyi aynı zamanda canlandırmanız gerekir hem de sık sık ve uykuya dalmadan önce. Alfa frekansında yani... Ayrılık, KAYBETME, yalnızlık, geçmişn olumsuz tekrarı imgelemesi yapan biri düşüncesinde "mutluluğu" yaşatsa da olumsuz bir son ile karşılaşabilir. Canlandırma düşünmenin bir tık ötesi olduğu için ne düşündüğünüz kadar gözünüzün önüne neleri getirdiğiniz de çok önemlidir. "Ya şöyle olursa'" dediğiniz şeyi evren bir emir olarak algılar ve size yaşamınızda önünüze çıkarmak için çaba göstermeye başlar. Sessiz ve dingin anlarınızda sorular sorarken çok dikkat edin. Sorulara cevaplar gelir, olumsuz da olsa...

Karma'ya güvenin sandığınız gibi kötüler kazanmıyor, iyilik gün gelip yerini buluyor. Bence iyilik yapın denize atın, kimse görmese evren her daim görüyor biliyor. Bazen de çok tuhaf bir biçimde kendimize şaşırarak bir önceki ilişkimizde bize yapılan yanlış bir davranış şeklini model alıp biz mevcut ilişkimizde sergileriz. Kötü olanın enerji olarak üzerinde çok fazla durmak, olumsuzu enerji olarak büyütmek, oluşturmaya sebebiyet veriyor.

İyi olmak beklenmedik anlarda yaşamınızı destekler, hep iyi biri olmaya devam edin. İyiliğinizi sömürenlere de teşekkür edin onlar sizi daha da bilge yapıyor ayrıca onlar sizin iyiliğinizi anlamayarak size sevap kazandırıyor, kendileri ise sürekli karma yolunda puan kaybediyor. Allah herşeyi görüyor biliyor, her zaman kulların görmesi gerekmez. Herkes herşeyi bilebilseydi sınanmak için buraya da gelmezdik zaten. Enerji geri döner, dışarıya verdiğiniz enerji her zaman görülür, sorun yaşayan her zaman geriye dönüp bakmalı: geçmişte başkasına mı sevgisizlik enerjisi yolladı, kendine mi değersiz davrandı?.. Ne verirseniz onu alırsınız, "korku" katmadığınız sürece büyük sorun çıkamaz. Bunları bulun, hatta yazın. **"Kul Hakkı" çok önemli bir konudur. Bilerek yapılan "can acıtma" karşılıksız kalmaz, eğer kendinize karşı bilerek kötülük yapıyorsanız bu da başka bir kul hakkı sayılır.** Bazen kötü ve anlayışsız aşkları karma borcu ödemek için de yaşamımıza çekmiş olabiliriz. Birşeyi yaşamak değil onu neden yaşadığınız çözmek önemli.

Sizi mutlu etmeyen inançlarınızı hiç beklemeden şimdi değiştirin.

Sorun yaşadığınız kişiyi affedin, onun iyiliğini isteyin.

Başarısız olduğunuzu kod'lar buna inanırsanız, evren size olumsuzu sunmayı borç bilir.

Başkalarının yaşamlarına destek olun, şifa verin.

Kayıt Meleği gerçek niyetinizi ve eyleminizin iç yüzünü biliyor, saklanma diye bir şey yok.

Çok büyük bir evrensel bilgisayarda hepimizin YAŞAM kayıtları, karmik hesapları tutuluyor, ruhlarımızın bundan sonra neye ihtiyaç duyacağı da...

Sağlam bir gelecek için affedin, affedilin, karmadaki borçları ödeyin.

Başınıza gelen felaketlerin bazı sebepleri var. Bunları siz de oluşturmuş olabilirsiniz, onları yaşamayı ruhsal gelişim için tercih ediyor da olabilirsiniz, bilinçdışınız böyle inanıyor da olabilir. Dünyada deneyimler ile derslerimizi alır, bu boyuttan mezun olmaya bakarız. Çok iyilik yapan kendine bir şekilde kredi de açmış olabilir. Gelecekte belki de bu kredileri kullanmak isteyebilirsiniz. Dünyadaki maddi manevi zorlu koşullar yansır, gerçekten mutlu olan az sayıda kişi görürüz. Bu da sınanmanın bir parçasıdır, bize büyük gelişim fırsatlar sunan ani kayıplar, eş ölümleri, aldatılma, ani terk edilmeler, işyeri haksızlıkları, dost kazıkları, düğüne 5 gün kala ortada bırakılmalar bize hep birşeyleri öğretmek içindir. Direnç göstermeyin, isyan da etmeyin tüm olan biten hayrınıza ve yaşam dersleri ile dolu. Başka türlü gelişim olmazdı...

Her düşüncemiz, inancımız, eylemimiz aşk yaşamlarımızda bir şekilde tezahür eder. Başkalarının aşk hataları, ahlaksızlığı, seçimleri, çokeşliliği sizi ilgilendirmez. Kim bilir bu şekilde o neyin dersini alacak. Yaşam yolculuğu süresince bir öğrenim görüyoruz ve kendimizi de tanıyoruz. Herkes aşk ile yolculuğunda sorunları kendi tarzı ile aşabilir, herkes tam olarak aynı yollardan geçecek diye bir şey yok.

ARAMIZDAKİ YERYÜZÜ MELEKLERİ DÜNYA'NIN FREKANSINI YÜKSELTİYOR

Kendinizi bazen çok mu yanlış anlaşılmış hissediyorsunuz?..

Bazı konularda gereğinden çok mu hassas düşünüyorsunuz?..

Bazen çok mu farklı bakış açılarınız oluyor?..

Başka boyutlara ilginiz çok mu?..

Sezgileriniz çok mu yüksek?..

Bazen insanlardan uzak durmak size daha mı iyi geliyor?..

Anlık ve saf tepkileriniz çok mu..

Sevgi dolu olmanız rağmen, etrafınızdaki yanlışları net görebiliyor musunuz?..

Fedakar ve verici biri misiniz?..

Yalnız mısınız ve bazen bunu tercih mi ediyorsunuz...

Ne zaman melekli bir mesaj gelse, ardından gelişmeler mi oluyor...

Bazı bilgiler düşüncelerinize bilinmeyen bir yerden yükleniyor gibi mi...

Bir gün yaşamınızda Meleklere dair çok büyük bir dokunuşun olacağını mı düşünüyorsunuz?..

Sevgi ve dürüstlük sizin için herşeyden önemli mi...

Birinin iyi veya kötü olduğunu ilk bakışta sezebiliyor musunuz?..

Yaşamınız bazen başka boyutlarla içiçe gibi mi...

Başkalarının acılarını derinden hissedebiliyor musunuz? Şifa gücünüz mü var?..

Alıcıdan çok verici enerjide misiniz...

Saf kalabilmek için hiç de çaba sarfetmeden işi çözebiliyor musunuz?

Ne olursa olsun bir yanınız çocuk mu...

Meleklerin adını bile duyduğunuz anda, enerjiniz yükseliyor mu ONLARLA İRTİBAT HALİNDE MİSİNİZ...

Kötülüğü VE BENCİLLİĞİ asla anlayamıyor musunuz?..

Bazen "başkaları için yaşıyorum" mu diyorsunuz...

Tüm dünya materyalistken, para size hiçbirşey ifade etmiyor mu?..

Bu soruların çoğuna "evet" diyebiliyorsanız, siz de bir yeryüzü meleği, "meleksi", bedenlenmiş melek ya da melek enerjisine yakın insan olabilirsiniz... Yalnız değilsiniz, bizden çok var, hatta umarım bu kitap bizi biraraya toplar. Bugün dünyanın dört bir yanında, insanlar "melekleri" ve kendi meleksi deneyimlerini konuşuyor, toplanıyor, paylaşıyor, BU KİTAPTAKİ MELEKLERLE ilgili bölümü dikkatle okuyun, MELEKLER VE DÜNYANIN KURTULUŞU'nu da mutlaka okuyup içindeki çalışmaları yapın ve Melek Koçluğu seanslarımıza katılın.

İstediklerinizi alamıyorsanız önce dönüp kendinize bakın, sizdeki hataları bulun.

Önce dış dünyanın değişmesini beklemeyin, siz değişince yaşamınızdaki kişiler de zaten değişecek.

Size sunulan bir duygu sizde yük hissi veriyorsa, bu duyguyu iptal edin.

Meleklerle çalışarak enerjinizi dönüştürün.

Seçim yaptığınız anda o seçimin sorumluluğunu alın, başkasının sorumluluğunu ise ona bırakın.

Derinlerde tüm sorularınızın cevabı var, sürekli akıl almayın içinize sorun.

Bilinçaltınız bir bilgisayar gibi. Kişiliği yok da denebilir; ayrım yapmadan herşeyi alıyor, kaydediyor, kullanıyor. O nedenle uyanık olmanız lazım, bilinçaltınız yani "bilinçdışı siz" yaşamınızı yönetiyor... Tüm o yaşanan aşk acılarında onun payı çok büyük! Onaylama yaptığınız anda, bilinçaltı dosyalarınıza sızar ve hislere-davranışlara etki etmeye başlar. İşte regresyon-geçmiş yaşam şifası çalışmamızda bu noktaları bulup gerçek siz'i ortaya çıkarıp yüzleşmenizi sağlayabiliyoruz. Bu nedenle "birşeyi onaylarken" dikkat edin. Onayladığınız şey gerçek olur. Olmak istediğiniz kişi olduğunuzu onaylayın herşeyden önce. Bunu gerçekten yaptığınız anda, başka şeylerin olmamasını sağlarsınız. Kısa sürede o kişi olmaya başlarsınız. Onaylama veya olumlama yaparken SADECE OLUMLU İFADELER kullanılmalı. Bunun ana nedeni: BİLİNÇALTINIZ OLUMSUZ İFADELERİ AYIRT EDEMEZ.

"Artık kaybetmek istemiyorum" demek ve bu şekilde düşünmek sizi sürekli kaybetmeye iter. Bilinçaltı "kaybettirmem gerek" şeklinde algılıyor bu durumu... iyi ve kötüyü, olumlu ve olumsuzu fark edemiyor.

Onaylama, olumlama yaparken hep şimdiki zamanda kalın. Aşk yaşamında olumlama yapmak son derece etkilidir. Bilinçaltı denen bilgisayarımızda geçmiş veya gelecek ayırdı yok. "Yarın veya gelecekte artık mutlu olacağım" derseniz; o yarın hep geleceğe aktarılır yani o zaman gelmez! En etkili onay cümleleri, olumlamalar basit olduğu sürece daha etkilidir. Basit ifadeler kullanın. Olumlama, onay cümleleri dalga dalga büyük bir enerji akımı ile yaşamlarımıza, aşkımıza, ilişkimize etki eder pozitif dönüşüm sağlar. Hayal kurarken, güneşlenirken, en sakin anlarınızda bilinçaltınız rahatça kayıt yapıyor. Bilinç devreden çıkmaya başladığı anda siz de kendi tercih ettiğiniz kayıtları yapabilirsiniz. Alfa boyutu geçişi- uyku ile uyanıklık arası, uykuya dalmadan önce... Zihnin meşgul olduğu anlarda da bilinçaltı kayıtları daha kolay yapar. Olumlama çalışırken "tekrar etmek" çok önemlidir.

Sevgiyi seçiyorum, sevgiye kalbimi açıyorum.

Sakinim ve merkezdeyim, şu an Kaynak'la bağlantıdayım.

Sessizlik ve sükunet içinde olmak bana mutluluk ve netlik veriyor.

Kendimi ve yaşamımı seviyorum.

Olumlama yaparken canlandırmaya da devam edin. İmgelemek sadece istemekten daha güçlüdür. Olmak istediğiniz kişi olduğunuza onay verin. Anı dolu dolu yaşayın, bu gördüklerinizi seçin, çekin, sonuca güvenin. Bitince çalışma, bunları oluşturmak için atabileceğiniz adımları atın. Tereddüt etmeyin.

Dua etmek Allah ile bağlantımızdır...

Herhangi bir konuda aracı olmadan Allah'la bağlantıda kalın. Dua etmek sizi huzurlu kılar, kalp gözünüz ile karar almanızı sağlar ve sizi yukarıya taşır. Olumsuzluklar biter. Dua edilir devamı takip edilmez. Allah hayrınıza olanı, sizin için en doğru seçeneği biliyor, güvende kalın. Allah dualara karşılık verir ama nasıl olacağını O bilir. Dua edip elde ettiklerimize şükredelim, gerçekleşmeyenlere ise daha çok şükredelim. İnanarak edilen ve bütünün hayrına olan dualar kabul olur. İnanç ise duaların gerçeğe dönüşmesinde büyük itici güçtür. O kişi hayrınıza ise zaten yaşamınızda olur, asla olmayacak aşkları, ilişkileri, işleri istemek beklemek ise tekamülü tıkar.

Birçok kişi dua ederken olacağına inanmaz. İnanç denen itici gücü yoksun bırakırlar.

Dua edin.

İsteyin ve inanın; "Allah isteyin vereyim der" bize...

Sonuca güvenin ama sürekli sonuç üzerine kafa yorum "acaba nasıl" enerjisi göndermeyin.

Duanın sonunda Allah'a şükredin, teşekkür edin.

Hazırlanın sonuç ve mutluluk için.

HUZUR RİTÜELİ

Duanın ardından meditasyon yapmak da çok rahatlamanıza fırsat sunar. Aşkta kendinizi tanımak, dönüşüm, doğruyu bulmak, ilişkiyi huzura taşımak için meditasyon yapın. Yatak odanızda yapacağınız meditasyon öncesi kaya tuzlu küvette en az 15 dk zaman geçirin, mum ışığı eşliğinde. Kaya tuzlu su başınıza da temas etmeli. Suya başınızı da sokun. Klasik meditasyonu sevmeyenler bunu resim yapmak, yüzmek, doğada yürümek, rüzgarı dinlemekle de yer değiştirebiliyor. Gerçek benliğimizi bulmak, derinleşmek, an'da kalmak, kendi Cennet'imizde hissetmek için meditasyon çok faydalıdır. Gözkapaklarınız ağırlaşıncaya dek beyaz bir mumun ışığını takip edin. Gözler kapanınca o alevi ışığı canlandırmaya devam edin. Odaklanın. İçinizden hazır hissettiğiniz anda görüntüyü serbest bırakın. Nefese odaklanın burnunuzdan nefes alıp ağzınızdan verin. Nefes alırken içinizden 7'ye kadar sayın, verirken yine 7'ye kadar sayın. İçinizden emin olduğunuz zaman nefes alıp vermeyi bırakın. Bundan sonraki aşamada Allah'ın güzel isimleri Esmaları da tekrarına uygun olarak çalışabilirsiniz. Bu kitapta Esma Çalışmalarımızı da bulabileceksiniz. Unutmayın; az konuşmak, sessizlik, dua ve meditasyon sizi gerçekliğe-huzura taşır.

Ne kadar erken sadece içinizden gelen ve sizi mutlu edenleri yapmaya başlarsanız evren de o kadar net ve hızlı sizi destekler. Böylelikle kendinizin, yaşamın, çevrenizin de frekansınız yükseltirsiniz. Işık ve imgeleme çalışmalarını, meditasyonu, Melek rehberliğini zor anlar ve günlük yaşamda ihmal etmeyin. Yapılan hiçbir spiritüel çalışma karşılıksız değil. Zaman koymayın. Düşük frekanslı ve mutsuz kişilerin yani enerji hırsızlarının enerjinizi çalmasına izin vermeyin. Odanızdaki melek köşesi, aşk köşesi, bereket köşesi daima temiz olsun, her gün dokunun bu alanlara. Mum ve kristalleri ihmal etmeyin. Kıskançlık, suçluluk, yakınma, incinme, korku veya şiddetin yerine mutluluk, sevgi, paylaşım, cömertlik, neşeyi koyun.

Saf bir enerji yayarak kendinizi, aşkınızı, ilişkinizi ve çevreyi şimdi mutlu kılın, dönüşüm başlasın!

İçten bir sevgi akışı, gerçek saflık, paylaşım karşılıksız kalmaz. Mucizeler bekleyenlere gelir. Hatta bazı anlarda yakınlaşmaya çalıştığınız veya ayrı kaldığınız aşkınızın Meleği ile kendi Kişisel Koruyucu Meleğiniz arasında bir iletişim olmasını bile rica edebilirsiniz. Melekler bizim adımıza, aşkımız, ilişkimizi, gelişimimiz, mutluluğumuz için eşzamanlı olay ve tesadüf süsü verilmiş karşılaşmalar düzenler. Olağanüstü mutluluklar yine bize Melekler aracılığı ile gelebilir. Melekler Allah'ın izni ile önceden belirlenmiş özel aşk buluşma ve tanışmalarını da organize edebilir. Tesadüf olarak gördüğümüz ilahi olayların tümü Allah tarafından yönetilir, kaderimizi yaşama fırsatını bu boyutta buluruz. Melekler de bize tüm bu konularda rehber olur. Titreşiminizi yükseltin, gerçek aşka ulaşmak için elbette ki ilk başka bazı şeyleri bırakacak yeni için yer açacaksınız. Mucizeler gelmeye başladığı anda Meleklerle işbirliğinizin gerçekleştiğiniz de kabul edebilirsiniz.

Korkuyorsanız sevgi yoktur. Sevgi varsa, seviyor ve seviliyorsanız korkmanız gerekmez. Bu iki temel ve DÜNYA'yı, yaşamlarımızı, bereketi ve ilişkileri yöneten duyguları iyi tanıyın. Herşeye herkese sevgi ve ışık gönderin. Başkalarının yüksek benliğinden izin almadan onun enerjisi ile ilgili bir şey yapmayın. Şifa çalışmaları özgür iradeler dahilinde olmalı, Allah'a dua dışında sadece Melekler gibi yüksek enerji varlıkları işbirliği için uygundur. Kimseyi gerçekte istemed birşeye zorlamaya çalışmayın. Bazı kısa olumsuzluklar bize öğretmek için yaşamımıza gelir, hemen isyan etmeyin. Sevgi bazlı olmayan ilişkilerin daha fazla sürmemesi gerekir. Sevgi sizi, enerjinizi, bedeninizi yüksek bir enerji ile kuşatır. Negatif duyguları kalbinizden silin. Hep ve daima sevgi'de kalın. Mutsuz anlarda "iptal ediyorum" deyin, odağı bırakın. Sevgi ile çözülemeyecek sorun yoktur. Olumsuz hissettiğinizde toprakta çıplak ayakla gezinin, olumsuz enerjiyi ayak tabanlarınızdan toprağa geçirin. Auranız ise sizi kuşatan bir ışık kuşağıdır, aura saf ev temiz ise size herhangi bir şekilde zarar gelmez.

Affedin, O haklı değil ama senin enerjin oraya boşuna akmamalı.

Kendinizi olumsuz üretirken yakalarsanız enerjiyi iptal edin.

Evrende herşey olması gerektiğ gibi, plan kusursuz.

Herşeye sevgi gönderin, kötüler için de dua edin.

Yargılıyorsanız, yargıladığınızın başınıza geleceğini sakın unutmayın.

Size kötülük yapan kişi mutsuz ve acı çekiyor, intikama tenezzül etmeyin.

Takdir ve minnet şifada esastır, şükür enerjsinde kalın.

Melekler dileğinizin enerjisini Allah'a iletecek.

Dua sadece Allah'a iletilir, Melekler elçidir.

Kimseyi suçlamayın, sorumlu da tutmayın. Güç de kontrol de sizde.

Yaşadığınız herşeyin sorumluluğunu şimdi elinize al.

Şefkat, empati, merhamet ile yol alın, Dünya'da olmak ayrıcalıktır.

Dünya bir imtihan yeri, sürekli ve düzenli mutluluk olacak diye bir şey yok.

Herkes bir ve aynı, aynı ÖZ'ün parçalarıyız.

Allah'ın yarattığına kötülük yapmak, Allah'a karşı gelmek ve kendi karma'yı bozmaktır.

Yaptığın herşey aslında kendinedir, sen iyi olmayı seç.

HER SABAH tekrarlayabilirsiniz:

"YENİLENME IŞIK MEDİTASYONU"

Burnunuzdan nefes alıp ağzınızdan verin. Kendinizi beyaz IŞIK KÜRESİNİN İÇİNDE imgeleyin. Sözcükleri sesli olarak kendiniz için söyleyin, yavaş ama vurgulu olsun. Sesinize ve kelimelerin gücüne odaklanın. Ayak ve el parmak uçlarınızdan olumsuz enerjinin çıktığını düşünün.

Gücümün sınırsız olduğunu biliyor ve kabul ediyorum
Evrenle isbirligi yapmak bana güç katıyor şu an'da
Faydalı şeyler yapıyorum, enerjim yükseliyor
Sabretmek beni mutlu ediyor
Inandiklarin beni bulur, ben istediklerimi yaşamıma çekerim
Bir mucizeyi davet etmek, benim elimde
Şükür ile başlar herşey, şükürler olsun
Ben şükür enerjisindeyim
Olan herşeye büyük şükürler olsun
İçimdeki büyük bilge ve bilinçaltım ile iletişimdeyim
İnanç ile dönüşümüm başlıyor
Ben daha iyi bir gelecek yaratıyorum
Dualar benim rehberimdir

13. BÜYÜK TEKAMÜL

İNSANLIK paraya odaklandığı sürece, materyalist hırslarının arkasından gittiği sürece "dönüşümünü" durduracak. Dünya, diğer boyutlar ve evrenler ile işbirliği yaparak bambaşka bir yer olabilecekken ve enerjisini yükseltebilecekken, daha az frekans ile yetiniyor. Her ne kadar savaş, yokluk, sevgisizlik nedeniyle bir yandan bazı şeyler kötü gitse de öte yandan meleklere olan ilgi, gerçek dindarlık, enerji çalışmalarına olan büyük ilgi sayesinde olumlu akan bir kanal da misyonuna devam ediyor.

Sizin evlenmek, para kazanmak, kavga etmek, gezmek, fatura ödemek, kıskanmaktan daha önemli sebepleriniz var bu boyutta olmak için. Buraya burayı ve buranın dışını anlamaya geldik. Burası dışında başka evrenler, boyutlar, Güneş sistemleri var. Tüm diğer büyük bilgilere kapalı olmadan sen de Dünyamızın hayrına, bütünün hayrına düşün-üret-çabala.

Sen birilerinin imtihanında varsın, birileri de imtihan için senin yoluna elbette ki çıkacak. Tüm kutsal kitapları okuyun, büyük sırları bilin, sevdiğiniz şeyleri yapın, sevmediğinize mecbur değilsiniz. Dünya değişiyor, bizler ALTIN ÇAĞ zamanını görebilmişler olarak çok şanslıyız. Kim olursan ol, hangi şartlar altında yaşarsan yaşa hepsi imtihan ve kendin için evren için sen hep iyi kal. En sonunda Dünya'yı iyi insanlar yönetecek. Kimseyle kıyas yapma, herkesin yolu sınanması başka yerden... Daha iyi biri oldukça sen, daha büyük görevlerin de olacak. Yarın daha güzel olur, hepimiz daha iyi insanlar olursak.

Yaşadığın tüm olumsuz deneyimler senin ödülündü, bunu gör ve şükret. Bir şey diledin ve olduysa teşekkür et, olmadıysa şükretmeyi de bil. Zaman koyma; herşeyin olma zamanını Allah bilir, teslim ol, tevekkül et. Doğa seni çağırıyor onu dinle, ağaçlar bilgedir onlarla konuş sana aktaracakları bilgiler var. Her gün bir ağaca sarıl, kuşlara yem ver, sokak hayvanları seni aramayan erkek arkadaşından veya gerçekte paran için seninle olan eşinden daha önemli belki de, onlar senin yardımını istiyor. Dönüşmek istiyorsan "hayır" de! Bırakmayı da bil gitmeyi de... Bu boyutta ver, diğer boyutta karşılığı mutlaka olacak. Evrende kainatta herşey mükemmel hiç merak etme. Umutsuz olma buna hakkın yok, pişmanlığı bırak bu seni aşağıya çeker. Affet yükünü bırak, sen buna değersin. Dünya'da her insan başka, özel, eşsiz. Senden bir tane daha yok bu Allah'ın yüceliği işte. O seni eşsiz yarattı, Allah'ı hep daha çok an. Başka da bir şeye pek ihtiyacın yok. SEN HİÇ KAYBETMEDİN, HEPSİ YAŞAM DERSİYDİ, HAZİNE DEĞERİNDE. Kaybettiğini sandığın her şey muhteşem tecrübelerindi ve sana bundan sonra asıl onlar kazandıracak.

Bir gün insan kendi değerini bilecek, savaşmaktan daha saçma bir şey olmadığını savaşırken en çok kendini öldürdüğünü anlayacak. Evrenin sınırlarını daha çok merak eden insanlık zamanı gelince daha çok sır bilecek, daha çok Allah dışında zaten hiçbir şey olmadığını kavramış olacak. Ölümün başlangıç olduğu, Dünya'nın geçiciliği, herkesin yaşam dersleri ve yaşam amaçları olduğu ortaya çıkacak. Gün gelecek "melekler"in ışığı daha çok yayılacak. Gün gelecek uzaylılar ve insanlar arasında çok farklı paylaşımlar, ortaklıklar, enerji geçişleri olacak. Bir gün... Kıskançlık, kin, nefret, öfke bitecek bunların aslında hiç olmadığı, ilüzyonun derinliği görülecek. Savaşlar bitecek çünkü insan savaşamayacak bilgelik noktasına gelecek. İnsan beyninin çok daha büyük bir kısmını kullanacak ve insanlık kurtulacak. Kötülük bitecek, imtihan bitecek çünkü. Bir yıl sonra belki daha çok hastalık Dünya'da yayılacak ama dönüşen insan ve değişen frekans ile bir gün hastalıklar da bitecek. İnsanların savaşı, sevgisizliği belki birkaç bin yıl sonra Dünya'ya daha çok hastalık, yıkım, açlık, mevsimsel sorunlar getirecek. Zaten enerjiyi hep sevgisizlik bozmuştu. Beyaz, siyah, sarı ırk daha çok birbirine karışabilir, insanlar tek kaynaktan gelmenin enerjisini daha çok hissedecek. Dünya dışı varlıklar Dünya'ya daha çok ilgi duyacak.

Tüm alemlerin mutlak hakimi Allah senin için en doğru olanı biliyor, isyan etme, şükret.

İnan. İnanmaktan büyük güç yok, Allah'a inan, O sana ruhundan üfledi. Kendi gücünü de bil.

La İlahe İllallah: ALLAH'TAN BAŞKA İLAH YOKTUR.

Sen buraya sadece burayı yaşamak için gelmedin, yolun sonu başka bir yer bunu unutma.

İman et, şimdilik kötü şeyler oluyorsa ardından çok güzel şeyler de geleceği için...

Umudunu kula bağlama, Allah isterse senin o konun için her kulunu vesile eder.

Ne yaparsan kendine yaparsın, her an'ına dikket et, kimsenin hakkına girme.

Hep daha iyi bir insan ol, başka yolu yok.

Kötülere kızma, onlara da bu boyutta ihtiyaç var; onlar iyiliğin değerini artırıyor.

Amentü Billah: Allah'a inandım.

Acılar olmasa mutluluklar bu kadar değerli olamazdı.

Aldığın darbeler ödüldü, az acı çeken en şanssız olandır.

Niyetin ne ise eline o geçecek.

Kaybetmezsin yaşam dersi alırsın.

Kaybedecek bir şeyin kalmadığı an en güçlü halin ortaya çıkar.

Vazgeçme, Dünya vazgeçenlere göre bir yer değildir.

Kullar vesile, Herşey Allah'tan gelir.

En dibe vurduysan çok sevin, artık başka gideceğin yer yok: YUKARI ÇIKMA ZAMANIN…

Hayatındaki insanlar senin enerjinin yansıması.

Az şeye sahip ol, az'la yetinen daha çok derinleşir.

Sen şartlar ne olursa olsun doğru yolu takip et, burada veya orada sen sonunda kazanan olacaksın.

Geçmişe dön, hatalarını bulduysan helallik al, özür dile. Yüksel.

Sonuç önemli, sen bu kitabı okuyorsan daha herşey bitmedi, sonunu bekle bakalım…

Kimseye zarar vermiyorsan, canının istediğini yap.

Utanan insandan zarar gelmez, alçak gönüllü insanlar olsun etrafında.

Söz vermek borç sayılır, sözünü tut, tutamayacaksan insanları boş yere heyecanlandırma.

Az ye, artanı paylaş.

Senin bu dünyaya ne hayrın var, bunu bul. İnsanlık adına sen de birşeyler yap, üret.

Gönlün zengin olsun, hak edene ver, verdikçe sana fazlası gelir.

Devamlılığı olmayan iş ve ilişki seni bozar, devamlılığı seç.

Kalbini temiz tut, Melekler seninle, sevgi'de kal…

Tevbe kapısı hep açık, Allah bağışlayandır.

Allah'ın kapısı çok büyüktür ve kapanmaz.

Dua et ve akışı takip et, yapabileceğin en iyi şey bu.

Hiçbir şeye zorunda hissetme.

Kıskanmak bereket kapısını kapar, kıtlık enerjisi yayar, işine bak.

Çok düşün, gerektiği yerde konuş…

Herşeyi herkese söyleme, insanların ayıbını ört.

Bilge kişi tevazu içinde olur, kibirli ise gerçekte kendini sevmeyendir.

Kendi hatalarınla yüzleş, sen değiş herşey değişsin.

Merhametsiz kişileri yaşamında tutma, sen herkesle bir'sin merhamet et.

ALLAH BİR KAPIYI KAPAR

BİN KAPIYI AÇAR

YARIN DÜNYA YENİDEN KURULACAK

MELEKLER ŞİFA LİSTEMİZ

Şifa sadece Allah'tan gelir.

Bizler, dünyaya daha çok ışık yaymaya çalışan spiritüel danışmanlar olarak kendi gücümüzün yettiği kadar Allah'ın izni ile, kanallık yaparak, inanç ve içsel gücümüz ile tanıdığımız tanımadığımız Dünya'nın neresinde olursa olsun gerçekten ihtiyacı olanlara dua etmeyi, onları sevmeyi, ışık göndermeyi vazife ediniriz.

Melekler Şifa Listemiz; gerçekten çok zor durumda olanlar, hastalar, ağır koşullar içinde olanlar, çok büyük darbeler almış olanlar, engelli dostlarımız içindir. Kendi isminizi veya tandığınız yakınınızın ismini bu listeye yazdırabilirsiniz. Belirli zamanlarda toplu yapılan ve isteyen herkesin de "niyete girerek" kendi enerji, şifa ve sevgisini aktarabileceği bu çalışma, herkesin BİR olduğunu herkese yeniden hatırlatmak içindir.

Melekler Şifa Listemize göndereceğiniz isimler daha az önemli zorluklar içinde olmamalı, gerçekten ihtiyacı olan kişiler için düşünülmüş bir çalışmadır bu... Konuya gösetereceğiniz hassasiyet için teşekkürler.

Hayatta en güzel şeyler hep bedavadır; sevgi gibi, şefkat gibi, merhamet gibi, aşk gibi...

Dünyanın neresinde olursanız olun, ışığımız size ulaşır.

Allah büyüktür, herşey sadece O'ndan gelir.

"Ya Şafi"

TUĞÇE IŞINSU ile BİREYSEL SEANSLAR:

- REGRESYON- GEÇMİŞ YAŞAM ŞİFASI
- TAROT-ASTROLOJİ-İSİM ANALİZİ
- AŞK KOÇLUĞU
- KİŞİYE ÖZEL SPİRİTÜEL DANIŞMANLIK
- MELEK KOÇLUĞU
- KİŞİYE ÖZEL "AŞK-BAŞARI-DİLEK-BEREKET" TILSIMLARI
- ENERJİSİ ÇALIŞILMIŞ KRİSTALLER

Bu kitap, ruh eşlerini buluşturmaya adanmış spiritüel bir rehberdir. Ritüeller, tılsımlar, enerji çalışmaları, dualar ve Meleklerin Mucizeleri yolunuzu aydınlatsın. Şimdi ve tüm zamanlara doğru AŞK olsun.
TUĞÇE IŞINSU
ONU KENDİNE AŞIK ET
Yaşadığın aşk sana aynalık yapar...
FENIKS

AŞK KARTLARI KİTABEVLERİNDE!

Tuğçe Işınsu'dan bir ilk: **AŞK KARTLARI**

Ayrıldığında, barışmak istediğinde, ondan haber alamadığında,
ilişkinde sorun yaşadığında sana ışık tutacak bu çok özel kartlarla:

AŞK HAYATIN FARKLI BİR BOYUTA GEÇİYOR...
İSTEDİĞİN TÜM AŞK SORULARINI SOR.
ONDAN HABER AL.
EVDE KENDİ AŞK TILSIMINI YAP.
AŞK DİLEKLERİ TUT, AŞK KÖŞESİ YARAT.
KARTLARLA AŞK RİTÜELİ YAP, ONA MESAJ GÖNDER.
ONUNLA TELEPATİ KUR.
İLİŞKİNİ ŞİFALANDIR.
MELEKLERLE ÇALIŞ.

Onu Kendine Aşık Et...

Tuğçe Işınsu
MELEKLER
VE
DÜNYANIN KURTULUŞU
"Dünyayı sadece "gerçek sevgi" kurtarabilir, insanlığı da...
Melek enerjisi ile çalışarak gerçek sevgiyi, kendinizi,
yaşamı ve mucizeleri tanıyabilirsiniz.
Allah'a yakın olmanın ışığı, maneviyatın derinliği,
evrenin en saf enerjisi bizimle...
5.
BASKI
FENİKS